Serpil Mağlıçoğlu

Für Yasemin

Of

Die Deutsche Bibliothek - CIP-Einheitsaufnahme
Maglıçoğlu, Serpil: Für Yasemin : eine Mutter entscheidet sich
/ Serpil Maglıçoglu. - Berlin : Orlanda Frauenverlag, 2002
ISBN 3-929823-94-2

1. Auflage 2002

Lektorat: Jani Pietsch
Umschlaggestaltung: Ulrike Wewerke, Berlin
Coverfoto: Johannes Hitzblech, Berlin
Herstellung & Satz: Anna Mandalka
Druck: Motiv Offset, Berlin – Istanbul

Der Verlag dankt Aysun K. und Elif E. dafür, dass sie sich für
die Fotoaufnahmen zur Verfügung gestellt haben.

Serpil Mağlıçoğlu

Für Yasemin

Orlanda

Für das schönste und wertvollste Geschenk des Lebens an mich, wofür zu leben und kämpfen es lohnt in dieser Welt – für meine Kinder Kemal und Yasemin in ewiger Liebe

Inhalt

Prolog

Mir dreht sich der Kopf, das Licht tanzt an der Wand, meine Gedanken sprengen den Rahmen, weichen aus in mein Zimmer und knallen an die Wand. Wild und unzähmbar scheinen sie, aber auch wild entschlossen. So viele Windungen, wie ich gerade Gedanken im Kopf habe, hat mein Gehirn anscheinend nicht, deshalb schießen die Gedanken in meinem Zimmer von einer Wand zur anderen. Sie stolpern übereinander, kreischen herum, manche von ihnen geben einfach auf und verschwinden wieder ganz leise und ungedacht in meinem Kopf, andere geben sich einen erbitterten Kampf. Jeder will der Erste sein. Und dann hat es einer geschafft.

Voller Triumph, der Erste zu sein, glänzt er auf meinem Blatt Papier. *Für Yasemin* soll dieser Text heißen, für Yasemin, meine über alles geliebte Tochter.

Ich fühle etwas Heißes in mir aufsteigen. Ist es die leise Wut oder gar die Trauer der letzten Jahre? O nein, nicht jetzt. Die Trauer in mir will sich Luft machen. Nein, nicht jetzt, nicht jetzt, wo ich mich endlich entschlossen habe, anzufangen. Diesen Brief anzufangen an mein Kind, meine Yasemin. Schreiben will ich ihr, schreiben muss ich ihr. Meine und ihre Geschichte. Aber die Trauer hat schon längst den Raum gefüllt. Sie steht hier wie eine eiserne Säule, sie ist dunkel und schmeckt säuerlich. Würde ich ein Messer nehmen, ich könnte die Luft in meinem Zimmer glatt durchschneiden. Die Trauer kommt aus der Tiefe der Ohnmacht, des Verlorenseins, und sie ist nicht allein, sie ist nie allein. Sie hat ihre beste Freundin, die Hilflosigkeit dabei, die beiden sind irgendwie unzertrennlich, so sehr ich es auch versucht habe, ich vermochte die beiden nicht zu trennen. Aber ich sehe den rosa Schein an ihrem Rockzipfel, sie ist nicht mehr aschgrau, sondern hat einen Schimmer rosa Hoffnung an ihrem Rock, worüber ich mich freue.

Mein über alles geliebtes Kind, auch diese Trauer wird mich nicht davon abhalten, dir zu schreiben. Aus der tiefsten Ecke meines Daseins kommen die Worte, große Schmerzen hängen an ihnen, und wie du sehen kannst, versuchen sie, mich am Schreiben zu hindern.

Gäbe es eine andere Form des Schreibens von Worten als das Aneinanderreihen von einzelnen Buchstaben, dann würde an vielen Worten jetzt vielleicht eine Träne hängen, dann würde aus den vielen Tränen vielleicht ein See entstanden sein, und ich müsste mich sehr vorsehen, dass nicht die meisten meiner Worte in diesem See ertrinken und verloren gehen. Doch meine Hoffnung, die wäre selbst in einem solchen See nicht gefährdet, geschweige denn verloren. Meine Hoffnung lebt aus der Hoffnung aller Urmütter, die es in dieser Welt je gegeben hat.

In so vielen Nächten, wenn das Gefühl der Verlorenheit sich in meinem Zimmer breit gemacht hatte und mit Vorliebe über meinem Bett hing, dann nahm mich meine Hoffnung ganz zärtlich in den Arm und gab mir Trost. Meine Hoffnung ist eine meiner besten Freundinnen, und ich wünsche dir, mein geliebtes Kind, dass es dir genauso ergehen wird eines Tages, wenn du dich verloren fühlen solltest. Ich will versuchen zu erzählen, wie es kam, dass so starke Wurzeln, wie ich sie einmal hatte, plötzlich nicht mehr fassen konnten. Und damit auch deine Wurzeln beschädigt wurden. Ich will es versuchen. Aber bitte verzeih mir schon jetzt meine sentimentalen Momente, es ist die Sentimentalität, die sich nur Mütter erlauben dürfen.

Mama, wo ist Deutschland?

Mama, wo ist Deutschland? – Deutschland, das ist sehr weit weg, Kind. – Kommt denn Papa wieder zurück? – Natürlich kommt er wieder zurück, und dann nimmt er uns auch mit. – Warum kann er denn nicht hier bleiben?

Meiner Fragen anscheinend überdrüssig, erzählt meine Mutter mir, dass in Deutschland das Geld an den Bäumen wächst und die Menschen es sich nur abpflücken müssen. Das verstehe ich, das ist also genauso, wie wenn ich mir zu Hause die Nüsse von den Bäumen hole. Sofort renne ich raus, um meinen Freunden diese gute Nachricht zu erzählen. Die staunen nicht schlecht, als sie hören, dass in Deutschland das Geld an den Bäumen wächst, das bedeutet nämlich, dass wir reich werden. Der Tag des Abschieds kommt und alle Verwandten auch, das

Haus ist voll von Menschen, die sich die Klinke in die Hand geben. Alle meine Tanten und Onkel sind da, und beim Abschied weinen die Frauen, und die Männer legen die Hand auf die Schulter meines Vaters und sagen einige offenbar sehr wichtige Sätze zum Abschied. Sehr spät am Abend umarmt uns mein Vater, und dann geht er vor die Tür, wohin ihm meine Mutter folgt, und sie verabschieden sich fern der Blicke der Gäste, und dann ist er weg. Meine Mutter, die ihr Leben noch nie hat allein meistern müssen, weint bitterlich. Doch da ist Onkel Ali, ein Cousin meines Vaters. Ihm hat Vater meine Mutter und uns anvertraut, er soll sich fortan um uns kümmern. Und er tut dies auch auf seine ganz eigene Art. Er kommt uns sehr oft besuchen, setzt sich auf den Diwan in der Ecke und jammert Mutter vor, der Arzt habe ihm eröffnet, dass er nur noch drei Monate zu leben habe. Bruder Ali, so etwas darfst du nicht sagen, man soll nie aufhören, Gott zu vertrauen, das Leben liegt allein in seiner Hand, tröstet Mutter ihn, so wie sie es mit uns macht, wenn wir weinen. Schon in wenigen Wochen soll ich zur Schule, und meine Uniform muss noch genäht werden. Aber pfiffig, wie ich bin, und voller Angst, ich könnte mich in der Schule blamieren, schaffe ich es, meine Mutter lange vor Schulbeginn dazu zu bewegen, mir ein Heft und einen Bleistift zu kaufen. Und so sitzt sie abends oft mit mir, und ich lerne, Buchstaben zu lesen und Buchstaben zu schreiben.

Großvater, den wir Dede rufen, kommt und geht mit mir und meiner Mutter in den Basar, um den schwarzen Stoff für meine Schuluniform zu kaufen und die weißen Taschentücher und alles, was ich noch brauche. Und ich bekomme neue Schuhe. Sie sind rot, die neuen Schuhe, die schönsten meines bescheidenen Erdendaseins, und ich bin glücklich. Meine roten Schuhe müssen am Abend mit mir ins Bett, weil ich mich nicht von ihnen trennen will. Und meinen wackeligen Zahn zieht Dede mir trotz meines Gebrülls, es muss sein, weil ich sonst schiefe Zähne bekomme, sagt er. Leider habe ich trotz seiner Behandlung heute schiefe Zähne. Das ist wohl Schicksal. Ich komme mit vierzig anderen Kindern in eine Klasse. Als Erstes lernen wir, die türkische Nationalhymne auswendig aufzusagen. Ich begreife sehr schnell, worauf es in der

Schule ankommt: Vor allen Dingen müssen wir sauber sein. Jeden Morgen kontrolliert unser Lehrer, ein im Grunde vielleicht ganz freundlicher Mann, unsere Fingernägel und unser Taschentuch. Die Nägel haben sauber und kurz zu sein, das Taschentuch sauber und gebügelt und korrekt gefaltet. Ist es nicht so, müssen wir die Handinnenflächen herzeigen, und er schlägt mit einem langen Lineal hinein, was so unglaublich weh tut, dass ich nach meinen ersten Schlägen beschließe, nie wieder welche zu beziehen.

Bald beginne ich, an meinen Vater in Deutschland Briefe zu schreiben, lange Briefe, er solle doch bitte ganz viel Geld von den Bäumen sammeln, damit er auch den Kindern in meiner Klasse, die noch weniger haben als wir und die mit Plastikschuhen in die Schule kommen, Hefte kaufen kann. Nach ein paar Monaten kommt ein Freund meines Vaters aus Deutschland zu Besuch; er hat einen kleinen Kassettenrecorder dabei, angeblich ist da die Stimme von meinem Vater drin, das behauptet jedenfalls dieser Mann, doch mich kann keiner hereinlegen, ich kenne Vaters Stimme, und die klingt ganz anders. Trotzdem lausche ich seinen Worten, meine Mutter weint leise, die Knie zusammengepresst, eine Hand am Zipfel ihres Kopftuches, womit sie sich die Tränen abwischt. »Schwester, weine nicht, es geht ihm gut, wirklich, ich habe ihn erst letzte Woche gesprochen, es geht ihm gut, er arbeitet am Hochofen und er arbeitet viel. Er arbeitet Tag und Nacht, damit er euch bald zu sich holen kann, dein Mann ist ein guter Mann, mach dir keine Sorgen, Schwester«, sagt er zu meiner Mutter, meine Mutter hört nicht auf zu weinen und schweigt. Der Freund meines Vaters geht, die Stimme meines Vaters nimmt er wieder mit. Unser Leben geht weiter, getragen von der Hoffnung, dass mein Vater uns bald nach Deutschland holt und ich endlich die großen Scheine von den Bäumen pflücken kann. Das ist wichtig, denn ich habe Ahmed versprochen, dass ich ihm ein großes rotes Plastikauto kaufe, so einen Lastwagen, wie Ahmed ihn bereits auf dem Wochenmarkt entdeckt hat.

Die Tage sind voll mit Geräuschen, mit Verkäufern, die unten an der Straße vorbeiziehen und alles, was einem nur in den Sinn kommen kann, anbieten. Zu uns nach oben verirrt sich aber kaum einer, es sei denn, meine Mutter ruft jemanden hinauf, weil sie etwas kaufen will. Nur die Sinto-Frauen, die Kinder klauen, wie meine Mutter mich immer wieder warnt, die kommen manchmal auch bis vor unser Haus und preisen laut schreiend ihre Decken an. Auch wenn man nichts kaufen will, hören sie nicht auf, und meine Mutter muss sie fortschicken, damit sie wieder gehen. Nach neun Monaten ist mein Vater eines Tages plötzlich wieder da. Mit vielen Geschenken für die ganze Familie. Ich bekomme ein Kostüm und mein dreijähriger Bruder einen richtigen Anzug, so wie mein Vater ihn trägt. Meine Mutter hat auch ein Kostüm mit einer dazu passenden Handtasche in der gleichen Farbe, hellblau, und meinen Brief hat er auch nicht vergessen. Am nächsten Morgen gehen wir gemeinsam in die Schule, ich ganz stolz an seiner Hand, und dann gibt er dem Lehrer die Hefte und Bleistifte und die vielen bunten Anspitzer und Radiergummis, und der Lehrer verteilt alles an alle Kinder meiner Klasse. Zum Abschluss des Schuljahres bekomme ich eine Urkunde, wofür ist mir nicht ganz klar, die anderen erhalten ihre Urkunde für überdurchschnittliche Leistungen, ich wahrscheinlich auch. Dann fährt mein Vater mit uns in die deutsche Botschaft, um alles für unsere Reise nach Deutschland zu erledigen, und dann ist er wieder weg, verspricht aber noch einmal, uns sehr bald zu holen.

An einem Dienstagmorgen macht meine Mutter sich fertig, sie will zum Markt. Da sie nicht gut mit drei kleinen Kindern auf dem Markt einkaufen kann, lässt sie uns zu Hause, ich soll auf die beiden jüngeren Geschwister aufpassen. Ich bin sechseinhalb, mein Bruder Erol drei, und die kleine Schwester, die hübscheste von uns, ist gerade anderthalb Jahre alt.

Wir spielen gerade ›beştaş‹, ein Geschicklichkeitsspiel, das man mit fünf Steinen spielt, als eine Frau durch das offene Fenster schreit: Niemand zu Hause, schönen Batist habe ich für dich, Schwester! Doch niemand antwortet, und ich sehe bereits vor meinem inneren Auge, wie sie uns in ihr Bettlaken einpackt, in dem sie ihre Schätze auf dem Rücken trägt, und dann kommt mir in den Kopf, wer uns wohl kauft und ob wir je unsere Mutter wiedersehen. Doch die Frau sieht uns nicht und steigt auch nicht durch das Fenster, sondern geht wieder fort. Ich warte, bis ich ihre Stimme nicht mehr hören kann. Dann rufe ich meinen Bruder, meine Schwester nehme ich auf den Arm und gehe mit beiden zu einer meiner Freundinnen, die eine ganze Ecke weiter weg wohnt, zu Zeynep, mit der ich rote Blüten gesammelt habe, aus denen wir Kölnisch Wasser produzierten, welches zu benutzen meine Mutter sich hartnäckig weigert. Als wir vor ihrem Haus ankommen, muss Zeynep gerade zum Laden Brot holen und ihre Mutter sagt, ich soll ruhig mitgehen. Aber was wird dann mit Erol und Yasemin, wende ich ein. Ich passe auf die beiden auf, was soll schon sein, sagt sie, und ich ziehe guter Dinge und schwatzend los, mit Zeynep Brot kaufen. Als wir zurückkommen, ist Yasemin nicht mehr da. Zeyneps Mutter weiß auch nicht, wo sie ist, sie sei nur kurz im Haus gewesen. Ich fange an, sie zu suchen, was soll ich meiner Mutter sonst erzählen, ich habe sowieso schon Angst, weil ich aus dem Haus bin, was Mutter mir verboten hat, doch ich kann Yasemin nirgendwo finden. Stunden vergehen, inzwischen hat es sich herumgesprochen, und die Nachbarn beginnen auch mitzusuchen. Viele Frauen und Männer rufen ihren Namen, auch die Kinder, die gesamte Umgebung wird abgesucht in der Annahme, sie könnte ein Stück weggelaufen sein. Ich vermute, dass eine Straßenverkäuferin sie mitgenommen hat, denn Yasemin ist weit und breit das schönste Kind und bringt bestimmt viel Geld ein. Doch dann sammelt sich eine Gruppe von Menschen mitten im Hof des Hauses, meine Mutter wurde inzwischen herbeigeholt, sie weint bitterlich, und dann schreit sie plötzlich auf, als hätte ihr jemand einen Arm abgerissen. Ein kleiner Junge sagt, sie haben sie gefunden, und zeigt auf die Männer in der Mitte des Hofes. Ich stehe abseits von allem, ich will meine Schwester sehen und laufe zwischen den vielen Männern durch, und in der Mitte angekommen sehe ich dann hinein in den Brunnen, denn nirgendwo sonst kann ich Yasemin entdecken, und sie liegt drinnen, mit dem Gesicht im Wasser, die Hände und Beine von sich gestreckt, mit dem rosa Kleid, das Mutter ihr aus meinem alten Kleid genäht hat, mit den vielen Rüschen am Rock, sie liegt da drin und bewegt sich nicht. Es ist ein Brunnen zu ebener Erde, er ist vorher nur mit einem Aluminiumdeckel zugedeckt gewesen, deshalb hat sie auch keiner dort gesucht und gefunden.

Ich verstehe nicht, warum sie keiner herausholt, da zieht mich jemand vom Brunnen weg und stellt mich beiseite. Ich höre die Stimmen, die sagen, keine Chance, sie ist tot, das arme Ding. Und sehe meine Mutter, die mittlerweile zwischen einigen Frauen auf dem Boden sitzt und versucht, sich die Kleider vom Leib zu reißen. Sie schreit: Mein Kind, mein geliebtes Kind, was soll ich jetzt nur tun, wie soll ich weiterleben, mein geliebtes Kind, und dabei schlägt sie sich immer wieder auf die Beine und auf die Brust und reißt sich selbst an den Haaren. Ich stehe allein, in einem großen Abstand von ihr und weine, ich traue mich nicht in ihre Nähe.

Jemand nimmt mich beiseite: Kannst du das Haus deiner Großmutter wiederfinden, wenn wir dich hinschicken? Ich zucke die Schultern, ich weiß es nicht. Eine Frau geht mit mir los, wir steigen in ein Sammeltaxi, die Frau macht ein sehr betrübtes Gesicht und weint. Andere Mitfahrer fragen: Was ist passiert, Schwester, warum weinst du? Sie zeigt mit dem Kopf auf mich, das arme Ding da, ihre Schwester ist gerade vorhin in einem Brunnen gefunden worden. Ach ja, seufzen die Mitfahrer und schauen mitleidig auf mich. Meinen ganzen Mut zusammennehmend frage ich die Frau: Was wird jetzt mit Yasemin? Kommt sie wieder zu uns nach Hause? – Nein, mein Kind. Sie ist jetzt ein Engel und wird ins Paradies kommen. Ich wage nicht zu fragen, wo das Paradies ist, und ob ich meine Schwester dort besuchen kann. Als wir den mir bekannten Weg fahren, zeige ich der Frau, wo wir aussteigen müssen und führe sie zu Tante Nurcan, der mittleren Schwester meines Vaters. Mit Entsetzen nimmt sie die Nachricht auf, und weinend fahren wir zusammen zur Großmutter, die ähnlich meiner Mutter zu schreien anfängt, doch dann nimmt sie sich wieder zusammen, und alle zusammen fahren wir zurück zu der Menge, wo mittlerweile auch die Polizei eingetroffen ist. Meine Mutter ist inzwischen nicht mehr ansprechbar, sie liegt bei den Frauen, eine hält ihre Hand und reibt sie mit Kölnisch Wasser, eine andere massiert ihre Stirn, und alle zusammen reden auf sie ein: Das ist Gottes Wille. Dagegen kann man nichts machen. Reiß dich zusammen, so viel Tränen werden es der Seele deiner Tochter schwer machen, sich von dieser Welt zu trennen und ihren Frieden zu finden. Schwester, sie ist jetzt im Paradies, wo es ihr an nichts fehlen wird. Doch nichts kann meine Mutter beruhigen. Spät am Abend bringen sie uns alle nach Hause, auch meine Schwester, Frauen mit Gebetstüchern sind da, und nach und nach kommt die ganze Familie, mein Vater soll am nächsten Tag eintreffen. Frauen waschen meine Schwester draußen im Hof, wo ich nicht zusehen darf, und bringen sie dann eingewickelt wie ein Baby in unser Wohnzimmer, legen sie auf den Boden in der Mitte des Raumes, neben ihr unsere Stühle, auf die sich die Männer setzen, die in dieser Nacht bei ihr bleiben und die Totenwache halten sollen. Die ganze Nacht höre ich die Gebete und sehe die Frauen, die über dem Koran sitzend sich mal nach vorn mal nach hinten beugen und laut lesen.

Meine Mutter hört nicht auf zu weinen: Was soll ich ihm nur sagen? Was soll ich ihm sagen, wo seine Tochter ist, wie soll ich ihm erklären, was geschehen ist? Ach dieses Kind, warum hat es nicht auf mich gehört, warum ist es aus dem Haus, obwohl ich das doch verboten habe? – Es ist Gottes Wille, sagt meine Tante Nuran, die älteste Schwester meines Vaters, niemand kann sich Gott in den Weg stellen. Er holt sich, wen er will. Meine Mutter schluchzt, wenn sie nicht weggegangen wäre, dann wäre Yasemin auch nicht in den Brunnen gefallen und dann würde ihr Mann sie auch nicht fortschicken, wenn er erst wieder da sei. Ich stehe auf der Schwelle des zweiten Zimmers und sehe von dort meine Schwester in weißem Leintuch auf dem Fußboden liegen und verstehe nicht, warum sie sich nicht bewegt, und wie kann sie überhaupt atmen unter diesem Tuch, das auch ihr Gesicht verdeckt? Ich stehe und schaue, doch niemand ist da, der mich in den Arm nimmt, niemand, der mir erklärt, was das alles bedeutet und wo das Paradies ist, wohin meine Schwester gehen muss, weil ich nicht auf meine Mutter gehört habe. Ich weiß nur, dass an diesem Tag mein Kinderlachen verloren geht. Am nächsten Tag kommt mein Vater aus Deutschland, doch ich kann mich nicht freuen, ich habe Angst, er schimpft mit mir, er sitzt jetzt auf dem Stuhl neben meiner Schwester, er sieht ganz düster aus, seine Erscheinung hat sich verdunkelt, so ist mir. Er ist so still, regungslos schaut er das kleine Bündel an, mit starrem Gesicht. Meine

Tante im Nebenzimmer überredet mich, zu ihm zu gehen und ihn zu begrüßen. Ich spüre, dass sie alle große Angst vor ihm haben, dass er meine Mutter fragt, warum sie nicht besser auf seine Kinder Acht gibt, und ich spüre, dass sie mich vorschicken, um sein Herz zu erweichen, da er auch mich ein Jahr nicht gesehen hat. Ich mache ein paar Schritte auf ihn zu und habe Angst, er schlägt mich. Dann stehe ich vor ihm, sage kein Wort und weine ganz leise. Mein Vater nimmt mich in den Arm und setzt mich auf seinen Schoß, und ich sehe zum ersten Mal, wie er weint, er schüttelt sich und erstickt fast daran, nur um keinen Laut von sich zu geben, weil Weinen nicht zu einem Mann passt, und erst jetzt kommen meine Tanten und begrüßen ihn. Meine Schwester wird fortgebracht, in Begleitung von einer Gruppe Männer, die sich wie eine große dunkle Traube mit ihr auf den Schultern fortbewegen. Die Frauen bleiben und beten und weinen um meine kleine Schwester. Ein paar Tage später gehen meine Eltern mit mir zur Gendarmerie. Ein schmächtiger Mensch mit einem dünnen Schnurbart fragt mich: Ist es das erste Mal, dass deine Mutter dich mit deinen Geschwistern allein gelassen hat? Ich zucke nur die Schultern. Warum bist du nicht zu Hause geblieben? Hat dir die Mutter deiner Freundin etwas geschenkt, damit du mit ihr einkaufen gehst? Wo war die Frau, als du wiedergekommen bist? Wo war deine Mutter? Die Fragen rauschen in meinem Kopf, und ich antworte mehr mit Achselzucken als mit richtigen Sätzen, und weil er nicht aufhört zu fragen, fange ich an zu weinen. Da beugt er sich über den Tisch: Tochter, du kannst es mir sagen, ich muss das wissen. Als auch das nichts hilft, befiehlt er dem Mann in Uniform neben der Tür, mich rauszubringen. Er spricht wohl jetzt mit meiner Mutter. Und dann gehen wir nach Hause. Auf dem Weg schimpft Mutter mit mir: Nur deinetwegen ist das alles passiert, weil du ungezogen warst. – Sei still, Frau, sagt mein Vater zu ihr. Doch meine Mutter hört nicht auf.

Nächste Woche sollen wir mit Vater nach Deutschland fahren, und jetzt kommt die gesamte Familie, um uns zu verabschieden. Am letzten Tag kommt Tante Nurcan und geht mit mir zum Friseur und lässt mir meine langen Haare ganz kurz schneiden, worüber mein Vater sich sehr aufregt. Dann kommt

Onkel Ali und nimmt mich und meinen Bruder auf seinem Motorrad mit Beiwagen zu einem Fotografen, um von uns Dreien ein Erinnerungsbild machen zu lassen, welches an alle Tanten und meine Großmutter verteilt wird. Meine Eltern streiten sich jetzt wegen Nichtigkeiten. Sie wird keine Hose anziehen, sie ist ein Mädchen, bestimmt mein Vater. Aber Bey, so spricht Mutter ihn an, das bedeutet Herr, in einem Zug drei Tage lang ist es besser, sie zieht eine Hose an, sie wird doch schlafen, du weißt, wie Kinder schlafen, völlig unkontrolliert, da ist es doch besser, sie zieht eine Hose an, das ist doch viel schützender. Beide bleiben eisern. Und ich trage einen Rock über einer Hose, als wir mit zwei Koffern in einen sehr langen, dunklen Zug einsteigen. Der Zug sieht aus wie eine Schlange, deren Schwanzende nicht auszumachen ist. Und wir fahren lange, sehr lange, drei Tage und zwei Nächte. Als wir in Österreich sind, sagt mein Vater, jetzt ist es nicht mehr lange, aber es ist noch lange, für mich scheint es überhaupt kein Ende zu nehmen. Wir sitzen in einem ganz einfachen Abteil, wo unten an den Sitzen etwas zur Nacht ausgezogen werden kann, worauf wir dann schlafen. Als es dann endlich so weit ist, als der Zug hält, wir aussteigen und nach draußen zu einem Taxi gehen, schaue ich mich um nach den Bäumen, wo das Geld drauf wächst, und meine Enttäuschung ist groß.

Ein Ort namens Schlutup

Ich drehe mich um zu Mutter: Du hast mich angelogen. Es gibt kein Geld auf den Bäumen. Mein Vater, der mit den Koffern beschäftigt ist, fragt: Was redet sie denn da?, und meine Mutter ermahnt mich, still zu sein.

Der Ort, an dem ich nun mit noch nicht ganz sieben Jahren angekommen bin, heißt Schlutup und ist 20 Kilometer von Lübeck entfernt. Ein Fischerdorf mit echten Fischern, die nachts mit ihren Kuttern rausfahren, um Fische zu fangen.

Wir ziehen im unteren Geschoss eines zweistöckigen Hauses in eine Zweizimmerwohnung ein, in der wir ein und mein Onkel mit seiner Frau das andere Zimmer bewohnen. Als ich das erste Mal zur Toilette muss, kann ich in der ganzen Wohnung keine finden. Entsetzt renne ich zu meiner Mutter und will sie auf die Katastrophe aufmerksam machen, als eine alte Frau von oben herunterkommt, ihre Treppe führt direkt in unseren Flur, und am Ende der Treppe ist ein winziger Raum, in den sie hineingeht, und als sie wieder herauskommt, macht es einen fürchterlichen Krach, und Wasser ist zu hören. Ich stehe im Flur und kneife mit der einen Hand zwischen die Beine, um es zurückzuhalten, da lächelt die alte Frau mich an und zeigt mit ihrem Zeigefinger auf die kleine Tür. Ich gucke rein, da ist nur eine seltsame Schüssel mit einem Deckel, und nur weil ich ein so schlaues Kind bin, begreife ich, dass es wohl etwas mit meiner Blase zu tun haben muss, wenn ich ehrlich sein soll, ist es mir inzwischen auch egal, ich setze mich auf die Schüssel und erlöse mich von dem Druck in mir. Die Tür ist offen, die alte Frau steht davor, und als ich fertig bin, kommt sie und zieht an einem Seil, und ich schreie auf, und Unmengen von Wasser kommen von irgendwoher, um wieder irgendwohin zu verschwinden. Das ist meine erste Begegnung mit der deutschen Kultur. Und die alte Frau wird zu meiner liebsten deutschen Oma.

Meine zweite Begegnung mit der deutschen Kultur mache ich am nächsten Tag. Mein Vater schickt mich zum Tante-Emma-Laden Brot kaufen. Nein, ich will nicht gehen, was soll ich denn sagen, ich weiß doch nicht, was Brot auf Deutsch heißt, jammere ich. Du sagst: Ein Brot. Und wenn sie mit dir reden, dann sagst du: Ich nichts verstehen. Ich wiederhole, ich nichts verstehen, und laufe zum Laden, der am Ende der Straße sein soll, doch es ist ziemlich weit, und ich habe Angst, ich finde nicht den Weg zurück, auch wenn es nur eine Straße ist, und ich nur diesen Weg mit den spitzen Dächern zurückgehen muss. Schließlich finde ich das Geschäft, die Frau hat blondes Haar und ein feines seltsames Netz darum, und sie ist rund wie eine Kugel. Als sie mich sieht, sagt sie: Guten Tag, was möchtest du denn haben? – Ich nichts verstehen, ein Brot, ich nichts verstehen, ein Brot, stammle ich. Sie schaut mich etwas unsicher an, und dann hat sie mich dank einer Eingebung, nehme ich an, verstanden und gibt mir ein Brot, ein dunkles. Ich sage ihr, dass ich das nicht haben will, das Brot ist schon so alt, dass es offensichtlich dunkel und hart geworden ist, ich will ein frisches, knuspriges Weißbrot wie in der Türkei, wo ich immer schon die eine Ecke aufesse, bevor ich zu Hause bin, doch die Frau versteht kein Türkisch und sagt ganz viel, worauf ich nur mit Ich-nichts-verstehen-ein-Brot antworte. Da ruft sie ihren Mann, und ich bekomme Angst, schnappe das Brot und laufe, so schnell ich kann, nach Hause. Die nächsten Tage kann mich keine Macht der Welt dazu bringen, einkaufen zu gehen.

Nach zwei Wochen verlassen wir zum ersten Mal das Dorf und fahren mit dem Bus in die Stadt, Bekannte meines Vaters besuchen, aber da es dunkel ist, kann ich nicht sehen, ob es wenigstens in dieser Stadt Bäume gibt, an denen Geldscheine wachsen. Wir gehen durch ein Haus hindurch, und hinten ist noch ein Haus, und dann steigen wir dunkle, seltsame Aufgänge hinauf und kommen in zwei Zimmern mit völlig schiefen Wänden an. Mama, ich habe Angst, kippen die Wände gleich auf uns? Meine Mutter antwortet nicht. Und ich verstehe nicht, warum wir nicht alle rausrennen, wie ich es einmal bei meiner Großmutter Babanne in der Türkei erlebt habe, als die Erde zu beben anfing und zu murmeln, als wolle sie uns fremde Gebete aufsagen, und Babanne, sie selbst lief als erste, uns alle wie eine Furie nach draußen vor die Tür gejagt hat, wo alle Menschen mit aufgerissenen Augen die Erde anstarrten und nach ein paar Minuten aufatmeten, und ein Es-ist-vorbei anscheinend allen Menschen, die sich auf die Straße geflüchtet hatten, gleichzeitig über die Lippen trat. Und hier sind die Wände bereits so schief, dass sie sicher jeden Moment auf unsere Köpfe stürzen, aber es scheint niemandem etwas auszumachen. So beschließe ich, dass es mir auch nichts ausmacht und begnüge mich damit, diese unglaublich krummen Wände, wo auch noch ein Fenster drin hängt, anzuschauen. Der Freund meines Vaters begrüßt uns und schaut dann auf meinen linken Unterarm: Was ist mit deinem Arm passiert? Ich bin es nicht gewohnt, mit Fremden zu sprechen und zucke die Schultern. Ich habe eine Impfung bekommen, um mit nach Deutschland zu können, und das hat sich entzündet und ist inzwischen eine fünfmarkstückgroße offene eitrige Fläche, und damit die Fliegen nicht darauf gehen, hat meine Mutter ein Stück Zeitungspapier darüber gelegt, was sofort festklebte.

Türke! Türke!

Der Freund ist entsetzt und wird sogleich auch zu meinem Freund. Er holt einen kleinen Kasten hervor und verarztet mich, und dann fragt seine Frau, ob ich denn zur Schule gehe. Meine Eltern wissen nicht, wo die Schule ist, und mein Vater spricht nicht genug Deutsch, um mich dort anzumelden. Also kommt die Frau am nächsten Tag zu uns, nimmt mich bei der Hand, bringt mich zur Schule und meldet mich an. Ich komme in die zweite Hälfte der ersten Klasse, obwohl ich doch eigentlich in die zweite Klasse kommen müsste, ich habe doch sogar eine Urkunde für überdurchschnittliche Leistungen bekommen.

Am nächsten Tag muss ich also zur Schule. Ich muss allein gehen, den Weg würde ich ja schon kennen, offensichtlich hat meine Mutter noch mehr Angst als ich. Meine Lehrerin heißt Frau Kortmann, sie ist eine sehr strenge, kleine Frau mit einer Brille mit runden Gläsern auf der Nase. Ich bekomme einen Platz in der hintersten Reihe und verstehe nichts, nur beim Rechnen bin ich besser als alle anderen, auch wenn ich das nicht sagen kann. Und ich staune nicht schlecht über diese deutsche Schule, die Kinder sind so etwas von ungehorsam, aber meine Lehrerin macht gar nichts, sie hat auch kein Lineal, und mein weißes kleines Taschentuch, das in einer Ecke mit einem Blümchen bestickt ist, will sie nicht einmal sehen, und kein Kind steht auf, wenn die Lehrerin den Raum betritt, nur ich, aber sie singen ihre Hymne wie wir, und schon bald singe ich mit der lautesten Stimme: Deutschland, Deutschland über alles ...

Damit ich mich nicht blamiere in der deutschen Schule, habe ich meinen Vater noch vor meinem ersten Schultag gebeten, mir das Zählen auf Deutsch beizubringen. Ich kann also schon bis zwanzig zählen, mit einem sehr deutlichen Akzent. Und ich freue mich und glaube, dass es reicht. Als die anderen sich eifrig melden, will ich auch etwas sagen und melde mich, und dann beginne ich ganz langsam bis zwanzig zu zählen, voller Stolz, dass ich schon so viel Deutsch kann, als schallendes Gelächter das kleine Kinderherz trifft. Euch werde ich es noch zeigen, denke ich, ich werde besser sein als ihr alle zusammen, was ich dann doch nicht schaffe. Aber ich lerne sehr schnell Deutsch, das richtige, nicht das, was meine deutsche Oma spricht, auch wenn ich ihr Platt jetzt verstehe und auch so sprechen kann, in der Schule benutze ich das nicht. Und noch etwas Gutes bringt dieser Tag: Thomas ist ein kleiner blonder Junge, ein Stückchen kleiner als ich, mit himmelblauen Augen und Stupsnase, und dieser Thomas lacht nicht mit den andern. Und als die Schule zu Ende ist, läuft er mit mir zusammen nach Hause, er wohnt schräg gegenüber von uns, in einem viel schöneren und größeren Haus. Thomas redet mit mir, und er steht mir bei, wenn in der Hofpause die meisten Kinder sich damit beschäftigen, mich zu ärgern und sich über meine viel zu langen Kleider lustig machen. Und wenn sie versuchen, mich zu verprügeln, schreit Thomas: Lasst sie in Ruhe, ihr Blöden. Aber er stellt sich nicht mit mir vor dem Schuleingang in einer Reihe auf, und ich muss hinten ganz allein stehen, immer in der letzten Reihe, obwohl ich mir nichts sehnlicher wünsche, als einmal in der ersten Reihe zu stehen.

Einmal hat Thomas sogar mit den andern geschimpft: Was würdet ihr denn tun, wenn ihr plötzlich in der Türkei leben müsstet? Thomas ist mein Held. Ich weiß natürlich noch nicht, dass seine Worte die exakte Wiederholung dessen sind, was seine Eltern am Küchentisch zu ihm sagen, genauso wie die Worte der andern, die im Takt Türke! Türke! Schreien. Wobei ich einfach nicht verstehe, warum Türke plötzlich ein Schimpfwort sein soll, während uns der türkische Lehrer noch vor ein paar Monaten beigebracht hat, wir können stolz sein, weil wir als Türken auf die Welt gekommen sind.

Als ich die Sticheleien nicht mehr aushalten kann, frage ich meinen Vater: Warum sind wir hergekommen? Mein Vater schaut vor sich auf den Boden, wie er das immer macht, wenn er nachdenkt, seufzt und sagt dann: Wir bleiben nicht lange, wir fahren bald zurück. Die Hoffnung, bald wieder nach Hause zu kommen, gibt mir Mut, und ich erzähle von den Beschimpfungen und Rempeleien mit den Jungs, die versuchen mich zu verkloppen. Mein Vater schweigt dazu, doch in den nächsten Tagen nehmen die täglichen Übungen, wo er versucht, mir das Kämpfen und Boxen beizubringen, dermaßen zu, dass meine Mutter ihn immer wieder ermahnen muss: Bey, sie ist ein Mädchen. Wenn du nicht aufhörst, wird sie dir eines Tages auf der Nase herumtanzen.

Wenn meine Mutter etwas von meinem geheimen Schwur geahnt hätte, hätte sie so etwas sicher nicht gesagt. Mit meinem eisernen Willen, das wusste ich, würde ich meinen Entschluss, ein Junge zu werden, schon in die Tat umsetzen. In der Hoffnung, irgendwann doch Hosen – aber nicht mit zusätzlichem Rock wie auf unserer Reise nach Deutschland – tragen zu dürfen, fange ich damit an, mir beim Spielen meine Kleider zu zerreißen. Also kauft meine Mutter Stoff, und mein Vater fährt uns zu einer türkischen Frau, die zu Hause schneidert, und meine Mutter sagt, ein Rock mit einem Jackett, also ein Kostüm. Als ich feststelle, dass es auf keinen Fall eine Hose werden wird, streite ich mich mit ihr um die Länge des Rockes. Die Schneiderin hat Erbarmen mit mir und meint zu meiner Mutter: Was willst du, sie ist doch noch ein Kind, und sie nimmt die Mitte zwischen der Länge, die meine Mutter wünscht und der Kürze, die ich haben will. Wenn ich schon nicht eine Hose bekommen kann, dann will ich wenigstens einen ganz kurzen Rock, so wie die anderen Mädchen; meine Mutter will aber, dass meine Knie verdeckt sind, und so wird der rotkarierte Stoff schließlich zu einem Rock, der genau auf meinen Knien endet, mit einer kurzen, dazu passenden Jacke aus dem gleichen Stoff. Und meine Mutter lässt sich ein Kleid aus dunkelgrünem Samt schneidern, wozu extra eine schöne runde Brosche mit vielen Steinen darin gekauft wird. Ihr Kleid liegt eng an und ist auch nicht so lang wie mein Rock. Und sie sieht so schön aus darin, ihre Silhouette mit einer Taille, die so schmal ist, dass man denkt, sie könnte jeden Moment zerbrechen. Sie ist so wunderschön, ja, meine Mutter ist bestimmt die schönste Frau auf der ganzen Welt. Als Kind sehne ich mich immer danach, mit ihren schönen langen Haaren zu spielen, die so aussehen, als habe der Meeresgrund gerade Wellen hineingelegt, sie zu bürsten und anzufassen und zu Zöpfen zu flechten. Manchmal darf ich es.

Es scheint keinen Ausweg zu geben, ich gehe zur Schule wie gehabt, trotz des karierten und zu langen Rockes. Ich verkloppe die Jungs, und ich nehme das Messer, das ich von meinem Vater habe, und das auf Knopfdruck herausspringt, mit in die Schule, um mich zu verteidigen, und bekomme riesigen Ärger, mein Vater auch. Aber mein Vater ist trotzdem stolz auf diese in seinen Augen männlichen Eigenschaften, zum Leidwesen meiner Mutter, und oft höre ich ihn sagen, sie hätte ein Junge werden sollen. Ich lebe nach der Maxime meines Großvaters Dede: Lass dich nicht treten, sondern tritt selbst!

Mein Großvater hat nicht viel mit seinen Kindern gesprochen und berührt hat er sie schon gar nicht. Doch er hat es sich nicht nehmen lassen, seinem Sohn diesen Leitsatz mitzugeben. Es war sein Blut, das Blut des stolzen Georgiers, der Jahrhunderte lang für die Freiheit kämpfte und dessen Stolz so weit ging, eher für die Ehre zu sterben als ehrlos zu leben. Lass dich nicht schlagen von den Kameraden, schlag selbst, sagte er meinem Vater. Ich will niemals hören, dass du verprügelt worden bist, komm mir nie nach Haus als geprügelter Hund, diese Schande würde ich nicht überleben. So unmissverständlich gestärkt zog mein Vater also ins Leben. Sich prügelnd, aber nie ohne Grund, immer in Ausübung einer heroischen Tat und in Verteidigung seiner Ehre.

Ich darf nicht

Etwa im Alter von elf oder zwölf Jahren kommt meine maskuline Entwicklung durch sehr drastische Maßnahmen zu einem abrupten Stillstand. Mein Vater hört auf, mir das Boxen beizubringen und mit mir zu kämpfen. Stattdessen muss ich jetzt bestimmte Arbeiten meiner Mutter übernehmen, zum Beispiel die zwei Zimmer putzen, da mein Onkel und die Tante dank der Kampfeswut der beiden Frauen inzwischen ausgezogen sind. Und ich muss auf meine beiden jüngeren Brüder aufpassen. Ich gebe mir große Mühe, meinen Eltern zu gefallen, insbesondere meiner Mutter, denn sie hat sicher nicht vergessen, dass ganz allein ich am Tod meiner Schwester schuld bin, aber da sie nicht mit mir darüber spricht, weine ich ganz leise im Bett, Weinen ist jetzt mein Einschlafprogramm.

Plötzlich scheint es keine Zeit mehr zum Spielen zu geben. Ich gehe zur Schule, komme nach Hause, helfe meiner Mutter und sorge für meine Brüder. Hausaufgaben nimmt keiner so wichtig, also vergesse ich sie oft. Zu meinem jüngeren Bruder habe ich eine ganz besondere Beziehung. Ich fühle mich ein bisschen wie seine Mutter.

Später arbeitet meine Mutter in einer Fischfabrik. Mit Ausnahme der leitenden Angestellten sind dort ausschließlich türkische Frauen und Männer beschäftigt, hauptsächlich Frauen, die in einem Heim in unserer Straße untergebracht sind. Alle diese Frauen stehen unter dem brüderlichen Schutz meines Vaters, der seine Aufgabe sehr ernst nimmt und den Frauen auch schon einmal nachgeht, um zu sehen, was sie so treiben und ob sie anständig bleiben, so weit weg von ihren eigenen Familien und in der Fremde. Denn das Schicksal hat diese Frauen zu uns geführt.

Eines Tages, als provinzielle türkische Musik aus unserem Fenster in die deutsche Landschaft wehte, klopfte es an der Tür. Eine Handvoll türkischer Frauen stand da. Sie hatten die Musik gehört und wollten wissen, wer hier wohnt. An diesem Tag erklärten sie meinen Vater zu ihrem großen Bruder. Wenn ein Türke in diesen ersten Jahren einen anderen Türken traf, dann war es immer wie ein Fest, so als begegnete man seinem nächsten Verwandten.

Viele Anekdoten höre ich in jener Zeit, zum Beispiel die von einem Mann, der bei einer deutschen Familie zu Gast ist und eine Banane angeboten bekommt. Und in seiner Verzweiflung, weil er noch nie zuvor eine Banane gesehen hat, isst er diese samt der Schale. Entgegen der Meinung seiner Freunde, die er jedoch nie beim Essen einer Banane beobachtet hat, glaubt er nun, Bananen seien nicht essbar.

Als mein jüngster Bruder drei Jahre alt ist, kommt er in den Kindergarten. Ich verbringe viele Nachmittage dort und helfe den Erzieherinnen mit den türkischen Kindern, mit denen sie sich nicht verständigen können. Das gibt mir das Gefühl, etwas zu leisten und etwas wert zu sein. Später, mit vierzehn, gehe ich zweimal im Monat ins Büro der Fischfabrik, um für die türkischen Frauen zu übersetzen. Mein Selbstwertgefühl beziehe ich überhaupt immer von Außenstehenden, in großem Maße von Lehrern, die mir trotz meiner nicht so guten Zensuren bescheinigen, ich sei überdurchschnittlich intelligent.

In unserem Dorf gibt es eine Realschule. Meine Eltern haben keine Ahnung von der Struktur deutscher Schulen, sie wissen nichts davon, dass wir nach der vierten Klasse in weiterführende Schulen verteilt werden. Als die Frist für die Entscheidung der Eltern schon abgelaufen ist, fragt mich meine Klassenlehrerin, ob ich auch auf die Realschule will. Ich freue mich und sage ja und muss dann eine dreitägige mündliche Aufnahmeprüfung in der Realschule absolvieren. Zu den Prüfungen macht mich meine Mutter besonders hübsch. Ich bekomme ein neues Kleid, ein rosafarbenes mit einem Plisseerock, das zwei Nummern zu groß ist und mir weit über die Knie reicht. Mein langes Haar wird gescheitelt und geflochten, und auf beiden Seiten im Kreis aufgerollt, so dass sich ein bayerisches Mädchen auf einer Alm noch etwas davon hätte abschneiden können. Eigentlich steht zu erwarten, dass einige Kinder in der neuen Schule erst einmal nichts mit mir zu tun haben wollen. In diesem Aufzug würde selbst ich nichts mit mir zu tun haben wollen. Und ich bin das zweite ausländische Kind an dieser Schule.

Ich bekomme zu Hause keinerlei schulische Unterstützung, ich weiß auch nicht, wie so etwas hätte aussehen sollen, denn beide Eltern können gerade mal eben türkisch schreiben und lesen. Meine Mutter scheint auf irgendeine mysteriöse Art und Weise das Schreiben verlernt zu haben, obwohl sie fünf Jahre lang die Grundschule besucht hat, aber das Lesen hat sie nicht verlernt. Sie kennt viele türkische Schriftsteller, jedenfalls jene, die diese herrlichen Romane über vor Liebe sterbende Menschen in der Welt der Aristokratie schrieben, und ich staune immer wieder über die vielen amerikanischen Filme, die sie bereits in den 50er Jahren im Kino gesehen hat und deren Hauptdarsteller sie alle mit Namen zu nennen weiß, während ich sie erst Jahrzehnte später in Deutschland im Fernsehen sehen sollte. Vielleicht ist es nur das Staunen darüber, dass meine Mutter ein Leben vor meinem eigenen Leben gehabt hat. Mein Vater hat erst beim Militär lesen und schreiben gelernt. Vielleicht wäre es auch von der damaligen Regierung etwas zu viel verlangt gewesen, eine türkische Schule in einem kaukasischen Dorf zu bauen.

Obendrein sprechen meine Eltern immer noch kein richtiges Deutsch, was sich bis zu ihrer Rückkehr in die Türkei nicht ändern wird. Sie haben ja auch mich, zu allen Ämtern werde ich mitgeschleppt, um zu übersetzen. Ich bin auch die Übersetzerin aller Bekannten und Freunde meiner Eltern. Wer Probleme mit der Sprache hat, kommt einfach vorbei und nimmt mich mit, völlig selbstverständlich. Da geht es nicht darum, ob ich will oder nicht, sondern darum, ob mein Vater seine Tochter dieser Person anvertrauen kann oder nicht. So habe ich sehr früh viel von den Problemen der Erwachsenen mitbekommen, ohne selbst erwachsen zu sein.

Die wenigen Freundinnen, die ich habe, sind fast immer Außenseiterinnen. Aber einen Brieffreund habe ich, und zwar in Hongkong. O, wie stolz bin ich, einen Freund zu haben, dem ich Briefe in Englisch schreibe, und das in der siebten Klasse. Ich würde sonst was geben, meinen Eltern davon erzählen zu können. Aber das ist unmöglich. Mein Vater würde ausflippen. Ich habe keinen Freund zu haben, auch nicht einen Brieffreund am anderen Ende der Welt. Mein häufigster Satz heißt jetzt: Ich darf nicht. Wie ich diese drei Worte hasse. Es ist mittlerweile schon so, dass ich meine Eltern gar nicht mehr frage, ob ich zum Klassenfest darf oder zum Schulfest, zu einer Freundin nach Hause oder irgendetwas, das für alle anderen einfach selbstverständlich ist. Irgendwann habe ich aufgehört zu fragen, aus Angst, ich bekomme Ärger. Einfach alles –

Sport, Spiel, Musik – ist mir untersagt, außer es spielt sich in unseren vier Wänden ab, aber nicht mal dann ist es immer möglich. Mein Vater verbietet mir alles.

MEINE TSCHERKESSISCHE FAMILIE

Während bei den türkischen Familien die Mädchen unter Dach und Fach gehalten wurden, zu keinem Jungen Kontakt haben oder gar mit einem flirten durften, war es in unserer tscherkessischen Familie ganz anders. Mehrmals in der Woche trafen sich die jungen Leute bei einer Familie in einem Raum und unterhielten sich, spielten Gesellschaftsspiele und flirteten die ganze Nacht hindurch. Sie wurden auf diese Weise zu Meistern der Gesprächsführung, sie wetteiferten um die intelligentesten Einwürfe und Diskussionsbeiträge, jeder und jede sagte die eigene Meinung frei heraus, ohne Unterschied, ob Junge oder Mädchen. Einige von ihnen verfeinerten ihre Ausdrucksweise so sehr, dass ein heutiger Rhetoriklehrer sich noch etwas davon abschneiden könnte. Die Treffen hatten jedoch noch eine andere Seite: Jungen und Mädchen konnten frei heraus sagen, wen sie mochten oder gar liebten, und in Gesprächen versuchten die Jungen, die Mädchen zu einer Liebeserklärung zu bewegen. Das allerdings war nicht ungefährlich, denn ein Wort, das ein Mädchen vielleicht im Scherz und unbeabsichtigt gab, konnte zur Folge haben, dass sie denjenigen, dem sie ihr Wort gegeben hatte, dann auch ehelichen musste. Kein Paar schlief miteinander, bevor es nicht geheiratet hatte. Den jungen Menschen der tscherkessischen Gesellschaft konnte es nicht besser gehen. Die Mädchen bestimmten selbst, wen sie heiraten wollten, auch wenn alle Oberhäupter der Familie natürlich erst ihren Segen geben mussten. Und die Mädchen heirateten sehr spät für türkische Verhältnisse, nämlich erst mit Ende zwanzig, Anfang dreißig. Sie taten sich schwer, ihr so freizügiges Leben einzutauschen für die Ehe, wo denselben Frauen dann so gut wie alle Rechte verweigert wurden.

Vielleicht hofft mein Vater zu verhindern, dass ich aufwachse wie deutsche Mädchen, von denen er gar nicht weiß, wie sie erzogen werden. Vor allem hoffte er, ich würde nicht werden wie eine deutsche Frau, schon gar nicht wie eine ganz bestimmte, nämlich unsere Nachbarin, eine allein erziehende Zahnarzthelferin mit einem Sohn namens Kuki.

An unserem ersten Silvester in Deutschland hat diese Nachbarin uns eingeladen, bei ihr zu feiern. Voller Erwartung und Spannung gingen wir um 20 Uhr zu ihr hinüber, in Unkenntnis deutscher Sitten. Meine Eltern dachten wohl, wir würden zusammensitzen wie bei den familiären Treffen, die sie kannten, zusammen essen und trinken und von früher erzählen, als die Welt noch in Ordnung war. Doch sie kannten unsere Nachbarin nicht. Also standen wir gebürstet und geschniegelt vor ihrer Tür. Diese ging auf, und eine halbnackte Frau mit ›Kriegsbemalung‹ sagte: Guten Abend. Meine Mutter hielt sich den Mund zu, um nicht aufzuschreien, ich fürchte, mein Vater hat nicht einmal meine Mutter so nackt gesehen, in solchem Flutlicht. Im Wohnzimmer, in welches man von der Haustür hineinschauen konnte, hingen Lampions und allerlei undefinierbares buntes Zeug. Meine Mutter machte auf der Stelle kehrt, mein Vater wollte die Nachbarin nicht beleidigen - verständlicherweise nach alter Tradition –, und so stritten sich meine Eltern vor der Tür, und wir gingen zurück nach Hause. Uns Kindern blieb nichts anderes übrig, als am Fenster, das total dicht war mit bizarren Eisblumen, ein kleines Guckloch aufzutauen, um hinauszuschauen in dieses fremde Land. Mit Sicherheit wäre es tröstlicher gewesen, hätten wir mehr sehen können, doch wir schauten auf eine große Wand mit einem großen Tor auf der anderen Seite unserer kleinen Straße, wo Fischerboote repariert werden. Hinter diesem Tor hätte man hinunterschauen können auf die Bucht und die Ostsee. Und manchmal, wenn man auch nicht viel Schönes sehen kann, genügt es doch zu wissen, dass hinter dem, was man sieht, die Schönheit dieser Welt verborgen ist.

Laut Aussagen meiner Familie bin ich ein sehr aufgewecktes und unglaublich wissbegieriges Kind. Nach der ersten Mondlandung – schlichtweg das Ereignis meiner Kindheit – lief ich zur Bücherei und deckte mich dermaßen mit entsprechenden Büchern ein, dass ich als kleine Expertin für Weltraumforschung hätte herhalten können. Was blieb mir auch anderes übrig, denn ich darf nichts, absolut nichts unternehmen. Ich war etwa zwölf Jahre alt, als ich meinen Vater überreden konnte, mich in den Turnverein zu schicken. Ich war zu Hause nicht zu halten, ich machte den ganzen Tag Übungen und träumte davon, bei der Olympiade mitzumachen, was nur daran zu scheitern schien, dass mein Vater mir keine Turnhose erlaubte. Ich war so gut, dass ich nach einem Monat in die Leistungsgruppe durfte, die auch an Wettkämpfen teilnahm, doch dann musste ich schon wieder aus dem Verein raus. Denn inzwischen war es Winter geworden, und wenn ich vom Sport kam, war es draußen dunkel, und im Dunkeln darf ich natürlich nicht draußen sein.

Meine Freundinnen dürfen mich besuchen, aber ich darf nicht zu ihnen. Ich bin praktisch eingesperrt. So gut wie möglich versuche ich mich zu beschäftigen, um nicht einzugehen. Und ich lese, mit eiserner Entschlossenheit lese ich mich durch die kleine Dorfbücherei, wie eine Maus, die sich durch ein Stück Käse frisst, so groß wie ein Haus. Als ich älter bin, darf ich in die Bibliothek der nächsten Stadt fahren, wo es auch türkische Bücher gibt.

In den Augen meines Vaters mache ich gravierende Fehler, etwa englische Popmusik hören. Natürlich will ich die englische Hitparade hören, die immer samstags kommt und montags in den großen Pausen das Thema ist. Mein Vater regt sich auf, ich solle nicht diese Heidenmusik hören. Schließlich schicken meine Tanten mir aus der Türkei Schallplatten türkischer Popstars, denn die schwermütige Musik, die mein Vater hört, kann mich wirklich nicht begeistern. Zeitweilig kommt es mir so vor, als habe mein Vater nur mich, um sich zu beschäftigen; eines Tages beschuldigt er mich, nicht religiös zu sein und zerschneidet meine Hose, weil ich als Mädchen keine tragen dürfe – er ist gerade in der Moschee gewesen, und genau das hat der Hodscha gepredigt. Allein Männern ist es vorbehalten, Hosen zu tragen, Frauen dürfen es ihnen nicht nachtun. Väter, die ihren Töchtern Hosen erlauben, schmoren genauso in der Hölle wie die Töchter selbst. Aus Angst vor der Hölle und in der

Hoffnung, er könne sich selbst dieses Leid ersparen, bereitet mein Vater mir schon auf Erden die Hölle. Jedes Mal, wenn er in die Moschee geht, kommt er von dort mit einer neuen Auflage für mich zurück. Wie kann ich mich nur dagegen wehren? Ich lasse es eine Weile, aber irgendwann ziehe ich meine Jeans wieder an, denn schließlich gehen alle so zur Schule. Dort bin ich inzwischen akzeptiert. Im Fastenmonat, den ich immer mit meinen Eltern zusammen einhalte, erkläre ich den anderen in der Klasse den Sinn vom Fasten - mit dem Ergebnis, dass einige Mädchen es sogar ausprobieren möchten. Meinem Vater ist das jedoch wieder nicht genug. Ich würde nichts unternehmen, um meine Freundinnen zu bekehren, wirft er mir jetzt vor. Allein der Gedanke ist mir unerträglich, schließlich kann er doch auch nicht wollen, dass meine Freundinnen mich missionieren.

Dieses fremde Land mit seinen fremden Sitten, in das er uns gebracht hat, in der Hoffnung, er könne sich und uns eine bessere Zukunft schaffen, macht ihn krank, denn dieses Land ist anders, als er sich gedacht hat. Seine Arbeit ist schwer, doch er beschwert sich nicht, und eines Tages soll ich die Glutöfen sehen, wo er im Winter nie weiß, wie er sich anziehen soll, weil sich vor ihm die Hölle auftut und hinter ihm die Arktis zu beginnen scheint.

In Erdkunde nehmen wir gerade die ganzen Schätze der Erde durch, wo gibt es Eisen, Kupfer, Zinn, Silber, Gold etc. und wie werden diese Materialien verarbeitet. Und so fahren wir zum Stahlwerk, wo mein Vater und seine zumeist ebenfalls türkischen Kollegen arbeiten, nur sein Vorarbeiter ist Deutscher. Der Anblick der riesigen Öfen, die überdacht praktisch im Freien stehen, wird mir in ewiger Erinnerung bleiben. Wie der Schlund der Hölle, der nie genug kriegt.

Mein Vater arbeitet in Schichtarbeit, was zu weiteren Schwierigkeiten in der Zweizimmerwohnung führt, denn wenn er Nachtschicht hat, muss er am Tag schlafen, wofür wir Kinder kein besonders großes Verständnis aufbringen können. Er, der ohnehin nicht viel spricht, wird irgendwann völlig still, er leidet unter Magenschmerzen, ist immer müde und wird von Tag zu Tag unansprechbarer für uns Kinder und seine Frau. Ihn hat ein mysteriöses Nervenleiden befallen, von dem keiner weiß, woher es kommt, noch, wie es wieder verschwindet, und seine Krankheit macht uns krank. Es wird immer schlimmer mit ihm, entweder schläft er auf der Couch, als wolle er nie mehr aufwachen, oder er tobt und bringt meine Mutter zu solchen Äußerungen, wie Ich-will-nicht-mehr-leben, ich-halte-das-nicht-mehr-aus. Und mit der Logik eines Kindes frage ich sie: Warum verlässt du ihn nicht? Sie schaut mich nur entsetzt an, du dummes Kind, du weißt nicht, was es heißt, ohne Vater groß zu werden, das werde ich euch niemals antun. So bleiben wir. Doch meine Mutter, die noch nie bereit gewesen ist, Verantwortung zu tragen, kann und will die Verantwortung, die mein Vater bisher für uns alle trug, nicht übernehmen. In einer Zeit, in der Mädchen eigentlich mit Puppen spielen und mit ihren Bärchen kuscheln, mache ich mir Sorgen um meine Eltern und was aus uns allen werden soll. Hier liegt wohl auch der Grund dafür, dass ich es bin, die meine Mutter wie ein kleines Kind tröstet, ihr Tee macht, sie ins Bett bringt und zudeckt, ihre Hand hält und ihre Tränen abwischt, wenn meine Eltern sich wieder einmal gestritten haben, statt umgekehrt.

Der Nervenarzt, zu dem ich meinen Vater begleite, um zu übersetzen, gibt dem Ganzen einen Namen: Vater sei entwurzelt und leide deshalb unter Depressionen. Ich höre die Worte, aber ich weiß nicht, was sie bedeuten. Mein Vater ist doch kein Baum mit Wurzeln, der hätte entwurzelt werden können. Doch mein Leben wird noch schwieriger und meine Ohnmacht noch größer. Ich mache mir Luft mit unzähligen Gedichten, die sogar in der lokalen Tageszeitung veröffentlicht werden.

Deutsche Behörden

Nachdem ich die Realschule erfolgreich abgeschlossen habe, will ich weiter zur Schule gehen. Auch die Lehrer empfehlen es. Meine Eltern sind dagegen, obwohl ich mich für eine weiterführende Schule beworben und auch den entsprechenden Notendurchschnitt habe, um aufgenommen zu werden, ordnet mein Vater an, dass ich mir eine Arbeit suche. Er selbst ist schon längere Zeit arbeitslos, denn das Stahlwerk wurde geschlossen. Auf eigene Initiative bekomme ich eine Arbeit in einem Kreditbüro. Ich gehe also zum Arbeitsamt, weil ich ja noch keine Arbeitserlaubnis habe. Die freundliche Sachbearbeiterin eröffnet mir, das sei nicht so einfach, ich könne nicht einfach kommen und arbeiten wollen; zuerst kämen die deutschen Arbeitslosen dran, die müsste sie nun also zu dieser »meiner« Arbeitsstelle schicken, und wenn sich keiner finden würde, dann kämen alle aus den EG-Ländern dran, und wenn auch von diesen keiner in Betracht käme, erst dann sei ich dran. Irgendwie ist mir diese Liste zu lang. Ich will und kann es nicht glauben und verlange mit meinen siebzehn Jahren ihren Chef zu sprechen. Ich werde eine Etage höher geschickt, mein Herz schlägt bis zum Hals. Ein älterer Herr im Anzug macht mir endgültig klar, dass ich hier nichts zu melden habe. Völlig resigniert und enttäuscht gehe ich zu dem Büro, das mich einstellen will, zurück und erzähle, was geschehen ist. Vielleicht hat der Chef einfach Erbarmen mit mir, es kann aber auch sein, dass er mir nur zeigen will, wie das geht, sich durchzusetzen. Er ruft sofort die zuständige Sachbearbeiterin auf dem Arbeitsamt an: Wie können Sie es wagen, bestimmen zu wollen, wen ich einstelle und wen nicht? Das hier ist meine Firma, und die führe ich immer noch allein. Ich will keine andere als diese Kraft. Ich habe einflussreiche Freunde, wenn Sie verstehen, was ich meine.

Ich bekomme meine Arbeitserlaubnis und fange im Kreditbüro an. Doch es geht leider schief, die entsprechenden Grundlagen und Kenntnisse wie Schreibmaschine schreiben usw. fehlen mir. Auf dem Arbeitsamt gibt man sich keine besondere Mühe mit mir. Als ich endlich an der Reihe bin, tritt ein Mann aus dem Nebenzimmer und winkt mich etwas geheimnisvoll tuend zu sich in den Raum. Setzen Sie sich. – Danke, ich setze mich. Fräulein Maǧlıçoǧlu, es tut mir leid, da ist etwas in Ihrer Akte, worüber wir sprechen müssen. – In meiner Akte? – Ja. Ich überlege kurz, aber ich habe noch nie etwas angestellt, jedenfalls nichts, was Eingang in so eine Akte finden könnte, wie dieser Mann sie in der Hand hält. Mit der Polizei habe ich auch noch nie zu tun gehabt. Auch bin ich nicht mit der Gruppe aus unserer Straße in die nagelneuen SB-Märkte gegangen, um Schokolade zu klauen, doch dann fällt es mir ein. Vor zwei Jahren, als ich sechzehneinhalb war, bekamen wir einen Brief von der Ausländerpolizei, meine Eltern hatten versäumt, die Aufenthaltserlaubnis für mich zu beantragen, denn ab sechzehn benötigt ein Kind türkischer Eltern in Deutschland eine eigene Aufenthaltserlaubnis. Ich war mit meinem Vater zur Polizei in unserem Dorf gegangen. Zwei junge Männer blickten in meine treuen grünen Augen, in das Gesicht eines hübschen sechzehnjährigen Mädchens, wie meine Familie behauptete, und ich erklärte ihnen, dass wir das nur nicht gewusst hätten und dass ich schon seit ewigen Zeiten hier sei und zur Schule ginge usw. Damals war man bei der Polizei offensichtlich nachsichtiger als heute, denn von Amts wegen hatte ich ja eigentlich ein Delikt verübt. Der eine der beiden Polizisten sagte zu mir: Ist Ihnen klar, dass Sie sich seit sechs Monaten illegal in Deutschland aufhalten? Dafür kann man ins Gefängnis kommen. Aber sie sahen ein, dass keine böse Absicht dahinter steckte, sie würden das schon wieder hinkriegen, und wir konnten gehen. Das einzige, was mein Vater zu all dem beigetragen hatte, war, dem jüngeren Polizisten böse Blicke zuzuwerfen, denn auch ihm war nicht entgangen, wie dieser mich angesehen hatte.

Und all das versuche ich jetzt dem Mitarbeiter vom Arbeitsamt zu erklären. Na gut, meint der schließlich, aber viel können wir nicht für Sie tun, ohne Ausbildung. Ich sage ihm nicht, dass ich schon während meiner Schulzeit hier gewesen bin - wie jeder anderer Schüler aus meiner Klasse -, um mich nach Ausbildungsmöglichkeiten zu erkundigen. Auch nicht, dass eine freundliche Kollegin von ihm mir gesagt hat, mit einer Ausbildung für mich sei es schwierig, denn die koste viel Geld, und sie wüssten ja nicht, wie lange meine Familie noch in Deutschland bliebe. Zu jener Zeit lebte ich bereits zehn Jahre in Deutschland. Was bringt es, dies alles dem Kollegen zu erzählen?

Schließlich schicken sie mich als Lagerarbeiterin in ein Schuhgeschäft. Ich stehe mit Tausenden Paaren von Schuhen im Keller und beschäftige mich damit, die Kartons richtig aufeinander zu stapeln. Das ist gar nichts für mich. Als von mir erwartet wird, dass ich für meine Kollegen die Toilette reinige, was sie bis zu dem Tag, als die kleine Türkin kam, selber taten, kündige ich. Der Chef, der sich öfters mit mir unterhält, scheint sich über meine Kündigung fast zu freuen, das sei auch wirklich nichts für mich, meint er. Aber was ist denn was für mich? Mein Vater hat seit Jahren keine Arbeit mehr, mir bleibt inzwischen gar nichts anderes übrig als zu arbeiten, damit die Familie überlebt.

In einer Marzipanfabrik finde ich Arbeit für meine Mutter und mich. Da ich kurz zuvor meinen Führerschein gemacht habe, fahre ich mit meiner Mutter zusammen zur Arbeit. Die ersten Wochen sitzen wir am Fließband und säubern Nüsse aus. Die Vorarbeiterin entdeckt bald die Schnelligkeit meiner Hände und stellt mich zur Bedienung einer Maschine ab, was nicht ganz so stupide ist. Ich verdiene knapp über tausend Mark. Irgendwie vergeht die Zeit. Je länger ich arbeite, um so klarer wird mir, dass ich das nicht lange durchhalte. Ich bitte den Abteilungsleiter, meine Mutter und mich in die Spätschicht einzuteilen, weil ich wieder zur Schule gehen möchte. Ohne meine Eltern einzuweihen, habe ich mich an einer Schule für Wirtschaftsassistenten mit Schwerpunkt Englisch und Französisch beworben und werde angenommen. Meinen Eltern gefällt meine Idee, morgens zur Schule zu gehen und von 15.30 bis 22.30 abends zu arbeiten, überhaupt nicht. Sie wollen es nicht. Es sei einfach zu viel, ich würde es nicht schaffen, und mein Vater will wissen, ob ich mir für Fabrikarbeit zu schade sei. Meine Antwort ist ja, aber das sage ich ihm nicht.

Die Schule beginnt. Ich habe mir noch nie etwas so sehr gewünscht. Ich nehme sogar an zusätzlichem Unterricht teil, um gleichzeitig auch mein Fachabitur machen zu können, d.h. ich gehe bis 15 Uhr zur Schule. Seit dieser Zeit versetzt mein Wille Berge für mich. Ich weiß, dass ich es will, also werde ich es auch schaffen. In der Schule bin ich sehr konzentriert, Hausaufgaben mache ich in den Pausen und am Wochenende und Vokabeln lerne ich von Zetteln, die ich im Betrieb auf meinen Arbeitstisch klebe.

Die Fabrikarbeit ist körperlich sehr schwer. Ich muss 12,5 kg Pakete packen und auf Paletten stapeln. Es gibt Momente, in denen ich vor Überanstrengung weine. Nach zwei sehr schweren Jahren habe ich es geschafft. Zu meiner Abschlussfeier betreten meine Eltern voller Stolz und zum ersten Mal meine Schule. Ich werde sogar mit einem Preis für soziales Engagement in der Schule ausgezeichnet.

An einem Abend bei Freunden sagt der Gastgeber, ich hätte es ja jetzt geschafft, ich sei im Büro der Fabrik und nicht mehr am Fließband wie sie. Die Antwort meines Vaters ist noch heute wie eine Wunde in mir. Was hat sie schon geschafft? Sie ist Jahre lang zur Schule gegangen. Ist sie etwa Arzt oder Ingenieur? Wenn ich an diesen Satz zurückdenke, spüre ich immer noch einen stechenden Schmerz.

Ich arbeite mittlerweile in der Exportabteilung eines größeren Betriebs in unserem Ort. Doch das reicht mir nicht, es füllt mich nicht aus. In meinem Kopf ist noch so viel Platz für andere Dinge. Irgendwann fahre ich zu einer privaten Fremdsprachenschule und bitte um ein Gespräch mit dem Leiter. Herr Müller ist ein weltoffener Mann von Mitte dreißig. Herr Müller, ich bin hier, um Sie zu fragen, ob Sie sich schon einmal überlegt haben, Türkisch an Ihrer Schule zu unterrichten? – Türkisch? – Meinen Sie nicht auch, dass es Zeit wird, wo so viele Türken hier leben, dass auch Deutsche die türkische Sprache lernen? Nach einem Moment der Sprachlosigkeit: Wer sollte denn überhaupt türkisch lernen wollen? – Na, zum Beispiel Ärzte und auch Lehrer und all die Frauen, die mit türkischen Männern verheiratet sind. – Ich weiß nicht so recht, und wie ist es mit Ihnen, was haben Sie gelernt und wie gut ist ihr Türkisch? – Ich bin Wirtschaftsassistentin mit Schwerpunkt Englisch und Französisch, d.h. ich könnte auch Englisch und Französisch unterrichten, wenn Ihnen das lieber ist. – Nein, nein, das machen wir an unserer Schule nicht, unsere Lehrer sind alle Muttersprachler, das ist die Philosophie unserer Schule, aber Ihre Idee mit dem Türkischunterricht ist gar nicht so schlecht.
Schließlich beginne ich an zwei Abenden in der Woche mit Türkisch für Deutsche. Es ist der erste türkische Unterricht an dieser Schule und in dieser Stadt. Ich habe ein bisschen gemogelt, mein Türkisch ist nicht besonders gut, mein Wortschatz

ist arg begrenzt, aber da ich Schule und Arbeit gleichzeitig geschafft habe, leide ich etwas unter Größenwahn. Den Stoff, den ich meinen Schülern beibringen will, lerne ich zunächst einmal selber zu Hause und gehe dann zum Unterricht. Und mein Kurs ist mit zwei Lehrerinnen, einem Arzt und drei Frauen, die mit türkischen Männern verheiratet sind, gut besucht. Egal, was meine Eltern davon halten, mit meinen 21 Jahren bin ich ziemlich stolz auf mich und meinen Erfolg.

Ein Jahr später stoße ich auf eine Stellenausschreibung des türkischen Generalkonsulats. Das Auswahlverfahren soll in einer Stadt in der Nähe sein. Ich will daran teilnehmen. Mein Vater ist nicht erbaut von meiner Idee. Ich scheine ihm allmählich über den Kopf zu wachsen. Diese Familie ist Rebellinnen nicht gewohnt, und ich bin auf dem besten Weg, mich zu einer zu entwickeln, auch wenn es entgegen allen bösen Erwartungen meines Vaters noch ganze zehn Jahre dauern soll, bis es so weit ist. Er fährt mit mir, in der Hoffnung, dass ich es sowieso nicht schaffe. Das Auswahlverfahren dauert zwei volle Tage. Ich bekomme die Stelle, auch wenn ich es selber nicht ganz verstehe. Ich werde die zweitbeste von 70 Bewerberinnen. Mit türkischen Schreibmaschinekenntnissen wäre ich die Beste geworden. Nach dem Fachabitur hatte ich studieren wollen, das haben meine Eltern mir verweigert, da ich dann jeden Tag hätte in die nächste Stadt fahren müssen, täglich 60 Kilometer. Das Konsulat befindet sich ebenfalls in Hamburg, doch jetzt können meine Eltern nichts mehr sagen.

Ich werde die Sekretärin des Generalkonsuls. Für mich beginnt ein ganz neues Leben. Ich bin die jüngste, und die anderen Mitarbeiter, alle meist mittleren Alters, sehen in mir ihr Küken, auch mein Chef. In den ersten Wochen muss ich täglich seitenlange Übersetzungen machen, d. h. Artikel aus deutschen Zeitungen ins Türkische übersetzen. Der Generalkonsul geht meine Übersetzungen durch und korrigiert mein Türkisch. Bereits nach wenigen Wochen schreibe ich eigenständig Briefe an das Außenministerium. Ich werde die rechte Hand meines Chefs, ich weiß, was er will, bevor er es ausgesprochen hat, ich begleite ihn zu Terminen mit Hamburger Beamten, zu Fernsehsendern und Kulturveranstaltungen und dolmetsche für

ihn. Ich betreue türkische Stars bei Gastspielen in der Hanse-
stadt, organisiere Dinner und Abendveranstaltungen für die
diversen Generalkonsulate und begleite die Konsulatsan-
gehörigen, manchmal sogar türkische Minister.

Meine Arbeit kann vielschichtiger nicht sein. Mir macht es
Spaß, eine so verantwortungsvolle Aufgabe zu haben. Auch
Ibrahim, den ich später heiraten werde, treffe ich hier, den
Mann meiner Träume und meiner Alpträume. Ich bin 22, und
es ist der erste Cocktailabend meines Lebens. Er trägt einen
weißen Anzug, er ist groß und schlank, hat dunkle Haare,
blaue Augen und ist verdammt gutaussehend. Er strahlt mich
an: Darf ich Ihnen etwas zu trinken bringen? – Danke, aber ich
habe noch, und ich weise auf mein Glas, an dem ich mich ganz
aufgeregt festzuhalten versuche. Ich habe Sie hier noch nie gesehen, Sie sind neu? – Ja, ich habe erst vor einer Woche angefangen. Er mustert mich von oben bis unten, Sie sehen sehr gut
aus, nehmen Sie sich vor mir in acht, ich habe eine Schwäche
für große schlanke Tscherkessinnen mit grünen Augen, sagt er
und sieht mir tief in die Augen. Ich denke, Schreck, wie arro-
gant der ist. Er kümmert mich nicht weiter, weder an diesem
Abend noch danach.

Ungefähr ein Jahr später ruft Ibrahim mich an, und wir beginnen uns zu treffen. Beide sind wir auf der Flucht, doch das
wissen wir noch nicht voneinander. Für mich ist es der Versuch, mich von der Enge meines Daseins zu befreien, von dem
Einfluss meiner Eltern auf mein gesamtes Leben. Bei ihm ist es
eine unglückliche Liebe. Das Nein einer Frau, das ihn wahrscheinlich mehr aus Trotz dazu bringt, dann eben erst recht
eine andere zu heiraten. All das ist natürlich noch verdeckt von
der Tatsache der Verliebtheit. Ich bin mit Sicherheit verliebt.
Wir haben uns gesucht und gefunden, und ich finde es wunderschön. Es ist das erste Mal, dass sich jemand um mich kümmert, sich um mich zu sorgen scheint. Allein dieses Gefühl
würde mir reichen, ihn zigmal zu heiraten.

GEORGIEN

Georgien heißt ein Teil von mir, der mein heutiges Dasein mit ausmacht. Georgien ist die Heimat unserer Vorfahren, das Land, das Gott eigentlich für sich selbst aufgehoben hat und dann doch diesem Volk der Georgier schenkte. So groß wie Bayern war es einmal, liegt am Kaukasus und wurde 1453 vom Osmanischen Reich erobert und von diesem fortan zu einem Vasallenstaat erklärt.

Die Georgier sind eine ganz besondere Gattung Mensch, sie lieben Feste und sind die Gastfreundschaft in Person, Gäste sind Geschenke, und so werden sie auch behandelt.

Die erste große Kulturleistung, die weltweite Bedeutung erlangen sollte, war die Kultivierung der wilden Weinrebe. Zu Anfang des 3. Jahrhunderts nach unserer Zeitrechnung schienen die frühen Georgier erste Kenntnisse des Weinbaus gewonnen zu haben, und noch heute zählt der georgische Wein zu den Spitzenerzeugnissen der Welt.

In der langen Geschichte Georgiens fielen unzählige Male fremde Mächte über das kleine Land her, wie zum Beispiel die Mongolen im 14. Jahrhundert. Bewässerungskanäle wurden zerstört, Ackerland durch die Viehherden der Nomaden versteppt, Obst- und Weingärten wurden abgeholzt, ihre Bauten abgerissen, und nur schwer erholte sich das Land. Mal herrschte der Schah von Persien, dann wieder Alexander I., bis 1453 schließlich das Osmanische Reich einfiel und für lange Zeit die Herrschaft übernahm, was auch die Islamisierung großer Teile Georgiens nach sich zog.

Wie das Leben so spielt, verliebte sich einer meiner georgischen Vorfahren in die schöne Tamara, ein abchasisches Mädchen aus der Kaste der Könige. Da er selber der Kaste der Bauern und Landbesitzer angehörte, hatte er keine Chance, sie zur Frau zu bekommen, also entführte er sie. Die politische Situation war günstig. Der russische Zar wollte sich die Kaukasusregion aneignen und annektierte 1864 Abchasien, gelegen an der Schwarzmeerküste am westlichen Kaukasus. Der Aufstand der Abchasen, eines sehr freiheitsliebenden Volkes, wurde jedoch niedergeschlagen, und viele Abchasen emigrierten Ende des 19. Jahrhunderts in das Osmanische Reich. So auch mein Vorfahre Naim mit seiner schönen Tamara. Meine Vorfahren väterlicherseits ließen sich in der Nähe von Konstantinopel nieder und bauten das Dorf Balballi, so wie sie es von zu Hause kannten, ihre Häuser standen weit zurück von der Straße, die durch das Dorf führte, und Blumen und mit Wein bewachsene Gartenhäuser schmückten die Höfe. So lebten sie über Jahre mit ihrer eigenen Sprache, ihren alten Liedern und Tänzen, ohne auch nur einen Bruchteil von diesem Gut preiszugeben. Georgier und Abchasen waren miteinander verwandt und lebten friedlich in denselben Dörfern zusammen.

Auch Ibrahim, mein Urgroßvater, heiratete eine Abchasin. Er bekam mit ihr fünf Kinder, von denen der jüngste Sohn Saban ist, mein Großvater, später Dede genannt. Der Familie gehörte das ganze Land um das Dorf herum, Tagelöhner arbeiteten auf den Äckern, und sie lebten wie bereits seit Jahrhunderten in Georgien. Die Lieblingsbeschäftigung von Saban war das Reiten. Die jährlichen Pferderennen im Dorf, die zu großen Festen ausuferten, konnte er kaum erwarten, und er war fast immer der beste Reiter.

Eines Tages, zu einem stattlichen jungen Mann herangewachsen, ritt er durch das Dorf. Er hatte ein ganz bestimmtes Ziel vor Augen, und da sah er sie auch: Naziye, meine Großmutter, die mit ihren Freundinnen auf der Straße spielte, ein unscheinbares kleines Mädchen mit dunklen Augen, die Feuer zu spucken schienen und so tief waren wie die Nacht. Er hatte sie auf der Hochzeit von seinem Freund gesehen und seine Entscheidung getroffen: Sie war es, sie war das Mädchen, die einzige, die er haben wollte. Er griff sie noch im Reiten um die Taille und entführte sie.

Naziye, die er zur Frau begehrte und die gerade erst dreizehn war, sollte ihre erste Periode im Haus ihres Schwiegervaters bekommen. Das ganze Dorf feierte die Vermählung des jungen Paares. Ihre erste Fehlgeburt hatte Naziye bereits mit vierzehneinhalb. *Und eins nach dem andern brachte sie ihre Kinder zur Welt, die nicht leben wollten oder konnten und kurz nach der Geburt starben.*

Naziye lernte die Arbeiten zu verrichten, die es in dem gro-ßen Haus zu tun gab, sie schlief wenig und aß noch weniger, denn ihr Schwiegervater Ibrahim hatte sein Auge auf sie ge-richtet, kontrollierte all ihre Bewegungen und tyrannisierte sie, wo er nur konnte. An seinem Schlüsselbund trug er auch die Schlüssel zur Speisekammer, und immer, wenn sie etwas daraus haben wollte, musste sie ihn darum bitten und konnte nur hoffen, dass er ihr den Schlüssel gab. Es gab auch Zeiten, wo sie ganz beschämt die Nachbarn um Eier oder Mehl bitten musste. Dann gaben ihr die Nachbarsfrauen die Dinge und versäumten dabei nicht, dem Alten den baldigen Tod zu wün-schen.

Seine Frau war bei der Geburt des fünften Kindes gestor-ben, die Töchter waren mit ihren Männern fortgegangen, die ältesten Söhne hatte er im 1. Weltkrieg und durch Krankheiten verloren. Er war fest entschlossen, da er selber keine Freude mehr am Leben hatte, auch den Menschen um ihn herum kei-ne Freude zu gönnen. Naziye war gezwungen, mehr Zeit mit ihrem Schwiegervater zu verbringen als mit ihrem Mann, denn der verflüchtigte sich in die Stadt, manchmal für Wochen, manchmal sogar für Monate. Als der Schwiegervater im hohen Alter krank und müde wurde, musste Naziye ihn pflegen, aber seine böse Zunge behielt er bis zum Tod, der wie eine Erlösung für Naziye war, sie weinte ihm keine Träne nach, tat nur so als ob, damit die Nachbarn kein Gerede daraus machten.

Als der Generalkonsul von unserer bevorstehenden Heirat er-fährt, ruft er mich zu sich. Setz dich, Tochter, so hat er mich bereits nach kurzer Zeit genannt. Ich möchte, dass du dir die-sen Schritt ganz genau überlegst, und ich möchte dir etwas sa-gen. Denk darüber nach und vergiss es nie. Er holt tief Luft, beugt sich etwas über seinen großen Arbeitstisch, um mir besser in die Augen sehen zu können. In diesem Leben, Tochter, und ein Seufzer entweicht seinem Mund, in diesem Leben gibt es nur eine einzige Person, die einen bedingungslos liebt, aus ganzem Herzen liebt, ohne eine Gegenleistung zu verlangen, und das ist unsere Mutter, Tochter. Ich bin verwirrt. Ich bin mir meiner Liebe sicher, und ich bin mir ebenso sicher, dass Ibrahim mich liebt. Ich bedanke mich und verlasse den Raum, ohne ihn verstanden zu haben, und es soll noch viele Jahre dauern, bis ich ihn verstehe.

Ich bin eine Frau und nichts mehr wert

Unsere Hochzeit ist schlichtweg eine Katastrophe. Vielleicht soll sie bereits eine Vorahnung dessen geben, was noch alles auf mich zukommt. Es gibt keine Hochzeitsfeier. Nicht einmal ein Brautkleid kauft Ibrahim mir. Der Generalkonsul traut uns im Generalkonsulat, ein Attaché ist mein Trauzeuge, Ibrahims Bruder sein Trauzeuge. Seine Familie und alle meine Kollegen sind dabei. Meine Mutter kommt, mein Vater weigert sich. Nicht einmal ein klitzekleines Fest gibt es hinterher, wofür Ibrahim mich verantwortlich macht, denn ich sei ja von zu Hause ausgerissen, hätte ihn gezwungen, mich so früh zu heiraten. Das Ereignis hinterlässt bei mir eine unvergessliche Narbe, die bei jeder Hochzeit im Bekanntenkreis neu aufreißt.

Bereits eine Woche, nachdem wir einander das Jawort gegeben haben, beginnt Ibrahim, mit dem LKW eines anderen dessen Waren in ganz Deutschland herumzufahren und zu verkaufen. In der Regel fährt er montags los und kommt erst samstags zurück, den Sonntag braucht er, um wieder aufzuladen. Das geht fast zwei Jahre lang so. Nach einem Jahr muss er in die Türkei zum Militär, um den verkürzten Wehrdienst von zwei Monaten zu absolvieren. Natürlich bin ich es, die das Geld von der Bank leiht, das er dem türkischen Staat für die Verkürzung der Wehrdienstzeit zahlen muss. Es sei besser für uns, wenn ich während des Militärdienstes bei seinen Eltern in der Türkei leben würde, gibt er mir zu verstehen. Doch um das zu machen, müsse ich meine Arbeit aufgeben. Ich tue es. Ich mache meinem Chef vor, ich wolle studieren, anders ließe er mich nicht gehen.

Als wir zurückkommen, gründet Ibrahim seine eigene Firma. Ich erledige die Büroarbeiten von zu Hause aus. Während der Woche ist er nicht da, und am Wochenende streiten wir uns wegen Nichtigkeiten. Ich bin eine Frau und plötzlich nichts mehr wert. Dass ich als Dreijährige beschlossen hatte, ein Mann zu werden, war schlau, hatte aber nicht so recht funktioniert. Ibrahim erwartet von mir, dass ich ihm nicht widerspreche. Er verdonnert mich zum Schweigen, was natürlich nicht klappt, ich explodiere um so mehr, und es fließen noch mehr Tränen. Jedes Mal, wenn wir uns streiten, schimpft er: Wann wirst du endlich lernen, dich wie eine richtige Frau zu benehmen?, knallt die Tür zu und verschwindet für eine Weile.

Um Ibrahim zu heiraten, habe ich mit meiner Familie gebrochen. Ich könnte unter keinen Umständen zu meiner Familie zurückgehen, das weiß er. Mein Vater hat mich von der Liste seiner Kinder gestrichen, weigert sich, mich zu sehen und macht meiner Mutter das Leben schwer, wie ich von anderen zu hören bekomme. Es dauert ein Jahr, bis ich wenigstens meine Mutter wiedersehen darf.

Meine Träume platzen. Bereits nach sehr kurzer Zeit begreife ich: Diese Heirat war ein Fehler. Ich habe das Gefühl, ich habe verloren, ich habe den Falschen geheiratet und mein Leben verschwendet. Rettung verspreche ich mir nicht dadurch, dass ich mich von ihm trenne, nein, meine Hoffnung ist, er muss sich ändern, ich muss es schaffen, ihn so zu ändern, dass er mich glücklich macht. Wie? Mit Liebe, viel Liebe. Liebe, die er in seiner Kindheit vermisst hat, überhaupt hat er ja eine so schwierige Kindheit gehabt und nur deshalb behandelt er mich so schlecht, im Grunde ist er ein ganz wunderbarer Mensch. Und ich werde es schaffen, das Gute in ihm wiederzuerwecken. Ganz bestimmt. Also mache ich mich an die Arbeit. Je mehr ich mich bemühe, um so mehr werde ich verletzt. Ich nehme es hin, ich habe dem Ganzen nun einen Sinn gegeben, ich habe mir eine Aufgabe geschaffen, und ich will es schaffen. Ich will nicht versagen, ich habe noch nie versagt und auch jetzt werde ich nicht versagen. Ich gebe mich auf, um in Zukunft nur noch für ihn da zu sein, was er doch irgendwann honorieren muss. Wie soll ich ahnen, wie sehr ich mich damit preisgebe?

Die Ankunft von Kemal

Zwei Jahre später wohnen wir bereits in einer anderen Stadt. Ibrahim besitzt inzwischen ein eigenes Geschäft: Groß- und Einzelhandel. Der Umzug ist angeblich aus geschäftlichen Gründen für ihn unumgänglich gewesen. Ich habe mich mehr oder minder mit meiner Situation abgefunden. Mein Weg heißt, diesen begonnenen Irrtum weiterzuführen. Ich bin viel zu sehr verstrickt, um einen Ausweg zu sehen. Ich habe die diffuse Hoffnung, meine innere Leere mit einem neuen Leben ausfüllen zu können. Also will ich ein Baby. Doch Ibrahim ist nicht begeistert. Er will jetzt noch kein Kind. Angeblich ist es noch nicht die richtige Zeit. Ich weiß nicht, was ihn schließlich bewegt, umzudenken. Vielleicht ist es der Druck von außen, auch wenn wir beide es nicht glauben wollen. Doch sie wollen es alle wissen, seine Familie und meine Familie, ob wir denn nun zeugungsunfähig sind oder nicht. Für türkische Verhältnisse sind wir schon drei Jahre überfällig.

Wir bekommen einen Sohn. Ibrahim scheint sich schlagartig zu ändern, er steht sogar nachts auf und kümmert sich um sein Kind, was ich für ein Geschenk halte. Ich habe wieder Hoffnung, dass doch noch alles gut wird, dass wir zueinander finden und die glückliche Familie werden, die irgendwo in meinem Kopf einen so festen Platz hat. Dass ich nun ein Baby versorgen muss, ist natürlich kein Grund für Ibrahim, dass ich etwa vom Geschäft fern bleibe. Bereits nach einer Woche gehe ich wieder ins Büro, meinen Sohn Kemal in einer Tragetasche eingepackt. Das Büro wird zum Kinderzimmer. Irgendwie schaffe ich es: Mit einem Neugeborenen im Arm einen Laden mit Angestellten zu führen, abends schnell nach Hause, Hausarbeit erledigen, Essen kochen und vergeblich auf ihn zu warten, der er es oft vorzieht, mit Freunden im Restaurant zu essen. Die Zeit vergeht, ich habe wenig Zeit für mich und meinen Kummer.

Ich wünsche mir ein Mädchen. Ich will zwei Kinder, und vor allen Dingen ein Mädchen. An diesem Mädchen will ich vieles wieder gutmachen. Ein Schwangerschaftstest, für den es eigentlich noch viel zu früh ist, gibt mir Recht: Ich bin schwanger! Ein Baby, ich bekomme ein Baby, und ich weiß, ich bekomme ein kleines Mädchen!

Yasemin ist da

Wie kann es anders sein, Ibrahim ist gar nicht begeistert. Er will mir nicht glauben, dass ich trotz der Spirale schwanger werden konnte. Ihm ist das Ganze nicht geheuer, und mir sein Verhalten nicht. Er macht ziemlich dumme Bemerkungen, ob das Kind denn auch von ihm sei, und Ähnliches. Ich bin verletzt, so sehr verletzt, ich will doch nur eine glückliche Familie, warum ist das denn so schwer? Meine Schwangerschaft verläuft nicht besonders gut. Die Geburt verzögert sich. Wie soll sie sich auch nicht verzögern, wie kann ich dieses Kind, das anscheinend nur ich allein liebe, in diese Welt entlassen? Nachdem die Geburt über zehn Tage auf sich warten lässt, muss ich ins Krankenhaus, es heißt, nur für eine Nacht, wenn es nicht klappt, könne ich wieder nach Hause. Meine Mutter ist gekommen, um auf Kemal aufzupassen. Ich nehme meine Tasche und gehe ins Krankenhaus, allein. Mit etwas Nachhilfe setzen am Abend die Wehen ein, ich laufe auf dem Flur auf und ab – allein. Es ist niemand da, der sich um mich kümmert, in den Kreißsaal werde ich noch nicht geholt. Ich bekomme ein angeblich schmerzlinderndes Mittel und soll schlafen gehen. Ich soll schlafen gehen? Ich habe Schmerzen. Ich habe doch Schmerzen, ich kann doch nicht schlafen gehen, doch ich habe nicht die Nerven und nicht den Atem, mich mit der Schwester anzulegen. Es sind nur zwei Schwestern im ganzen Kreißsaal, als ich mich um drei Uhr morgens wieder allein dorthin auf den Weg mache. Ich muss über den Flur, ich mühe mich ab, es geht so furchtbar langsam, und wenn die Wehen kommen, will ich am liebsten losschreien, doch alle anderen schlafen doch. Irgendwie schaffe ich es. Und endlich darf ich in den Kreißsaal. Zwei schrecklich unfreundliche Schwestern machen mir einen Einlauf, obwohl die Wehen schon regelmäßig kommen. Auf dem Weg zur Toilette kommt eine Wehe, und ich kann es nicht halten, es läuft mir an den Beinen herunter. Zutiefst beschämt und entwürdigt fange ich an zu weinen, woraufhin mir die Schwester eine Ohrfeige ins Gesicht knallt. Es ist einer der erniedrigendsten Momente in meinem Leben, in diesem Moment der absoluten Hilflosigkeit und des Ausgeliefertseins von einer Frau geohrfeigt zu werden, die mir eigentlich helfen soll. Die Schwestern unterhalten sich, sicher halten sie mich für eine Türkin, die kein Deutsch spricht, So ein Pech, hätte sie nicht noch eine Stunde warten können, mein Schatz wollte heute morgen auf mich warten, wir wollen endlich mal zusammen frühstücken, weißt du. – Wem sagst du das, die braucht aber noch eine Weile, hast du noch Kaffee für mich? Und sie verschwinden beide im Nebenraum. Zwischen Schmerz, Atemlosigkeit und Angst höre ich zu. Ich kann nichts tun, kann mich nicht wehren. Was könnte ich in meiner Situation denn auch tun? Als es eigentlich schon so weit ist und nichts passiert, werden die Schwestern nervös und rufen nach der Ärztin, die geweckt werden muss, die Geburt dauert zu lange, der Atem des Babys hat sich verändert, ich soll jetzt pressen, doch es geht nicht, ich schaffe es nicht, und dann legt diese Schwester mit dem unfreundlichen Ton, die eine Hebamme ist, ihren Unterarm auf meinen Bauch und drückt meine Tochter förmlich heraus aus ihrer Höhle, die sie offensichtlich nicht verlassen will. Als würde sie mit einem Tritt in den Hintern auf diese Welt gestoßen. Ich werde es dieser Hebamme nie verzeihen, auch wenn es dringend nötig gewesen sein mag.

Um fünf Uhr früh legen sie mir endlich mein Baby, schön wie kein zweites Baby, in die Arme, und alle Schmerzen, die vor einer Minute noch da waren, sind wie weggeblasen. Endlich ist sie da, und es geht ihr gut. Und ich halte mein Baby ganz fest und kann meine Augen nicht von ihrem kleinen Gesicht lassen.

Das schönste Babygesicht, das die Welt je gesehen hat, davon bin ich überzeugt.

Als ich um sieben Uhr morgens wieder in mein Zimmer geschoben werde, rufe ich zu Hause an, um Ibrahim und meine Mutter zu überraschen. Ja, er ist sichtlich überrascht. Ich wünsche mir so sehr, dass er gleich kommt, das Krankenhaus ist nur fünf Minuten von unserer Wohnung entfernt. Er kommt aber erst gegen Mittag und zwar regelrecht angeschlendert, er habe sich wieder ins Bett gepackt und erst einmal ausgeschlafen. Wie zu einer Pflicht, die man hinter sich bringen muss, kommt er, und ohne Blumen. Er hat meiner Mutter nichts gesagt, ihr, die seit Tagen vor Angst zergeht, ob denn auch alles gut geht. Er hat es nicht für nötig gehalten, ihr zu sagen, dass ich die Geburt schon überstanden habe. Als Ibrahim gegangen ist, rufe ich sie an und erzähle ihr von meiner kleinen Tochter. Meine Enttäuschung über Ibrahim behalte ich für mich. Ich sehe, wie das Baby meiner Zimmernachbarin aufgenommen wird, ich sehe die Blumen auf ihrem Tisch, nur eine einzige hätte mir genügt, eine einzige als Zeichen seiner Zuwendung. Ich fühle mich als hätte ich es nicht verdient.

Als wir entlassen werden, hat Ibrahim keine Zeit, uns abzuholen. Einer seiner Angestellten und meine Mutter kommen mich abholen, meinen Sohn bringen sie mit. Ibrahim kommt erst Tage später nach Hause. Die Arbeit gehe vor, und was sei denn schon passiert, ich sei doch nach Hause gekommen, oder? Ich muss an meine Mutter denken.

MEINE MUTTER MELEHAT
Meine Mutter Melehat, unschuldig groß geworden, war zwar schwanger, den genauen Grund für ihre Schwangerschaft vermochte sie sich jedoch nicht zu erklären. Aber wo um Himmelswillen sollte dieses Baby aus ihrem Körper herauskommen? Völlig beschämt und leise richtete sie ihre Frage an die Hebamme, die musste es doch wissen. Diese Hebamme,

die sich nach jeder Geburt vor den Spiegel an der Wand stellte, um den roten Mund neu zu schminken. Die Hebamme lachte schallend auf, ach mein Dummchen, das kommt da wieder raus, wo es auch hineingekommen ist, was meine Mutter zutiefst schockierte. Meine Mutter war wohl noch unter Schock, als die Hebamme, ein Mädchen! rief, ich hatte meine Augen noch geschlossen. Ein Mädchen, wiederholte meine Mutter, schlug ihre Hände vor das Gesicht und fing bitterlich zu weinen an. Mir hat sie später erzählt, sie habe geweint um mich, weil ich als Mädchen die gleichen Schmerzen wie sie durchleiden müsste, doch ich weiß, dass sie geweint hat, weil die Familie einen Sohn als Erstgeborenen haben wollte, ganz besonders aber mein Vater. Einen Sohn, einen starken Sohn, ebenso stark wie er, der den Namen der Familie weiter tragen sollte, und anstelle dieses starken Sohnes war ich da, klein und jämmerlich und faltig wie eine Greisin, unfähig, meine Augen zu öffnen.

Zur Strafe für die Tochter und in Unkenntnis der biologischen Gesetze unserer Erde kam mein Vater sie weder im Krankenhaus besuchen noch holte er sie ab, das musste sein jüngerer Bruder, mein Onkel Ömer machen, er brachte meine Mutter und mich, das kleine Bündel Rosa, nach Hause. Meine Mutter versicherte meinem Vater unter Tränen, dass sie das nicht mit Absicht gemacht hätte, sie wollte ihm einen Sohn schenken, wirklich, das nächste Kind, so versicherte sie ihm, werde ein Sohn. Ein wenig beschwichtigt verzieh mein Vater diesem unwissenden Geschöpf. Es ist schon seltsam, wie sich die Geschichte auch im Kleinen auf eine ganz eigene Art wiederholen kann.

Mit der Geburt meiner Tochter beginnt eine sehr schwierige Zeit für mich. Ich komme nicht klar. Ich habe depressive Phasen. Ich weine viel. Ibrahim macht sich lustig über mein Gewicht. Macht mir klar, dass ich hässlich bin und unattraktiv, wann würde ich denn endlich so werden, wie er sich das vorstelle? Ich gebe ihm zwar zur Antwort, dass ich mich in meiner Haut wohl fühle und dass nur das für mich wichtig sei, doch innerlich gehe ich ein. Denn natürlich will ich ihm gefallen und ich will nicht, dass er Gefallen an anderen Frauen findet. Doch er findet immer öfters Gefallen an anderen Frauen, und er macht vor keiner Halt, die er bekommen kann. Es kommt mir so vor, als drehe er sich in einer Spirale, von einem Extrem ins andere, und jede Windung bedeutet mehr Schmerz für mich.

Inzwischen haben wir damit begonnen, in der Türkei eine Firma aufzubauen, und er muss sehr oft dorthin reisen, was er auch gleich zum Anlass nimmt, sich dort eine Geliebte zuzulegen. Ich werde niemals verstehen, warum es eine meiner Tanten sein muss, vielleicht einfach nur aus dem Grund, weil dies mich noch viel mehr verletzt? Diese Geschichte ist so ekelerregend, dass ich nicht bereit bin, ihr auch nur eine Seite in diesem Buch zu gönnen. Ich kann schon nicht damit klar kommen, dass Ibrahim mich nach Strich und Faden hintergeht. Aber warum nur lässt sich meine Tante darauf ein? Wer weiß, vielleicht sind die Männer in der Türkei ausgestorben und wie durch ein Wunder ist nur noch Ibrahim übrig? Ich kann es nicht fassen. Ich glaube, ich werde daran sterben. Jedes Mal, wenn Ibrahim aus der Türkei zurückkommt, hat er eine andere Art drauf. Ich versuche alles mögliche, jedenfalls, was ich dafür halte. Ich mache mich schön, empfange ihn in schwarzer Seide und mit wohlriechenden Düften, um von ihm erniedrigt zu werden: Was soll diese Kriegsbemalung? Du siehst aus wie eine Nutte. Dann wieder lasse ich ihn links liegen, kümmere mich nicht mehr um ihn und hoffe, das wird ihn treffen. Ich erzähle ihm von anderen Männern, die sich für mich interessieren, und wenn er so weiter machen würde, dann würde ich es ihm nachmachen. Mein Gott, was lasse ich mir nicht alles einfallen, um ihn wieder für mich zu gewinnen oder ihn dazu zu bringen, sich wenigstens um mich und die Kinder zu kümmern. Absoluter Irrtum. Ich bin verzweifelt. Das Leben scheint seinen Sinn verloren zu haben. Dabei hat es diesen Sinn in meinem Leben doch in Wirklichkeit nie gegeben. Ich bin eine Ware, die er nach Belieben benutzt. Es scheint mir manchmal so, als ob ich mich auch schon damit zufrieden geben würde, wenn er dies denn überhaupt tun würde. Doch dass er mich einfach beiseite legt, weil er im Moment etwas Besseres hat, ist mir schier unerträglich. Ich kämpfe einen hoffnungslosen Kampf um seine Gunst und Zuneigung. Ein wenig Zärtlichkeit und Sex halte ich schon für Liebe, für ein Zusammengehören. Es kommt eine Zeit, wo ich mich sehr darauf konzentriere, so oft wie möglich Sex mit ihm zu haben, wo auch immer. Meine Fantasie scheint grenzenlos. Wenn er das mit mir macht, so oft wie möglich, dann kann er doch für andere Frauen nicht mehr so viel übrig haben, oder? Meine Güte, wie sehr erniedrige ich mich! Schließlich habe ich das Gefühl, ich verkaufe mich. Ich biete mich ihm an, damit er nicht zu anderen geht. Mir ist nicht bewusst, dass ich mich in diesem Moment selbst zum Objekt mache, zu einer Ware, und eine Ware ist ja bekanntlich austauschbar.

Ekel, diese Zeit besteht nur aus Ekel, ich könnte Eimer voll spucken, so übel wird mir, wenn ich daran denke. Meine Tage sind gezeichnet von Selbstzerfleischung, inzwischen besetzt mit krankhafter Eifersucht. Mein Kopf ist nur noch vollgestopft mit seinem unglaublichen Verhalten, mit seinen Worten, die ich nicht mehr vergessen kann, weil sie sich in meinem Bewusstsein festkrallen. Ich frage kaum noch nach einem Warum, aber immer mehr nach einem Wie. Wie kann ich es besser machen, wie kann ich es ändern, wie muss ich mich verhalten, damit er anders reagiert? Ich komme mit diesem Leben nicht klar, ich komme mit den zahllosen Verletzungen nicht klar und ich kann nicht eine Rolle spielen – im Gegensatz zu ihm. Mittlerweile werde ich von gemeinsamen Freunden schon seltsam angesehen, nach dem Motto, mit der stimmt doch etwas nicht; der Mann rackert sich ab für seine Familie, und die Frau, die spinnt wohl, der kann man es scheinbar nicht Recht machen. Ich habe doch anscheinend alles. Mann und Familie und ein Auskommen und noch dazu ein so gutes.

Unser Türkei-Aufenthalt im Sommer unseres neunten Ehejahres ist grotesk. Als wir losfahren, haben wir uns noch nicht wieder vertragen. Meine Unfähigkeit, mich zu trennen. Mein viel zu schnelles Verzeihen-wollen, obwohl ich doch weiß, dass ich es ihm im Grunde nicht verzeihen kann, weil solche Dinge nun einmal nicht zu verzeihen sind. Ich fühle mich ausgelaugt, ausgebrannt, verbraucht. Meine Resignation, meine unterdrückte Wut, meine Verzweiflung scheinen ein Limit zu erreichen. Nicht einmal gegen den Türkei-Aufenthalt kann ich mich wehren. Ich lasse mich hin- und herschieben, wie es ihm gerade passt. Wie immer bestimmt er unseren Reisetermin allein und erscheint irgendwann mit den Flugtickets. Ich fahre in das Land meiner Qual, denn dort wartet die Tante auf mich bzw. auf ihn. Die Zeit in der Türkei wird eine einzige Zerreißprobe für mich. Werde ich die Maskerade durchhalten oder nicht? Ich halte aus, denn ich bin eine Meisterin im Verdrängen, und es gelingt mir immer wieder, dieses ekelerregende Wissen aus meinem Bewusstsein zu drücken, jedenfalls manchmal. Als wir wieder in Deutschland sind, atme ich auf. Und es scheint mir, vielleicht schon zum tausendsten Mal, als würde sich jetzt doch noch alles zum Guten wenden. Doch es soll ganz anders kommen.

›Sie ist meine Ehre‹

Es ist der letzte Oktobertag, kühl und nüchtern. Als ich morgens aufstehe, ahne ich nicht, wie sehr dieser Tag unser ganzes Leben auf den Kopf stellen wird. Am Nachmittag gehe ich mit Yasemin, die gerade drei Jahre geworden ist, und Kemal zu einem Kindergeburtstag. Der kleine Sohn einer Freundin auf der anderen Straßenseite feiert. Ibrahim kommt später hinzu, und wir gehen gemeinsam so gegen neun Uhr abends nach Hause. Im Fernsehen läuft um diese Uhrzeit eine Serie, die ich gerne sehe. Ich rufe Yasemin ins Wohnzimmer und will sie dort für die Nacht fertig machen. Ibrahim hat es sich auf der Couch bequem gemacht, wie er es abends oft zu tun pflegt. Yasemin will partout nicht ins Wohnzimmer kommen, also gehe ich ins Kinderzimmer, um sie dort umzuziehen und ins Bett zu bringen. Sie ist schon sehr müde. Mit ihren drei Jahren trägt sie nachts noch Windeln. Ich ziehe sie aus, um sie zu windeln. Als sie so halbnackt da liegt, fragt Yasemin: Mami, wenn man nackt ist, dann steckt man Finger rein, ja?

Ich werde niemals in Worte fassen können, was ich in dieser Sekunde empfinde, ich ahne etwas ganz Schreckliches, versuche aber ganz ruhig zu bleiben und frage einfach nach: Wo steckt man Finger rein, Yasemin? – In Popo. – Hat das jemand mit dir gemacht? – Ja, Papa. Ich will wissen, ob er das öfter getan hat, und sie zeigt mir vier Finger einer Hand, was ihr Ausdruck für viel ist. Ich schaffe es noch, sie zu fragen, ob es weh getan hat, weil ich nicht weiß, was ich fragen, sagen oder sprechen soll, und sie antwortet: Ja, Mami. Dann ziehe ich meine Tochter an und lege sie ins Bett. Als sie mich fragt, warum ich so komisch gucke, sage ich: Nichts, nichts, Liebes, schlaf jetzt schön. Ich bin wie erstarrt, regungslos. Ich gehe ins Wohnzimmer hin- über, setze mich wie ferngesteuert hin. Ich bin unfähig, etwas zu fühlen, irgend etwas zu denken. Etwas aber habe ich ir- gendwie wahrgenommen: Ibrahim muss mich und unsere Tochter im Kinderzimmer gehört haben. Er ist sehr still, wie in sich gekehrt, als wolle er sich unter der Decke verstecken. Ich starre ihn an, starre beiseite. Er sagt nichts. Ich weiß nicht, wie lange ich so sitze, besser: meine Hülle. Mit Sicherheit bin nicht ich in diesem Körper, ich habe das Gefühl, als stehe ich neben mir und betrachte das Ganze wie unbeteiligt. Irgendwann stehe ich auf und gehe ins Schlafzimmer. Er kommt mir nicht nach, er verbringt diese Nacht und die folgenden auf der Couch im Wohnzimmer.

Langsam löst sich meine Erstarrung, die Gefühle kehren zu- rück. Hilflosigkeit, Ohnmacht, Wut, Hass. Ein schon über- kochender Topf in meinem Innern droht zu explodieren und mich in abertausend Stücke zerspringen zu lassen. Ein Gefühl unbeschreiblicher Ohnmacht macht sich breit. Ich beginne zu weinen, ich weine die ganze Nacht, lautlos, als könnten meine Tränen uns retten. Alle paar Minuten schaue ich nach meiner Tochter, ob sie schläft, ob er wach ist. Ich habe panische Angst, er könnte es wieder tun, in dieser Nacht.

Tausend Fragen durchbohren meinen Kopf, und ich kann nicht eine einzige Antwort finden. Wie ist so etwas Unvorstell- bares möglich? Wie kann es angehen, es ist doch sein Kind, unser Baby, sein Fleisch und Blut. Gott, lieber Gott, hilf mir, mach, dass das nicht wahr ist, hilf mir bitte! Nur sehr langsam kann ich mich dazu zwingen, meine Gedanken in logische

Bahnen zu lenken. Was ist geschehen? Was muss ich tun? Was wird mit meinem Kind? Kann es hier bleiben? Wird er damit aufhören, kann er das überhaupt? Was wird er tun, wenn sie etwas größer ist, wenn sie erst richtig weiblich aussieht? Was wird er dann mit ihr machen? Werde ich es ertragen, wenn er mein Kind noch einmal auf den Arm nimmt? Erlaube ich ihm dann weiterzumachen? Jemand, der das einmal macht, kann es auch wieder tun. Werde ich das zulassen? Werde ich ihm mein Kind ausliefern? Werde ich ihn auch noch decken, indem ich meinen Mund halte, weil ich zu feige bin, weil ich Angst habe zu gehen? Weil ich unfähig bin, soll mein Kind leiden? N E I N! N I E M A L S! schreie ich mitten in der Nacht ins Dunkle. Ich werde nicht zulassen, dass er sie noch einmal anfasst. Ich werde gehen. Ich muss gehen. Ich weiß nicht wohin, ich weiß nicht wie, aber ich weiß, ich werde gehen. Die letzten Jahre blieb ich doch gerade wegen der Kinder bei ihm, weil ich ihnen ein Zuhause, eine vollständige Familie bieten wollte. Und jetzt? Ekel. Es ist nur mehr Ekel in mir.

Draußen wird es langsam heller, die Dunkelheit macht dem kommenden Tag Platz. Nur die Dunkelheit in meinem Innern, die weicht nicht. Ich habe mich entschlossen zu gehen und wundere mich über meine Entschlossenheit.

Am nächsten Morgen stehe ich früh auf. Heute wollen zwei Freundinnen mich besuchen kommen, aus einer drei Stunden entfernten Stadt. Heidi und Anne sind gute Freundinnen, die ich noch aus meiner Schulzeit kenne. Nur mit großer Anstrengung und innerlicher Überwindung bereite ich etwas für sie vor. Ich habe nicht vor, ihnen zu erzählen, was gestern geschehen ist. Trotz unserer guten Freundschaft sagt mein Gefühl, ich werde das niemandem erzählen können, niemandem auf der ganzen Welt. Wenn es irgendwie möglich wäre, hätte ich diese Verabredung sicher abgesagt. Gegen Mittag sind sie da. Wir verbringen einige Stunden mehr oder minder mit Smalltalk. Sie merken, dass mit mir etwas nicht stimmt, und ich erzähle ihnen, dass ich keinen guten Tag habe. Sie nehmen dies ohne Kommentar hin. Er hingegen schläft an diesem Tag bis nachmittags, entgegen seiner Gewohnheit, sonntags spätestens um zehn Uhr im Geschäft zu sein.

Nachdem er einen Tee getrunken hat, steht er auf und geht ins Kinderzimmer. Ich kann nicht sagen, was in mir los ist. Ein Vulkan droht auszubrechen und wirbelt mein Inneres durcheinander. Tränen steigen mir in die Augen, ich kann mich kaum mehr zusammenreißen, am liebsten würde ich auf ihn losgehen und ihn einfach erwürgen. Inzwischen macht er Anstalten, mit den Kindern nach draußen zu gehen. Das ist einfach zu viel. Ich spüre, wie die Wut in mir hochkommt. Ich will ihn nicht mit den Kindern gehen lassen. Ich kann ihn doch nicht allein mit den beiden losgehen lassen. Ich handle mehr emotional als mit Verstand. Ich sage ihm, er könne nicht mit den beiden rausgehen. Er hört nicht auf mich und versucht, sie weiter anzukleiden. Jetzt werde ich laut, er soll nicht mit ihnen hinausgehen und er soll die beiden in Ruhe lassen. Er schreit zurück. Ich platze förmlich und schreie es aus mir heraus, was er mit meinem Kind gemacht hat.

Seine Reaktion ist schrecklich. Er knallt mir eine Ohrfeige nach der anderen ins Gesicht, ich höre nur diesen Knall immer wieder, wie einen Peitschenschlag. Er schreit, jetzt sei ich wohl völlig verrückt geworden, wie könne ich so etwas behaupten, seine Tochter sei seine Ehre. Sie ist meine Ehre, schreit er, während er mir unaufhörlich ins Gesicht schlägt. Sie ist meine Ehre. Sein Gesichtsausdruck: panische Angst. Es ist, als wolle er diesen Satz, den ich ihm ins Gesicht schrie, regelrecht aus mir herausprügeln. Er reißt Kemal, der sich völlig entsetzt um seine Beine schlingt, los und schleudert ihn auf die Couch. Beide Kinder weinen. Dann zieht er sie an und nimmt sie mit sich. Ich kann nur noch heulen.

Den beiden Frauen ist inzwischen auch klar, was hier los ist. Wir sitzen einfach so da, sie weinen mit mir und versuchen mir zu helfen. Heidi und Anne suchen Adressen und Telefonnummern von Beratungsstellen für mich heraus. Sie schlagen mir vor, mich gleich mitzunehmen. Mitnehmen? Wohin? In ein Versteck. Und dann? Was dann? Nein, ganz abgesehen davon, dass er noch mit den Kindern unterwegs ist, will ich nicht so im Chaos verschwinden. Ich muss mich erst einmal beruhigen. Wieder denken können und dann entscheiden. Trotzdem wähle ich den Notruf für Frauen an, was sich als sehr enttäuschend herausstellt. Die Frau meint, ich solle in fünf Minuten noch einmal anrufen, sie habe ein anderes Gespräch. Ich schaffe es nicht, noch einmal anzurufen.

Ich mache mir Sorgen um die Kinder. Wo ist er hingegangen? Was macht er? Kann es sein, dass er einfach mit ihnen verschwindet? Gegen Abend ruft eine türkische Freundin an. Er sei mit den Kindern bei ihnen und ich solle mir keine Sorgen machen. Ich atme auf. Nach diesem Anruf scheinen auch Heidi und Anne etwas erleichtert und machen sich auf den Heimweg. Ich bin vollkommen erschöpft, rolle mich auf der Couch zusammen und falle in eine Art Dämmerschlaf. Ungefähr eine Stunde später kommt er mit den beiden nach Hause. Kein Wort fällt. Ich stehe auf und bringe die beiden ins Bett, meine Tochter nehme ich mit zu mir ins Bett. Er übernachtet wieder auf der Couch.

Am nächsten Morgen bringe ich die Kinder in den Kindergarten und gehe von dort direkt zu einer Beratungsstelle. Es ist nicht die richtige Beratungsstelle, ich bekomme hier aber eine Adresse und Telefonnummer. Von dort gehe ich ins Büro. Unsere Angestellte ist schon die ganze Woche krank geschrieben. Ich habe mir vorgenommen, so zu tun, als sei das Ganze mit seinen Schlägen erledigt. Ich will nicht, dass er irgend etwas von meinen Absichten bemerkt. Im Büro tue ich so, als ob ich arbeite, tun kann ich aber gar nichts. Er erscheint erst am Nachmittag. Er hat offensichtlich geschlafen und geht mir aus dem Weg. Anscheinend will er die Sache ausschlafen, so wie er vorher vieles ausschwieg. Es hat bisher doch auch immer funktioniert. Ich regte mich über sein Verhalten auf, schrie und wütete, bekam aber keine Antwort. Irgendwann hatte ich mich ausgetobt und ausgeweint. Übrig blieben auf meiner Seite Wunden. Er jedoch machte nach kurzer Zeit im selben Stil weiter. Ich bin mir sicher, er macht es jetzt nicht anders, ich muss ihm nur das Gefühl geben, dass ich mich schon wieder beruhigen werde und er nichts zu befürchten hat. Das funktioniert am besten, indem ich den gewohnten Alltag fortzuführen versuche. Da meine geheimen Aktivitäten ihm nicht auffallen sollen, kehre ich auch gleich nach der Beratungsstelle ins Büro zurück und bin im Ganzen nur eine Stunde fort gewesen. Am nächsten Morgen gehe ich zu unserer Kinderärztin. Ich bitte sie um ein Gespräch, und nur mit viel Mühe gelingt es mir, ihr von dem Missbrauch an meinem Kind zu erzählen. Ich brauche Hilfe, ich weiß nicht so recht, was ich tun muss, ich bitte sie, mir zu helfen. Sie sagt, ich solle mit dem Kind zu einer Fachärztin im Krankenhaus, um sie dort untersuchen zu lassen. Nach diesem Arztbesuch gehe ich wieder ins Büro. Gestern hatte ich von Kunden aufgeschnappt, dass er heute Abend in die Türkei fliegen will, das muss ich abwarten, dann kann ich mich freier bewegen. Er kommt erst um drei Uhr nachmittags ins Geschäft. Ich gehe die Kinder vom Kindergarten abholen und von dort nach Hause und hoffe, dass er – wie schon öfter vorgekommen – abfliegt, ohne uns zu sehen. Doch das Telefon klingelt, er will, dass ich ins Büro komme. Ich soll ihm seine Sachen bringen. Mir bleibt fast das Herz stehen. Jetzt ist es passiert, er wird eins der Kinder mitnehmen wollen, das hat er doch schon einmal versucht. Diese Angst, was soll ich tun, was soll ich ihm sagen? Ich zittere bis zur letzten Minute.

Im Warenlager erlebe ich eine seltsame Szene. Es gibt dort eine Schaukel für die Kinder. Yasemin sitzt auf der Schaukel und schaukelt, als ich sie holen komme. Ihn sehe ich neben Yasemin auf den Kartons sitzen, den Kopf in den Armen vergraben. Ich spüre zum ersten Mal das eigentümliche Verhältnis zwischen Vater und Kind. Es liegt in der Luft. Ich kann es fühlen. Ich gehe mit den Kindern nach Hause. Er fliegt in die Türkei. Aufatmen, jetzt wirst du den Rest auch noch schaffen.

Am nächsten Tag rufe ich die Kinderärztin an und bitte sie, bei der von ihr genannten Ärztin einen Termin für mich zu vereinbaren. Ich bekomme einen Termin im Krankenhaus und einen bei der Beratungsstelle, beides gleich am folgenden Tag. Dann rufe ich unsere Angestellte an und bitte sie, doch zu kommen und die nächsten beiden Tage – wenn irgend möglich – im Büro zu sein. Ich habe Angst, dass er anruft und Verdacht schöpft, wenn das Büro nicht besetzt ist. Sie kommt. Ich selbst befinde mich wieder einmal für kurze Zeit im Zwiespalt, ich will es eigentlich nicht wahrhaben, aber ich kann nur an diese Minuten am Tag X denken. Es gibt also einen Tag X, ein Leben vor diesem Tag und ein Leben nach diesem Tag X. Und nichts, aber auch gar nichts soll je wieder so werden, wie es vor jenem Tag und in meinem ersten Leben gewesen ist.

An diesem Tag will ich die Probe aufs Exempel stellen. Als Yasemin abends in der Badewanne sitzt und Kemal in seinem Zimmer spielt, versuche ich ihr ganz vorsichtig Fragen zu stellen. Sie erzählt mir genauso selbstverständlich wie am Samstag, was der Papa gemacht hat, diesmal eine weitere Geschichte. Das Erschreckendste für mich ist die Selbstverständlichkeit in ihrer Sprache. So, als ob sie das schon völlig verinnerlicht hat und von mir nur noch bestätigt bekommen will. Ich werde sie nie wieder fragen. Er hat sie sexuell missbraucht, und wenn ich sie tausend Mal befragen würde, es ist nicht mehr aus der Welt zu räumen. Es ist Fakt. Als Antwort sage ich ihr, dass das vom Papa falsch gewesen ist, dass ein guter Papa so etwas niemals mit seiner Tochter macht, und dass ich ihr helfen werde, damit der Papa das nicht wieder tun kann. Am nächsten Mittag bin ich mit ihr im Krankenhaus. Es ist sehr schwer. Yasemin weigert sich strikt, sich untersuchen zu lassen. Ich berichte der Ärztin, was vorgefallen ist. Wir versuchen, Yasemin zu überreden, sich auszuziehen, doch sie lässt sich mit ihren drei Jahren mit nichts bestechen, sie weint nur. Die Ärztin ist der Meinung, sie gegen ihren Willen zu untersuchen, könne noch mehr Schaden anrichten als ihr helfen. Sie schreibt uns aber ein Attest aufgrund ihres Eindrucks. Von dort fahre ich mit meiner Tochter zur Beratungsstelle für Opfer von sexuellem Missbrauch.

Es ist so entsetzlich schwer, das, was geschehen ist, in Worte zu fassen. So unbeschreiblich schwer. Doch ich tue es, ich habe mir vorgenommen, mein Kind zu schützen, also muss ich das alles auch durchstehen. Die Sozialarbeiterin heißt Barbara und ist ganz toll. Sie macht mir Mut. Ich sage ihr, dass ich am nächsten Tag die Stadt verlassen und nach Berlin gehen will, meine Eltern leben dort, sage ich noch. Sie ist nicht der Meinung, dass das eine gute Idee ist, sie hat so ihre Erfahrungen gemacht. Doch mir scheint es im Augenblick das Sinnvollste zu sein. Wo könnte ich denn sonst hin? Über ein Berliner Frauenhaus findet sie eine Rechtsanwältin für mich, und wir machen gleich einen Termin für den kommenden Montag aus. Als ich Barbara verlasse, fühle ich mich gestärkt und bestätigt. Ja, ich kann es schaffen, und ich werde es schaffen.

Wie ich allerdings diese Woche überstehe, weiß ich nicht. Ich funktioniere einfach, und vielleicht habe ich noch nie in meinem Leben so gut funktioniert wie in dieser Woche. Wie eine aufgezogene Uhr. Es gibt Dinge, die zu erledigen sind, also erledige ich sie, ohne zu stolpern. Ich räume die Wohnung auf, ich beschäftige mich abends mit etwas so Banalem wie dem Ausräumen meiner Schränke, ich wundere mich über mich, doch ich mache einfach weiter. Ich suche meine liebsten Bücher heraus und schenke sie einer Frau, die ich mag, ich packe den Großteil unserer Kleidung zusammen und gebe ihn unserer Nachbarin, von der ich weiß, dass sie sie brauchen kann. Ich gehe unsere Fotoalben durch und nehme nur die Bilder von den Kindern mit. Alle Fotos von mir, die in den neun Jahren Ehe entstanden sind, lasse ich in den Alben, so als könnte ich damit diese Jahre ungeschehen machen oder ihn aus meinem Leben auslöschen. Ich will nichts in dieser Wohnung lassen, was einen ideellen Wert für mich hat. Erst am Donnerstag Abend sage ich den Kindern, dass wir am nächsten Tag fortgehen und nicht mehr in diese Wohnung und zum Papa zurückkehren. Ihre Reaktion schockiert und erleichtert mich zugleich. Beide Kinder freuen sich, sie schimpfen auf ihren Papa, und Yasemin fragt, ob er jetzt bestraft wird. Gott im Himmel weiß, wie erleichtert ich bin, ich hätte nicht gewusst, wie ich es den beiden beibringen sollte, wenn sie sich geweigert hätten mitzukommen. So packen wir gemeinsam ihre liebsten Spielsachen ein und verlassen die Wohnung mit zwei Koffern, um nie wieder zurückzukehren.

MEINE GROSSELTERN – BABANNE UND DEDE

Nach dem Tod seines Vaters Ibrahim hatte mein Großvater Dede freie Bahn und verkaufte ein Stück Land nach dem andern, um seine Wochen und Monate in der Stadt zu finanzieren. Inzwischen hatten Naziye und er schon fünf von ihren späteren elf eigenen Kindern und zwei von einem Verwandten dazu, dessen Frau weggelaufen war. Der unbedachte Lebenswandel von Großvater blieb nicht folgenlos, irgendwann waren die Ländereien so geschrumpft, dass die Familie vom Ertrag nicht mehr leben konnte und so beschlossen sie, alles zu verkaufen und ihr Glück in Istanbul zu versuchen.

Mit dem Geld, welches das Haus und das letzte Stück Land eingebracht hatten, zog die Familie in die Stadt. Alles, was sie besaßen, luden sie auf einen alten blauen Kamyonet (Kleinlaster), der mehr verrostet aussah als blau, und sie selber saßen ebenfalls hinten drauf zwischen den wenigen Dingen, die sie mitgenommen hatten. Diese bestanden fast ausschließlich aus weißen bestickten Decken, worin die Wolldecken und Deckchen, also die Aussteuer meiner Großmutter sowie bereits teilweise die Aussteuer für die Mädchen eingewickelt war, damit sie nicht verschmutzte, sowie die selbstgemachten Betten aus Schafwolle, die den ganzen Raum in dem ohnehin zu kleinen Wagen einnahmen. Aber es waren die Schätze meiner Großmutter Naziye, und sie waren ihr fast noch wichtiger als die Kinder, in denen sie eine Last sah, und die zu nichts anderem gut waren als ihr Haus schmutzig machen und den Staub der Straße in ihre bis in die äußeren Ecken geputzten Zimmer zu bringen. Die Kinder waren aufgeregt und mit ganz eigenen Erwartungen an diese Stadt Istanbul, keiner von ihnen hatte je zuvor eine so große Stadt gesehen. Sie waren schon einmal in Adapazari, dem nächsten größeren Ort zum Wochenmarkt gewesen, da hat sie Dede mal mitgenommen, wenn er wieder einmal da war, aber natürlich nur die Jungen, die Mädchen hatten da nichts zu suchen. So saßen sie jetzt alle auf diesem Kamyonet, in Richtung Istanbul, hinten zwischen ihrem Gepäck, nur Dede, der saß als Oberhaupt der Familie vorne neben dem Chauffeur, und die beiden unterhielten sich rege miteinander.

Istanbul, eine Stadt ohnegleichen, wohin sich im neunzehnten Jahrhundert ein französischer Dichter verirrte und nicht mehr fort wollte oder konnte und sich auf einem dieser Hügel niederließ, von wo aus die ganze Stadt mit ihrer Pracht, ihren Moscheen und Minaretten, ihren Basaren und Gerüchen zu seinen Füßen lag. Er schrieb dort seine Liebesgedichte voller Schmerz und Leid und Freude. Noch heute gibt es im Stadtteil Eyüp einen Platz auf einem Hügel, der nach ihm benannt worden ist, und es gibt dort ein Café Pierre Lotti zur Erinnerung an diesen verträumten französischen Dichter.

Naziye, die meine Großmutter Babanne ist, blieb in Istanbul nichts anderes übrig, als Türkisch zu lernen. Sie tat sich sehr schwer damit und hatte auch wenig Gelegenheit, die Sprache zu üben, denn sie selbst kam kaum aus dem Haus. Jedes zweite Wort von ihr hieß Unenebabse, ein abchasisches Wort, das Verwunderung ausdrückt. So schwer es auch war, es blieb ihr nichts anderes übrig. Diese Stadt Istanbul war voll von Menschen unterschiedlichster Herkunft, da waren die Lasen, die Arnavuten, jene, die aus Griechenland wieder zurück in die Türkei gezogen waren, die Armenier und die Kurden, Abchasen, Georgier, Tataren und etliche mehr. Da alle ihre eigene Sprache hatten, blieb nur Türkisch als die Sprache, in der sie sich untereinander verständigen konnten. Istanbul und das ganze Land waren mittlerweile wie ein riesiger Kochtopf, in das zum Würzen diverse Zutaten aus verschiedenen Nationalitäten gestreut worden waren. Inzwischen waren alle unter der türkischen Fahne vereint, dank Atatürk, dem Vater aller Türken, auch der Neutürken. Also lernte auch Babanne Türkisch, doch sie hat es nie richtig gekonnt. Ihr Akzent war unüberhörbar, auch Jahrzehnte später, selbst für meine Ohren. In jedem türkischen Satz war ein Wort, das ihr nicht einfiel in Türkisch, so nannte sie es in Abchasisch ohne zu zögern. Fremde schauten sie seltsam an, doch in der Familie hatte man sich daran gewöhnt und wusste, was sie wollte. Und wenn sie sauer war, dann schimpfte und fluchte sie auf Abchasisch, so wie ich es heute auch mache, ich fluche und schimpfe auf Türkisch und nicht auf Deutsch.

In Istanbul angekommen, fuhr der Wagen samt Inhalt zunächst zu Ismet Teyze. Ismet ist eine der Töchter von einer Schwester von Dede, die fast hundert Jahre geworden ist, eine Frau, die ich als kleines Mädchen gefürchtet habe und später so verehrt wie keine andere. Sie war gerade frisch verheiratet und wohnte in einem selbst gebauten Zweizimmer-Gecekondu auf einem der sieben Hügel von Istanbul. Gecekondu, das bedeutet »hat sich in der Nacht niedergelassen«. Diese Gecekondus wurden auf unerschlossenen Grundstücken von den Zuwanderern aus den Dörfern, die sich in der Stadt eine bessere Zukunft versprachen, in einer Nacht aufgebaut. War ein Haus am nächsten Tag fertig, so durfte es nach altem islamischen Recht nicht mehr abgerissen werden. So entstanden die Gecekondu-Viertel rund um Istanbul, die erst viele Jahre später zu Strom, und wenn sie Glück hatten, zu einer Kanalisation kamen.

Die Familie entschied, es genauso zu machen. Es wurde ein Platz ausgesucht, und zwar der Hügel gegenüber von Ismet Teyze, wollte man hinlaufen, musste man schon eine halbe Stunde schnellen Schrittes gehen. Es standen bereits einige Häuser auf diesem Hügel. Während der Nacht bauten sie sich einen Gecekondu mit drei winzigen Räumen, einer Küche und einer Toilette hinten dran. Entgegen aller unsichtbaren Gesetze, stand das Häuschen ganz weit zurück von der Straße, bestimmt mindestens zwanzig Meter, die Rückwand stieß an den Hügel, genau wie das Haus in Balballi in Georgien. Große Höfe waren georgische Tradition, in diesen Höfen wurden Hochzeiten gefeiert, die eine Woche dauerten, wurden die Toten gewaschen, wurden die Besucher, die mit ihren Pferden angeritten kamen, empfangen. In diesen ursprünglichen Höfen fand das Leben statt, jetzt war es einfach eine große Fläche zwischen der Straße und dem Haus. Im Garten direkt vor dem Häuschen, wenn man es denn so nennen durfte, wurde eine Ecke für Wein angelegt, der an einem Gerüst hinauf in den Himmel kletterte und schon ziemlich bald ein überdachtes Gartenhäuschen wurde, worunter ich als Kind im Schatten der Weinblätter und der so köstlichen Trauben spielen sollte. Neben dem riesengroßen Krug aus Lehm, der neben der Laube in die Erde eingegraben wurde. So gab es mitten im Sommer auch ohne Kühlschrank immer frisches kaltes Wasser, welches selbstverständlich nicht aus der Leitung kam, sondern vom einzigen Wasserhahn im Umkreis von einem Kilometer am Fuße des Hügels heraufgeschleppt wurde, einen steilen Weg hinauf, der im Winter sehr matschig und rutschig war. Das war Frauenarbeit.

Als erstes wurde mit dem Geld, das noch ziemlich üppig vorhanden war, ein modernes Wohnzimmer gekauft. Es waren Möbel im Stil der 50er Jahre, vier blau überzogene Sessel mit Holzbeinen und zwei kleine Tische, auf denen Tee serviert wurde. Dieses Zimmer war natürlich ausschließlich Gästen vorbehalten, an normalen Tagen durfte es keiner betreten, sonst hätte man es mit meiner Großmutter zu tun bekommen. Auf die Rücken- und Armlehnen der Sessel hatte meine Großmutter kleine selbstgestickte Deckchen gelegt, einmal, um sie zu verschönern und auch damit die Möbel nicht so schnell abgenutzt werden, schließlich kauft man solches Mobiliar nur einmal im Leben. Babanne sollte dieses Mobiliar hüten wie ihren Augapfel, 44 Jahre lang bis zu ihrem Tod im vorletzten Jahr. Diese weißen kleinen Deckchen, bestickt jeweils mit einer roten oder rosa Rosenblüte oder einer Tulpe mit zwei grünen Blättern in verschiedenen Schattierungen, sind immer das erste, was mir einfällt, wenn ich an meine Großmutter denke.

Gegessen wurde in der Diele, wohin alle Türen führten, auf einem Sini, das ist ein flaches rundes Tablett, das auf den Boden gelegt wurde, und dann setzten sich alle drumherum. Doch vorher wurde noch eine Sofrabezi, ein Tuch eigens zu diesem Zweck wie eine Tischdecke darunter gelegt, damit die Brotkrumen nicht auf den Fußboden fielen und gar zertreten wurden, was eine große Sünde war und unbedingt verhindert werden musste.

Bevor ich auf die Autobahn fahre, mache ich noch einen kleinen Umweg über unsere Kinderärztin. Yasemin ist ziemlich erkältet und ich denke, es ist besser, von hier ein paar Medikamente mitzunehmen, als in Berlin als erstes eine neue Kinderärztin suchen zu müssen. Da Yasemin sowieso untersucht werden muss, bitte ich die Ärztin, sie genauer zu untersuchen, weil sie sich im Krankenhaus nicht hat untersuchen lassen. Ich bitte die Ärztin, eine türkische Sprechstundenhilfe hinzuzunehmen. Yasemin ist nicht so frei wie in dem Moment, wo wir beide allein in ihrem Zimmer waren und ich ihr Fragen stellte, aber ich glaube, sie ahnt, wie wichtig es für uns ist, und sagt noch einmal, was ihrem unschuldigen Körper angetan worden ist, und mir zerreißt es fast das Herz. Dann untersucht die Ärztin sie, ich sitze neben ihr und halte die kleine Hand und küsse sie. So sehr ich auch will, ich kann die Tränen nicht unterdrücken. Die Ärztin schaut mich an und nickt, doch ich will es nicht hören, ich will nicht, dass sie es mir bestätigt, warum sagt sie jetzt nicht laut, dass ich mich geirrt habe, warum sagt sie nicht, dass es nur ein Traum gewesen ist, ein furchtbarer Traum, aber eben doch nur ein Traum, der nicht mehr da ist, wenn man aufwacht. Dann packt mich eine Wut auf die Ärztin, und ich frage sie: Wenn es so deutlich zu sehen ist, warum haben Sie dann bisher nie etwas gesagt? Sie hat doch seit Monaten diese Entzündungen im Genitalbereich. Ihre Antwort verschlägt mir die Sprache und sorgt dafür, dass ich noch viele Stunden darüber nachdenken muss: Nicht alle Mütter sind so tapfer wie Sie. Ich kann gar nicht darauf eingehen, kann ihr nicht meine Enttäuschung mitteilen, ihr nicht sagen, dass sie verpflichtet gewesen wäre, mir ihre Beobachtung schon viel früher mitzuteilen, nämlich in dem Moment, wo sie den Missbrauch erkannt hat, dass sie den Missbrauch der Polizei hätte melden können, ich kann auch nicht fragen, warum sie ihre Erkenntnis nicht wenigstens einer Sozialarbeiterin mitgeteilt hat, denn in diesem Moment weiß ich noch nichts, aber auch gar nichts über den Umgang dieser Gesellschaft mit Dingen, die offiziell nicht sein durfen. Ich bitte sie um ein Untersuchungsprotokoll. Sie gibt es mir ohne ein Wort und verschwindet gleich anschließend im Nebenzimmer, wo sie einem Mädchen wie meiner Tochter den Körper untersucht und vielleicht auch wieder alles sieht und dazu schweigt.

Zurück zu den Eltern?

Knapp eine Stunde später sind wir auf der Autobahn. Ich brauche für die Strecke doppelt so lange wie gewöhnlich und bin so froh, als wir heil angekommen sind. Mein Vater ist noch nicht zu Hause. Meine Mutter weiß nicht viel zu sagen. Sie regt sich nur über meine kurzen Haare auf und meint, ich solle sie mir besser wieder wachsen lassen. Ich spüre ihr Unbehagen wegen meiner ungewöhnlichen Frisur, ich weiß, dass mein Vater darüber stolpern wird. Schließlich kennt sie ihn seit vierunddreißig Jahren.

Sie hat Recht. Mein Vater kommt heim, schaut mich an und verzieht sein Gesicht. Er gibt mir nicht einmal die Hand. Sie hat tatsächlich Recht, er regt sich doch wirklich über meine Frisur auf. Sie wissen beide, warum ich hier und nicht in meiner eigenen Wohnung bin, schließlich haben sie mich täglich angerufen und gefragt, ob mein Vater mich holen soll, doch das habe ich nicht gewollt. Nun sitze ich hilfesuchend und verzweifelt bei ihnen, und sie können sich nur über meine Haare aufregen. Ich explodiere.

Er sei nicht verwundert, dass ich zurückgekommen sei, meint mein Vater. Wenn ich mich nicht ändern würde, könnte ich hundert Mal heiraten und würde doch immer wieder zurück kommen. Damit meint er, dass kein Mann sich eine so aufsässige Frau wie mich gefallen lassen würde. Sie begreifen gar nichts. Es ist schrecklich. Das Scheidungsverfahren werde wohl ein Jahr dauern, rechnet mein Vater aus, und sie hätten ja auch vor, in einem Jahr in die Türkei zurückzukehren, dann würde ich also mit ihnen gehen.

Ich höre ihn sprechen, und alles in mir rebelliert. Ich bin hier, weil meine Eltern diejenigen Menschen sind, die mir am nächsten stehen, doch ich bin nicht hier, um wieder in die Rolle der gehorsamen Tochter zu schlüpfen. Ich bin nicht mehr bereit, mein Leben fremdbestimmt zu führen. Ich bestimme selbst für mich und meine Kinder. Ich weiß nicht, woher ich die Kraft nehme, doch ich mache meinem Vater klar, dass ich erwachsen bin und für mich selbst entscheide und dass eine

Rückkehr in die Türkei für mich nicht in Frage kommt. Mach, was du willst, sagt er wütend. Ich sage nichts mehr.

Am Wochenende holt meine Mutter alle Familienfotos hervor. Man muss sich das einmal vorstellen, auch die Fotos von ihm, und dann fängt sie an, sie auszusortieren – vor den Kindern. Mein Vater meint, sie solle die Bilder, auf denen Ibrahim zu sehen ist, gleich vernichten. Die haben Probleme, die haben wirklich Probleme, denke ich mir nur. Als meine Mutter hört, dass ich schon am Montag einen Termin bei einer Rechtsanwältin habe, ist sie schockiert: Was, so schnell? Willst du nicht noch ein bisschen warten? Als ob es noch etwas zu überlegen gäbe. Der Missbrauch ist für beide nicht fassbar, sie glauben es nicht, mein Vater will auf keinen Fall, dass ich Missbrauch als Scheidungsgrund angebe. Es könnte nicht schlimmer sein. Ich solle mich schon darauf einstellen, dass er die Kinder bekommt, ich würde es wohl kaum schaffen, sie zu behalten. Ibrahim ließe dies sicher nicht zu. Mein Gott, sie haben überhaupt nichts verstanden. Nichts. Ihre einzige Sorge ist, dass er die Wohnung stürmen lässt, mit Gewalt bei ihnen eindringt.

Am Montag gehe ich zu einer Rechtsanwältin. Mit viel Überwindung schildere ich ihr die Situation. Sie ist eine erfahrene Rechtsanwältin. Ich denke mir, sie weiß, wovon sie spricht, wenn sie mir rät, so bald wie möglich in ein Frauenhaus zu gehen, nur dort sei ich wirklich sicher. Sie fragt mich, ob ich mich auf meine Eltern verlassen kann. Sie hätten uns Ibrahim nicht unbedingt ausgeliefert, aber auf sie verlassen? Mein Vertrauen ist in den letzten zwei Tagen ziemlich verloren gegangen. Ihre Reaktion hatte ich mir anders vorgestellt. Ich soll am nächsten Tag wiederkommen, damit die Anwältin das Ganze auch richtig aufnehmen kann. Heute hat sie nicht genug Zeit. Ich gehe also am nächsten Tag wieder zu ihr. Voller Entsetzen muss ich hören, dass der Vater nach türkischem Recht bis zur Scheidung automatisch das Aufenthaltsbestimmungsrecht hat. Um das zu ändern, gehe ich am nächsten Tag zum Familiengericht und beantrage selbst das Aufenthaltsbestimmungsrecht. Es dauert etliche Stunden, doch am Ende habe ich einen Beschluss, der besagt, dass ich das Aufenthaltsbestimmungsrecht für beide Kinder habe. Dem Vater wird unter Androhung von 50 000 Mark Strafe die Ausreise mit den Kindern ins Ausland untersagt.

Ich beschließe, am nächsten Tag in ein Frauenhaus zu ziehen. Dies meinen Eltern begreiflich zu machen, ist sehr schwer. Sie kennen nur schlimme Gerüchte über Frauenhäuser, da dürfe ich auf keinen Fall hingehen. Das würden sie nicht zulassen. Als alles nichts hilft, und ich schon aus der Tür gehen will, liegt meine Mutter halb ohnmächtig auf der Couch und weint; sie weiß, dass ich sie früher in solchen Momenten immer bemuttert habe. Mein Vater nimmt mich beiseite und versucht mir klarzumachen, dass meine Mutter mein Fortgehen nicht überleben werde. Er versucht, mich zu erpressen und mir Schuldgefühle einzureden, wenn ich jetzt trotzdem ginge, dann hätte ich sie auf dem Gewissen. Noch vor kurzer Zeit hätte dies auch funktioniert, doch jetzt werde ich wütend, stinkwütend, ich kann es nicht anders ausdrücken. Nicht genug, dass sie mir in keiner Weise helfen, nein, sie glauben mir nicht einmal, und sie maßen sich an, ich müsste bleiben, weil sonst meine Mutter oder er oder sonst wer leiden würde, das ist einfach zu viel. Alle sind sie wichtig, außer meiner Person und meinen Kindern. Ich nehme meine beiden, und während wir aus der Haustür gehen, höre ich das Schluchzen meiner Mutter.

Gewalt gegen Frauen kennt keine Grenzen

Bei strömendem Regen fahre ich in ein Frauenhaus. Es ist schon dunkel, wir sind in einer ziemlich noblen Gegend gelandet, und einen Moment lang habe ich Zweifel, ob ich auch richtig gefahren bin. Dann stehen wir vor einer Villa mit einem hohen Gitterzaun rundherum und klingeln. Durch die Sprechanlage möchte jemand wissen, was wir wollen. Ich erkläre, dass ich schon angerufen habe, und dann werden Tor und Tür aufgeschlossen. All unsere Habseligkeiten sind in einer einzigen Reisetasche. So sehr kann sich Leben reduzieren, wenn man es reduzieren muss, und so wenig ist es, was man wirklich zum

Leben braucht. Durch ein großes Treppenhaus kommen wir in eine Art Vorraum. Der Raum ist schlecht beleuchtet und schmutzig, sieben oder acht Frauen und ein paar Kinder halten sich dort auf. Vor einer Pinnwand stehen ein Tisch und zwei Sessel. Die Frau, die uns hereingelassen hat, stellt noch zwei Stühle für mich und meine Kinder an diesen Tisch. Ich setze mich, hole tief Luft. Kemal fängt an zu bitten und zu betteln: Mama, lass uns gehen, ich will wieder zur Oma, ich will nicht hier bleiben. Eine Frau nimmt unsere Personalien auf. Dann sagt sie zu einem sehr jungen Mädchen, das neben ihr auf der Couch hockt: Ich muss sie wohl in euer Zimmer schicken. Das Mädchen zeigt ganz offen ihre Ablehnung: Womit haben wir das verdient? Die Frau bietet mir Kaffee an. Falls wir etwas essen wollten, gebe es auch Brot und etwas drauf. Ich will nicht, und die Kinder wollen nur weg. Also holt sie aus einem Schrank Bettwäsche und geht mit uns nach oben. Sie öffnet eine Tür und zeigt uns zwei Betten. Es könnte nicht schlimmer sein. In einem etwa 25 Quadratmeter großen Raum stehen acht Betten, d.h. vier Doppelstockbetten aus Metall, für jede Person gibt es einen Spind. Für uns drei gibt es nur einen Spind, weil alle anderen voll sind. Gleich neben der Tür stehen ein Tisch und vier Stühle. Der Tisch macht den Eindruck, als hätten sich die Frauen seit einem Jahr bemüht, alles, was sie in die Finger bekommen, auf diesem Tisch zu stapeln. Keine Vorhänge an den Fenstern. Die Vorstellung, hier schlafen zu müssen, erfüllt mich mit Entsetzen, doch ich habe keine Wahl. Die Ablehnung der Frauen ist noch schlimmer als der schreckliche Raum, sie fühlen sich offensichtlich durch uns gestört, sie scheinen eine Art Gemeinschaft zu sein, in die wir eingedrungen sind.

Ich beziehe zwei untere Betten. Wir legen uns hin, und schon bald sind die Kinder eingeschlafen. Ich schlafe nicht, natürlich nicht, das Licht brennt die ganze Nacht, eins der jungen Mädchen sitzt am Tisch und macht ständig irgendetwas, wobei sie eine Unmenge Tabletten schluckt, sie ist offensichtlich süchtig. Ich kann so schon nicht schlafen, doch die Horrorgeschichten, die dieses Mädchen erzählt, tun ihr übriges. Irgendwelche durchgedrehten Männer hätten schon mit Waffen in diesem Zimmer gestanden und mit Gewalt ihre Frauen rauszuholen versucht. Übrigens seien es Landsleute von mir gewesen, die seien überhaupt die Schlimmsten, und nun seien wir auch noch in ihr Zimmer gelegt worden. Na, toll, denke ich, jetzt hast du es auch noch mit Ausländerfeindlichkeit zu tun, aber viel ändern kann das auch nichts mehr, schlimmer kann es mir doch eigentlich nicht mehr gehen.

Die ganze Nacht grüble ich, wo ich hingehen könnte, was ich tun könnte, um hier nicht bleiben zu müssen. Irgendwann fällt mir eine Freundin ein, die geschieden ist, gleich morgen werde ich für ein paar Tage zu ihr fahren, bis sich die ersten Wogen geglättet haben. Am nächsten Morgen stehe ich auf, ziehe die Betten ab, so wie es sich für eine perfekte Hausfrau gehört, staple alles ordentlich, nehme meine Kinder und unsere Reisetasche und gehe nach unten. Bevor ich verschwinde, will ich jedoch zumindest im Büro Bescheid sagen, was in der letzten Nacht geschehen ist und warum ich hier nicht bleiben will.

Auch diese Sozialarbeiterin ist eine Barbara. Sie nimmt sich meiner an, gibt mir einen Kaffee, und schon bin ich nur noch ein Häufchen Elend im Sessel. Ich berichte ihr trotzdem von dem unmöglichen Verhalten der Frauen im Zimmer und dass ich mir das nicht gefallen lasse; auch den Grund für meinen Fortgang von zu Hause lasse ich sie wissen. Sie ist natürlich sehr verständig und versichert mir, ich könne jederzeit wiederkommen, wenn ich Schutz brauche.

Meine Eltern sind sehr erleichtert, mich zu sehen und gleichzeitig sehr überrascht. Mein Vater fragt: Lassen sie dich denn da so schnell wieder raus? Erst jetzt merke ich, dass sie ein Frauenhaus für eine Art Gefängnis halten, wo frau nicht ohne weiteres wieder herauskommt. Sie erzählen mir dann, dass die Freundin, zu der ich zu gehen beabsichtige, sie angerufen und gefragt habe, was mit mir passiert sei. Mein Mann sei gestern regelrecht in ihre Wohnung gestürmt und habe jedes Zimmer nach uns abgesucht. Das sitzt. Ende. Zu ihr kann ich also nicht gehen. Meine Eltern sind ziemlich verängstigt und jetzt sogar selber der Meinung, ich solle am besten ins Frauenhaus zurück, dort sei ich zumindest sicher.

Noch am selben Nachmittag stehe ich wieder vor dieser alten heruntergekommenen Villa. Diesmal kommen wir in ein anderes Zimmer. Eine Polin mit zwei Kindern und eine Kroatin mit einem Kleinkind sind schon in diesem Zimmer. Es gibt zwölf Betten, zwei Tische, ein Waschbecken. Der Raum ist auch größer. Wir versuchen, uns zu arrangieren. Bei der ersten Gelegenheit besorge ich mir eigene Bettwäsche. Wir haben ein Etagenbett für uns. Im Keller ist eine Gemeinschaftsküche, in jedem Stockwerk eine Gemeinschaftsdusche. Jedes Zimmer hat eine eigene Toilette.

Die Kroatin spricht kein Wort Deutsch. Mit Händen und Füßen lerne ich ein paar Worte von ihr und bringe ihr gleichzeitig diese in Deutsch bei. Das Frauenhaus ist immer laut und schmutzig, und es gibt keine Möglichkeit, sich wenigstens für ein paar Minuten zurückzuziehen. Keine Möglichkeit, um nachzudenken, sich in Ruhe über die Dinge, die in den letzten Tagen passiert sind, klar zu werden. Dafür permanente Reibereien zwischen den Frauen und den Kindern. Immer passiert etwas Neues. Nach einer Woche beginnt auch für mich der Telefon- und der Putzdienst. Einmal die Woche ist Hausversammlung, zu der jede Frau zu erscheinen hat. Die Regeln sind sehr streng, für jede versäumte Pflicht gibt es eine Mahnung, bei drei Mahnungen wird ausquartiert.

Langsam lerne ich die anderen Frauen kennen. Eher aus der Sicht einer Frau, die beobachtet, als einer, die mitmischt. Ich habe das Gefühl, mein eigener Kummer wird in diesem Haus irgendwie untergehen. Ich dolmetsche bei den Hausversammlungen, ich ermuntere die türkischen Frauen, sich zu beteiligen, ihre Meinung zu äußern, ich fahre mit einer kurdischen Mutter und ihrem Kind ins Krankenhaus, als das Kind beim Spielen in eine Vitrine stürzt. Die kurdische Mutter kann weder Türkisch noch Deutsch. Dreimal die Woche bringen die Erzieherinnen die Kinder in einen Kindergarten. Ich gehe mit, um meine eigenen Kinder zu unterstützen, zwischendurch versuche ich, die Behördengänge zu erledigen.

Es fällt mir schwer, verflucht schwer, auch nur einen einzigen Tag durchzustehen. Jeden Abend, wenn wir ins Bett gehen, legt Yasemin ihre kleinen Arme um meinen Hals und fragt: Mami, ich bin nicht böse, nicht wahr, ich habe nichts Böses gemacht? Und jeden Abend versichere ich ihr, dass sie ein gutes Mädchen ist, dass sie nichts Böses gemacht hat, und dass ich sie liebe, mehr als alles andere auf der Welt, und ich sehe ihr kleines Gesicht strahlen.

Um meine beiden am Tage nicht sich selber überlassen zu müssen, mache ich nachts Telefondienst, d.h. von 22 bis 2 Uhr früh. Meist setzen sich andere Frauen dazu. Bei mir sind es meistens türkische Frauen. Und fast jede einzelne erzählt mir irgendwann ihre Geschichte. Eine Frau, die sonst sehr schweigsam ist, erzählt mir von ihrer Absicht, ihren Mann zu töten. Er ist ein Sadist und hat sie jahrelang gequält, und sie hat es über sich ergehen lassen – wegen der Kinder. Sie hat drei Kinder. Sie ist völlig fertig mit der Welt. Nur ich, ich kann nicht erzählen. All diese Geschichten haben rein gar nichts mit meiner zu tun, diese Frauen sind geschlagen worden, misshandelt, verfolgt, bedroht, benutzt und ausgesetzt, doch keine spricht von sexuellem Missbrauch. Meine Last kommt mir zu alledem vor wie ein persönlicher Makel. Nur ein einziges Mal nimmt eine das Wort »sexueller Missbrauch« in den Mund. Eine Frau hat etwas in der Zeitung gelesen, und eine andere meint dazu, wenn der Vater sich an seinem eigenen Kind vergriffen habe, dann sei das Kind mit Sicherheit nicht von ihm. Am eigenen Fleisch und Blut könne man doch keine Lust empfinden. Es ist schrecklich, einfach schrecklich für mich. Ich kontere zwar und bringe Beispiele, aber ich spreche kein Wort von mir oder meiner Tochter. Ich kann nicht. Ihr Satz ist wie eine Ohrfeige für meine Seele.

Ich versuche ganz einfach, jeden Tag zu überstehen, so gut es eben geht. Es ist auch immer einfacher, sich um die Probleme anderer zu kümmern als um die eigenen. Ich versuche, den Kindern zu helfen, so gut ich kann. Wenn wir einmal ganz für uns sein wollen, nehme ich meine beiden Kinder, steige mit ihnen ins Auto, mache Musik an und schreie einfach drauflos und ermuntere sie, es mir nach zu tun. Ich tue dies mehr instinktiv, doch wir schreien uns viel von dem Frust aus der Seele. Dann holen wir uns etwas zu essen, machen es uns im Auto bequem und erleben eine Art Gemeinsamkeit und Geborgenheit. Hinterher geht es uns allen besser, und wir können wieder in das Frauenhaus zurückgehen.

Wenn ich mir vor Augen führe, dass manche Frauen schon seit einem ganzen Jahr hier leben, wird mir ganz anders.

Freundschaften beginnen sich zu entwickeln, und mit Sicherheit erweitert sich der Horizont eines Menschen, wenn man sich plötzlich in einer so bunten Mischung zurechtfinden muss. Zwei Frauen mag ich besonders. Sultan ist eine ganz junge Kurdin, die in der Türkei gelassen wurde, als ihr Mann genug von ihr hatte. Ich bewundere ihr Selbstbewusstsein und ihre Zivilcourage. Sie hat es geschafft, sich gegen die gesamte Familie zu stellen und wieder herzukommen, um ihre Rechte als Ehefrau einzufordern. Ich höre so viele Lebensgeschichten – von Türkinnen, Deutschen, Polinnen, Frauen aus dem ehemaligen Jugoslawien. Und ich lerne jeden Tag neu: Gewalt gegen Frauen kennt keine Grenzen. Mit der Zeit verbinde ich mich innerlich mit all diesen Frauen, denn wir alle müssen hier unter diesen extremen Verhältnissen leben, und zwar immer wegen eines Mannes. Vielleicht lege ich hier zum ersten Mal mein Konkurrenzverhalten ab und fühle, dass wir Frauen alle im selben Boot sitzen, egal aus welchem Land wir kommen und egal, auf welcher gesellschaftlichen Stufe wir gestanden haben.

Ich sehe Frauen, die kommen und gleich wieder gehen. Sie ziehen das Elend, aus dem sie kommen, dem Frauenhaus vor. Mit einer Frau bleibe ich bis früh morgens auf, und wir reden. Sie ist die Erste und einzige, der ich meine Geschichte – zumindest in Etappen – preisgebe. Doch sie verlässt das Frauenhaus am nächsten Tag. Auf den ersten Blick wusste ich, wir sind auf derselben Wellenlänge, seitdem glaube ich daran, dass keine Begegnung, und sei sie noch so flüchtig, bloßer Zufall ist. Wir begegnen diesem oder jenem Menschen, weil es so sein soll. So wie es mit dieser Frau ist, sie lebt in dieser Stadt mit meiner Lebensgeschichte, und ich weiß nicht einmal ihren Namen. Ich habe sie nicht danach gefragt. Es war nicht wichtig.

Ich lerne sehr viel in diesen Wochen. Ich lerne zum Beispiel, dass ich einem anderen Menschen im Grunde nicht wirklich helfen kann, ich kann eine andere Frau nicht überzeugen, sich aus einer für sie schädlichen Beziehung zu befreien. Zu einem solchen Schritt kann eine Frau sich nur ganz allein entscheiden. Jede – in welcher Form auch immer – misshandelte Frau braucht ihre eigene Zeit, doch in dem Moment, in dem sie sich entschieden hat, braucht sie Hilfe, beispielsweise dieses Frauenhaus, eine Art Gerüst, an dem sie sich festhalten kann, wo ihr Kraft gegeben wird, um nicht zurückzufallen. Als ich mit einer sehr gläubigen muslimischen Frau spreche, wird mir das klar. Sie ist sehr jung und hat sechs Kinder. Ein Mann hat sie als seine zweite Frau nach Deutschland geholt, weil die erste keine Kinder gebären konnte. Sie hat keine Familie hier, ihre eigene Familie hat von ihrem Leid nichts mitbekommen, und wenn doch, so hat sie es ignoriert. Ihr Ehemann hat sie jeden Tag geschlagen, und von seiner ersten Frau, die keine Kinder bekommen konnte, ist sie psychisch misshandelt worden. Bis eine Frau sich entscheidet, in ein Frauenhaus zu gehen, hat sie bereits unglaubliche Schmerzen ausgehalten, doch für diese Frau ist das soziale Netz im Haus einfach zu grobmaschig, sie fällt zwischen den Maschen hindurch. Sie müsste auf der Stelle ein Zimmer für sich allein haben und noch vieles mehr, doch bei der finanziellen Not, der räumlichen Enge und der dünnen Personaldecke ist nichts davon machbar. Im Garten sprechen wir stundenlang miteinander. Ich will mit ihr fühlen, und ich will nicht, dass sie zurückgeht. Ich passe auf ihre Kinder auf, die ich noch nicht einmal richtig kenne, als sie zum Einkaufen geht. Doch als sie zurückkommt, ist eins der Kinder verschwunden. Es war ein Missverständnis, ich hatte geglaubt, sie hätte eins ihrer Kinder mitgenommen. Sie gerät in Panik. Wir suchen das Kind überall, inzwischen ist es dunkel, im Garten kann es nicht sein. Dann finden wir den Jungen in einem Hobbyraum im Keller, zusammen mit anderen Kindern und einer Betreuerin. Dieser Zwischenfall veranlasst die Mutter, noch am selben Tag zurückzugehen zu dem Mann, der sie misshandelt. Es nimmt mich sehr mit.

Und ich weiß: Jede Geschichte fing doch einmal schön an, in gewisser Weise im Namen der Liebe. Es ist unfassbar, was mit der Zeit daraus werden kann. Einfach unglaublich. Mir wird bewusst, dass eigentlich viel mehr Frauen eine Zuflucht brauchen.

MEINE ELTERN – MELEHAT UND DELINKANLI

Auch die Geschichte meiner Mutter fing schön an. Mein Vater, den sie Delinkanli , also Verrücktes Blut nannten, der aber eigentlich Sirin heißt, hatte nach seinem Militärdienst eine Arbeit in einem Männercafé an der Hauptstraße am Fuße des Hügels gefunden. Er kochte den Tee und servierte ihn seiner Kundschaft in den kleinen Teegläsern mit vergoldeten Rändern. Es war ein sehr einfaches Kaffeehaus mit großen Fenstern in den beiden Hauswänden, die zur Straße zeigten, mit vielen Holztischen und Stühlen und noch mehr Männern, die sich hier trafen, um gemeinsam Tee zu trinken und einen Plausch zu halten oder zusammen Backgammon oder Karten zu spielen. Zur Nacht wickelte Delinkanli seine Haare über der Stirn ein, damit er am nächsten Morgen diese unverwechselbare Tolle hatte, die er und alle seine Altersgenossen in den amerikanischen Filmen gesehen hatten. Es gab viele Mädchen, mit denen er auf den traditionellen Treffen flirtete, aber so richtig hatte es keine geschafft, sein Herz zu erobern, auch wenn seine Mutter ihn täglich fragte, wann denn nun endlich eine Schwiegertochter ins Haus käme, um sie zu entlasten. Dabei hatte sie eine ganz bestimmte im Auge, die Tochter von einer Freundin aus Balballi, die kannte sie, ein gutes Mädchen, ganz nach den tscherkessischen Sitten erzogen, die wusste, wie man sich den Schwiegereltern gegenüber zu verhalten hatte, die würde ihr gut gefallen. Doch Verrücktes Blut konnte man ja nichts sagen, er weigerte sich und sagte, die Zeit sei noch nicht da.

Eines Tages saß mein Vater bei Ismet Teyze. Sie hatten am Fenster Platz genommen und tranken Tee, als er im Nachbarsgarten eine Gestalt erblickte. Es war ein junges Mädchen, das Wäsche aufhing. Jedes Mal, wenn sie dem Korb am Boden ein neues Stück Wäsche entnahm, fielen ihr die langen blonden Haare über ihre schmalen Schultern, dann stellte sie sich auf und warf dieses wallende, wellige blonde Haar nach hinten. Er sah sie nur von hinten. Wer ist das? fragte er Ismet Teyze. Ach, frag lieber nicht, das arme Ding. – Warum? Was ist mit ihr? –

71

Das ist Melehat, die Tochter unserer Nachbarn, besser die Stieftochter, ihre Mutter ist erst vor einem Jahr gestorben, und sie kommt über diesen Verlust nicht hinweg. So viele Familien sind gekommen, sie hat so viele Bewerber, die sie heiraten wollen, doch sie lehnt alle ab. – Kannst du mich mit ihr bekannt machen? Ismet sah in seine Augen, und seine Augen lachten, hell erleuchtet und glänzend.

Sie machten einen Tag aus, an diesem Tag rief Ismet Teyze Melehat zum Tee, und wie zufällig kam mein Vater auch zu Besuch. Die beiden verliebten sich auf den ersten Blick. Melehat war ein zierliches junges Mädchen mit bestechend grünen Augen, die unter dem herrlichen Schwung ihrer Augenbrauen traurig hervorschauten. Sie hatte, wie gesagt, langes blondes Haar, das ihr bis auf die Hüfte fiel. Sie wickelte sich die Haare zur Nacht ein, so schöne Locken kamen auch damals nicht von allein. Ismet Teyze ging öfter aus dem Zimmer, als es eigentlich notwendig gewesen wäre, schließlich ist da die Küche, wo man den Kocher vergessen kann und nach dem Tee muss man ja auch schauen und überkochen kann ein Kessel schließlich auch. Selbstsicher und gewandt in seiner Ausdrucksweise, die er bei den traditionellen Treffen der Jugend in unzähligen Gesprächen geführt und erprobt hatte, verwickelte mein Vater Melehat in ein Gespräch und sagte ihr zum Schluss ganz offen, wie sehr sie ihm gefiel und dass er sie gern wiedersehen wolle und dass er sich mit ernsten Absichten trug. Dann ging er. Ismet Teyze fragte Melehat aus: Na, sag schon, wie findest du ihn? Beschämt stand Melehat da und antwortet zögerlich, ich weiß nicht so recht. – Ich sehe es dir doch an, er hat dir gefallen, sagte Ismet und begann, Lobeshymnen auf Verrücktes Blut zu singen. Mithilfe von Ismet Teyze verabredeten sich die beiden, ihr erstes Rendezvous führte zum Grab von Melehats Mutter auf dem Friedhof. Der Friedhof liegt in unmittelbarer Nähe vom Platz Pierre Lotti, rechts vom Café auf dem Hügel. Sie setzten sich auf den Boden und unterhielten sich. Verrücktes Blut machte ihr einen Heiratsantrag und versprach ihr, dass sie mit ihm glücklich werde. Er bot alles auf, was er bis dahin bei den Jugendtreffen gelernt hatte. Vertieft in ihre Zukunft, merkten die beiden erst, was los war, als eine Menschenmenge mit einem Sarg an ihren Füßen stand und der Imam sie fragte, ob es denn in der ganzen Stadt keinen anderen Ort für sie gäbe als diese Ruhestätte, und wie sie es wagen könnten, die Toten zu stören und so zu beleidigen. Mehr bekamen die beiden nicht mehr mit, denn sie machten sich beschämt und vor allem schnell aus dem Staub.

Als mein Vater seiner Familie von Melehat erzählte, kam es zu großem Aufruhr, denn meine Mutter ist Türkin, und meine Großmutter Babanne, also die Mutter meines Vaters, wollte partout keine türkische Schwiegertochter sondern eine tscherkessische, die ihre Sprache und vor allen Dingen die tscherkessischen Sitten und Bräuche kannte.

Meinen Vater kümmerte dies nicht. Er drohte, er werde dieses Mädchen heiraten oder das Haus verlassen. Melehat kannte Tscherkessen bisher nur vom Hörensagen. Ihr war bekannt, dass sie vor langer Zeit aus dem Kaukasus in die Türkei gekommen waren, auch wusste sie, dass das Volk der Tscherkessen sehr angesehen war, aber sie wusste nichts von ihren Sitten, und so geriet bereits die Hochzeit zur ersten großen Überraschung. Eine ganze Woche lang wurde gefeiert. Das Fest fand auf dem Hof eines Verwandten in Balballi statt. In Balballi lebten alle wie vor hunderten von Jahren in ihrer eigenen Kultur und Sprache, es schien abgeschieden von der übrigen Welt. Die türkische Regierung machte sich nur durch regelmäßige Durchsuchungen nach Waffen bemerkbar, die sie dann mitnahm, wenn welche gefunden wurden, die Besitzer ebenfalls, was nichts daran geändert hat, dass die meisten, die ich in Balballi kennen gelernt habe, trotzdem eine Waffe besitzen und diese auch an ihrem Gürtel tragen – für den Fall, dass sie ihre Ehre verteidigen müssen. Tradition lässt sich von Gesetzen nicht so einfach unterbinden.

Zu ihrer großen Verwunderung durfte Melehat jedoch das Fest nicht mitfeiern. Sie wurde von den jungen Mädchen ins Haus gebracht und durfte nur aus einem Fenster zuschauen, wie getanzt und gesungen wurde. Tscherkessische Musik und Tänze: Zwei Männer hockten sich einander gegenüber, sie hielten zwei lange Holzbretter in den Händen, jeder an einem Ende, dann klopften sie diese im Rhythmus aneinander und erzeugten einen sehr lauten und dumpfen Ton, und ein Mädchen tanzte in der Mitte, und trat dabei immer wieder zwischen die beiden Holzlatten, ohne sich auch nur einmal die Füße zu quetschen. Als die Gruppe müde war, kam eine andere junge Frau und spielte Ziehharmonika und eine Gruppe junger Leute tanzte dazu im Kreis. Danach erschienen junge Männer in Kosakenkleidung und tanzten den Säbeltanz. Meine Mutter schaute mit großem Staunen zu. Sie wäre viel lieber draußen, doch das war nicht erlaubt, ab diesem Tag hieß es für sie, sich zurückzunehmen, sie musste lernen, unsichtbar zu sein. Verheiratete Frauen hatten sich im Hintergrund zu bewegen, alles vorzubereiten, sie machten die Arbeit und tratschten miteinander, aber auf den Tanzboden durften sie nie mehr.

Inzwischen tanzte ein Paar im Kreis der Zuschauer, die den Takt klatschten, und das Mädchen schien regelrecht über dem Fußboden zu schweben, sie glitt einfach dahin und bewegte sich weich und anmutig wie eine Gazelle. Der junge Mann neben ihr vollführte die unglaublichsten Bewegungen mit seinen Füßen und Beinen, kraftvoll und beeindruckend, so dass einem die Luft wegbleiben konnte. Und während der ganzen Zeit hielt er seine Arme über den Schultern des Mädchens, das seitlich neben ihm sich fortzubewegen schien – schwebend. Es sah aus, als wollte er sie schützen, doch sie schaute ihn nicht an, sie schaute nicht hoch, sondern hielt die Augen gesenkt, bis ein anderer, tanzend in den Kreis tretend, den Tänzer auslöste. Etwas später kam ein weiteres junges Mädchen und löste die Tänzerin aus, und so ging es bis zum Morgengrauen, bis ihre Füße wund und blutig waren. Kurz bevor es hell wurde, brachten die jungen Leute Verrücktes Blut in das Zimmer seiner Braut und ließen sie allein. Melehat wusste nicht, dass sie draußen auf ein Zeichen von ihm warteten, dass er seine Manneskraft bewiesen hatte, die er dann auch unter Beweis stellte. Als Zeichen reichte er den jungen Leuten, die unter ihrem Fenster standen, ein Tablett mit Bakklava, das zuvor von den Frauen vorbereitet worden war. Und man konnte hören, wie zum Zeichen der Freude unzählige Schüsse gen Himmel gefeuert wurden.

Melehat, die von Dede ganz lieb immer nur Evlat gerufen wurde, was soviel wie Kind bedeutete, blühte auf. Für eine kurze Zeit war sie die glücklichste Frau der Welt. Sie, die sich ihr Leben lang danach gesehnt hatte, endlich ihren wirklichen Vater zu sehen, war nun in einer Familie, die sie als die ihre aufnahm. Ihren Vater hatte sie nie kennen gelernt. Auch den Rest der eigenen Familie kannte sie nicht, ihre Mutter, deren Name Hatice war, hatte sich strikt dagegen verwahrt, ihr die Wahrheit über ihre Herkunft zu berichten. Melehat wusste nur, dass sie bereits als Baby mit ihrer Mutter ihren Geburtsort Tekirdag hatte verlassen müssen. Man schrieb das Jahr 1934, als Hatice mit ihrem Kind ganz allein nach Istanbul kam. Melehats Mutter hatte nie ein Wort darüber verloren, aber es ist nicht schwer sich vorzustellen, was geschehen war. Vermutlich war Melehat ein uneheliches Kind, dessen Vater sich geweigert hatte, zu seiner Geliebten und dem gemeinsamen Kind zu stehen. Verletzt und gedemütigt hatte meine Großmutter mütterlicherseits ihr neugeborenes Baby genommen und war mit ihm in die Stadt gegangen. Großmutter Hatice war eine gelehrte Frau, sie besaß einen Schulabschluss und begann in Istanbul als Grundschullehrerin zu arbeiten. Außer Arabisch und Türkisch, welches sie beides in Wort und Schrift beherrschte, sprach sie auch Französisch, was darauf schließen lässt, dass sie aus einer sehr wohlhabenden und alten Familie stammen musste. Und sie war eisern, alle Betteleien ihrer Tochter, ihr den Namen des Vaters zu verraten, konnten sie nicht erweichen. Großmutter Hatice traf bald darauf einen gutmütigen Mann, dessen Frau an Diphtherie gestorben war, und heiratete ihn. Er brachte aus seiner Ehe zwei Söhne mit, und sie aus ihrer Nichtehe ihre kleine Tochter. Zusammen bekamen sie noch zwei Kinder, die einzigen wirklichen Verwandten, die wir mütterlicherseits haben, Mutters Halbschwester Leman und ihren Halbbruder Mehmet. Leman Teyze lebt heute mit ihrer Familie in Stuttgart. Wo Mehmet Dayi heute ist, vermag ich leider nicht zu sagen. Die Kinder wurden alle zur Schule geschickt, auch die Mädchen, was zu jener Zeit gar nicht selbstverständlich war, doch sehr oft musste Melehat auch zu Hause bleiben, um die kleinen Geschwister zu beaufsichtigen. So schaffte sie nicht mehr als die Grundschule. Damit sie etwas in der Hand hätte, womit sie sich in Zeiten der Not auch alleine ernähren könnte, schickte die Großmutter Melehat auf eine Abendschule, wo sie nähen lernen sollte.

Hatice war die erste Tochter der Familie, die verloren ging, weil die Familie nicht imstande war, über ihren Schatten zu springen. Sie hatte nur zwei Möglichkeiten: Freitod oder die Familie zu verlassen. Meine Mutter hat mir oft von ihr erzählt. Diese Frau schaffte es in einer Zeit, wo Frauen um der Ehre willen bereits für viel weniger getötet wurden, sich und ihr Baby allein durchzubringen. Doch ihr Geheimnis hat sie mit ins Grab genommen. Wer ist der Vater meiner Mutter, wer ist mein Großvater? Ist er noch am Leben? Meine Mutter spricht oft von ihrer Mutter, noch öfter von ihrer Sehnsucht nach einem eigenen Vater. Oft sagt sie, ihr Schicksal hätte ganz anders aussehen können, wenn er mit ihnen gelebt hätte, denn dann wäre sie keine verlorene Tochter, sondern hätte Rückhalt gehabt und vieles wäre dann auch ganz anders gekommen. Ich sei meiner Großmutter sehr ähnlich, sagt sie. Groß und stattlich sei Hatice gewesen und eine sehr mutige Frau. Wie ein Mann. Sie meinte damit, nichts konnte ihr Angst machen und nichts war ihr zu schwer.

Jetzt hatte Melehat in ihrem Schwiegervater einen neuen, einen wirklichen Vater gefunden. Vor allen Dingen einen Verbündeten. Dede hatte Mitleid mit diesem Mädchen, das so dürr war, dass man Angst haben musste, sie würde umkippen, wenn man sie nur anpustete. Er glaubte, sie sei vor Kummer so dünn und weil sie fürchtete, eines Tages sterben zu müssen, ohne ihren Vater je gesehen zu haben.

Dede nahm sich vor, ihren Vater ausfindig zu machen, koste es, was es wolle. Gewandt wie er war, fuhr er nach Tekirdag und stellte Ermittlungen an, aber es war wie verhext. Nach jahrelanger Suche hatte er lediglich herausgefunden, dass ein landesweit bekannter Ringer namens Hüseyin Pelvan der Onkel meiner Mutter sein müsste. Er fuhr zur Landesmeisterschaft nach Tekirdag, um diesem Hüseyin auf den Zahn zu fühlen. Eine große Menschenansammlung hatte sich auf einer Wiese vor der Stadt eingefunden. Viele Männer, halbnackt und am ganzen Körper eingeölt, glänzten in der Sonne wie Fettaugen auf der Suppe. Mit nur wenigen Griffen warf Hüseyin seinen Gegner auf den Boden, trotz des Öls, das den Kämpfer keinen Halt am Körper des Gegners finden lassen sollte, und die Schultern des noch jungen Ringers berührten den Boden. Hüseyin, von dem erzählt wurde, dass er ein ganzes Lamm als Mahlzeit verschlingen konnte, war also wieder Sieger geworden, wie in jedem Jahr. Seine Fans nahmen ihn jubelnd in Empfang. Dede schaffte es trotz des Tumults irgendwie, zu ihm vorzudringen und ihn beiseite zu bitten, und erzählte dann kurz von seiner Schwiegertochter und seinem Anliegen, doch der große Mann wusste von nichts, weder kannte er Melehat noch ihre Mutter oder er wollte sie nicht kennen. Auch dies wird ein Geheimnis bleiben.

Und so schwand Melehats Hoffnung und auch ihr zaghaftes Lachen. Natürlich tat Babanne ein übriges dazu, sie hatte beschlossen, mit dieser Schwiegertochter nicht auszukommen. Was auch immer Melehat tat, nichts war in den Augen von Babanne jemals richtig, sie schimpfte und fluchte auf Tscherkessisch und verzog ihr angsteinflößendes Gesicht, und nicht genug damit, sie stachelte ihren Sohn an, indem sie schimpfte, was für eine unfähige Frau er da ins Haus gebracht hätte, die weder kochen noch putzen könne noch für die Wäsche gut sei. Meine Mutter musste für alle kochen, waschen und putzen. Inzwischen war der Haushalt auf neun Personen angewachsen, weil zwei junge Männer aus dem Dorf gekommen waren und Arbeit suchten. Bis sie etwas gefunden hatten, blieben sie selbstverständlich bei der Familie. Dass meine Mutter inzwischen mit mir schwanger war, tat natürlich nichts zur Sache. Ihren Mann sah sie kaum eine Minute allein. Sie musste aufbleiben, bis auch das letzte Familienmitglied zu Bett gegangen war, erst dann durfte auch sie sich zurückziehen. Von der Wäsche, die mit dem vom cesme (Brunnen) in großen Krügen und unter größten Anstrengungen heraufgetragenen Wasser gewaschen werden musste, hatten ihre Hände offene Stellen bekommen, was Babanne nicht davon abhielt, ihr noch mehr Wäsche unter die Nase zu halten.

Es war an einem Abend, als mein Vater, der sich mit seinen Freunden allein treffen wollte, seiner Frau seine Lieblingskrawatte zum Bügeln gab. Es war eine ziemlich ungewöhnliche Krawatte, bestickt mit kleinen Hundemotiven. Das Bügeleisen, welches mit heißer Kohle gefüllt werden musste und die Wäsche eher durch sein Gewicht platt drückte als durch die Hitze glättete, blieb einen Moment zu lange auf der Krawatte, zugegeben, nicht ohne Absicht, denn Melehat hatte diese abendlichen Ausflüge ihres Mannes satt, wagte es aber nicht, ihm dies offen zu sagen. Ohne zu ahnen, was sie damit auslöste, gab sie ihm die Krawatte, als er in das hintere kleine dunkle Zimmer trat, um sich umzuziehen. Er sah das versengte Stück, und ohne das Melehat begriff, was ihr geschah, schlug er ihr mit der Faust ins Gesicht. Meine Mutter knallte samt ihrem kugelrunden Bauch mit mir drin auf den Fußboden und fing jämmerlich an zu weinen. Dede, dessen Augen und Ohren nichts zu entgehen schien, was mit der Schwiegertochter zu tun hatte, trat unerwartet ins Zimmer. Er sah meine Mutter weinend am Boden, holte aus und verpasste meinem Vater eine. Er ermahnte ihn, das nie wieder zu tun, denn ein Mann dürfe seine Kraft nicht an einer wehrlosen Frau beweisen. Dann nahm er meine Mutter mit in das eigene Zimmer. Babanne kümmerte sich um die Schwiegertochter, aber es war nicht ganz deutlich zu erkennen, ob sie ihr wirklich leid tat oder ob sie das Ganze eigentlich in Ordnung fand. Sie selbst sei mindestens so viel geschlagen worden, wenn auch von ihrem Schwiegervater, *und würde doch auch noch leben, das war alles, was von ihr zu vernehmen war.*

Ich habe Sehnsucht

Mit Hilfe der Sozialarbeiterin bekomme ich ein Zimmer in einer Zufluchtswohnung, das ist eine Wohnung, in der mehrere Frauen mit ihren Kindern leben. Frauen in Notsituationen. Mir ist alles egal. Ein Zimmer für uns allein ist auf jeden Fall besser als ein Zimmer zu acht. Mein Glück ist so groß, dass ich es gar nicht fassen kann. Wir sind zunächst allein in der Zufluchtswohnung, weil sie gerade erst eingerichtet wurde, alles ist neu. Ein tolles Gefühl. Ich weiß es zu schätzen, mit neuen und sauberen Töpfen zu kochen und so schöne saubere Teller aus dem Schrank nehmen zu können. Diese Wohnung, in der ich einen ganzen Monat lang mit meinen Kindern allein lebe, ist sehr wichtig, auch wenn es unendlich schwer wird, weil ich erst jetzt beginne, das Geschehene zu realisieren. Ich löse mich langsam vom bloßen Funktionieren und finde zu meinen Gefühlen. Ich wache ganze Nächte durch, rufe bei der Telefonseelsorge an, um dieses Gefühl endloser Einsamkeit wenigstens für einen Moment zu unterbrechen. Ich sitze in diesen schlaflosen Nächten am Bett meiner Kinder, weine und denke an die vielen tausend kleinen Seelen, die ebenso leiden müssen wie sie, weil ein sadistischer Vater sich an ihnen vergangen hat. In dieser Wohnung beginne ich zu lesen, ich hole mir so viele Bücher über sexuellen Missbrauch, wie ich kaufen kann. In der Hoffnung, eine Antwort zu finden, verschlinge ich ein Buch nach dem andern. Was ich finde, ist das Leid von Frauen, die mutig genug waren, ihre Geschichte zu erzählen. Ich fühle mich wie ein Kessel, in dem Hass, Wut und Enttäuschung brodeln. Mein Gefühl heißt Es-ist-vorbei, Nie-wieder-Familie, Du-hast-versagt, Du-hast-verloren. Elend, einfach Elend pur in mir, in meinem Kopf. Ich bin überwältigt von der eigenen Unfähigkeit zu begreifen, mein Hirn ist wie gelähmt, meine Gefühle im Zwiespalt zwischen mir und der Welt. Der Boden unter meinen Füßen verliert seine Festigkeit, beginnt zu wackeln, ich drohe im Morast zu versinken. Manchmal scheint es mir, als könnte ich meine Angst riechen, sie ist in meiner Nase, in meinen Knochen, die Angst liegt wie ein schwerer Schleier über meinem Körper, manchmal hindert sie mich sogar am atmen und ich halte die Luft an. Ich fühle, aus welcher Tiefe diese Angst kommt, es ist die Angst vor meinen innersten Gefühlen. Es sind die Gefühle, die ich für ihn empfand, es ist meine Verbundenheit mit ihm, besser: meine Abhängigkeit von seiner Person. Mit ihm fühlte ich mich als Ganzes. Jetzt fühle ich mich, als sei meine eine Hälfte amputiert.

Allein und haltlos, nahezu ziellos. Wenn ich diese Katastrophe meines Lebens überstehen sollte, was dann? Was wird dann kommen? Wie wird mein Leben aussehen? Wie groß wird meine Einsamkeit erst dann sein? Irgendwie habe ich das Gefühl, ich darf für ihn als Mann nichts mehr empfinden. Als Mutter kann ich mich doch zu einem solchen Mann nicht auch noch hingezogen fühlen? Aber ich tue es. Ich sehne mich nach seiner Nähe, verdammte Scheiße. Es ist schon immer so gewesen. Er hat mir so weh getan, mich bis ins Mark verletzt, und ich hänge trotzdem an ihm. Warum? Ich muss krank sein. Das kann nicht normal sein. Wenn ich meine Gefühle zulasse, komme ich damit nicht klar, wenn ich meine Gefühle nicht zulasse, weiß ich nicht, wie lange ich das alles noch durchhalte. Ich wünsche mir so sehr, er würde einsehen, was er getan hat und mich um Verzeihung bitten. Und ich wünsche mir so sehr, er würde sich behandeln lassen. Ich will eine Familie, und zwar eine vollständige Familie. Ich will diese Familie noch immer mit ihm. Wenn ich ihn jetzt anrufen würde und ihm nur sage, wie schlecht ich mich fühle und ihm von meiner Einsamkeit erzähle – nein. N e i n.

Ich bin unverbesserlich. Ich versuche mich zu zwingen, mich an früher zu erinnern. Wie ist das früher gewesen, als er mich allein ließ, als ich mich so entsetzlich einsam fühlte, als ich das Gefühl hatte, sterben zu müssen. Er hat mir damals einfach gesagt, schließlich sei er auch nicht mit mir zusammen auf die

Welt gekommen. Er hat nichts mit mir geteilt. Er ist ein Ekel, und ich muss verrückt sein. Wie kann ich bloß all diesen Schwachsinn zusammenbringen? Nein. Es gibt kein Zurück, es wird niemals ein Zurück zu ihm geben. Nie mehr in diesem Leben. Wie stehe ich das durch? Immer wieder diese eine Frage: Wie? Wie werde ich es aushalten? Diesen Untergang meines Lebens? Er ist ein Ungeheuer. Er muss ein Ungeheuer sein. Dieser Kerl geht durch die Welt und erzählt jedem, der ihm über den Weg läuft, was er denn getan haben soll, was ich ihm denn vorwerfen würde, ich bin die böse Frau. Nicht genug damit, dass ich ihm die Kinder weggenommen habe, ich bin auch das Ungeheuer, das behauptet, er habe seine Tochter sexuell missbraucht. Ich weiß, dass alle ihm glauben. Ich weiß, sie werden ihm fast in den Mund kriechen, wenn er ihnen weinend und sich schnäuzend seine ganz eigene Wahrheit erzählt. Ich hasse sie alle, diese Menschen, die ich irgendwann einmal, es kann nur in der Steinzeit gewesen sein, zu meinen Freunden und Bekannten gezählt habe. Ich hasse unsere Verwandten, alle Menschen, die sich auf seine Seite schlagen, für mich sind sie mitschuldig, weil sie ihn moralisch stützen und ihm die Kraft geben, seine elende Maskerade aufrecht zu halten.

Der Missbrauch an meinem Kind geht über meine Grenzen. Das, was ich zu ertragen imstande bin, ist schon längst überschritten. Ich kann es fühlen. Also, was ist es, das mich noch auf den Beinen hält? Wieso zerfalle ich nicht in tausend Teile? Ich bin dem nicht gewachsen, und ich bin so unendlich allein. Alle Frauen, die es nun um mich herum gibt, Sozialarbeiterinnen, die Rechtsanwältin, die Frau vom Jugendamt, sie alle sind nur für ein paar Stunden da, dann bin ich wieder allein. Mein Alleinsein hat weder Ufer noch Grenze, es übersteigt jegliches Gefühl von Alleinsein, das ich in meinem Leben bisher kennen gelernt habe, und ich war schon viel allein und auch einsam. Und schon sind die Fragen wieder da. Tausend Fragen, sie stechen durch mich hindurch, hinterlassen große Löcher, weil niemand imstande ist, mir wirklich eine Antwort zu geben. Ich weiß ja schon, dass ich mir die Antworten selbst suchen muss. Antworten für mich, meine Antworten, die mein Leben stützen, damit ich weiterleben kann. Dieses

Warum begreifen. Verstehen, verinnerlichen. Warum? Wie ist so etwas möglich? Dieser Mann, den ich liebte, dieser Mann, der immer behauptet hat, er liebe seine Kinder über alles. Der Vater, das eigene Fleisch und Blut, wie ist das nur möglich? Wie konntest du deinem eigenen Baby gegenüber Lust empfinden? Wie ist das möglich?

Doch ich werde dafür sorgen, dass er sie nie wieder anfasst, niemals wieder wird er sie berühren. Ich werde es schaffen, ich weiß, ich werde es schaffen, ganz egal, wie hoch der Preis sein wird. Und wenn es meine Seele ist. Dieses Feuer in mir, das mich verbrennen will. Ich werde es löschen, eine Flamme nach der andern. Mit Worten, die ich ausspreche, schreie, hinausschreie in die Welt, bis an die Ohren der Mütter und die Herzen jener Väter, die sich an ihren Kindern vergehen. Die Welt – oder ist es nur meine Welt? - hat einen Knacks bekommen. Ich weiß einfach nicht, wie ich diesen Krieg in mir unter Kontrolle bekommen soll. Gestern Abend rief mich meine Rechtsanwältin an, um mir zu sagen, er sei da gewesen und habe Weihnachtsgeschenke für die Kinder dagelassen und einen Brief für mich. Ich werde die Sachen irgendwann nächste Woche abholen, denn es könnte auch eine Falle sein. Er muss nur jemanden vor die Kanzlei stellen, bis ich komme und mich dann verfolgen lassen. Und schon wüsste er, wo wir wohnen. Ich weiß noch nicht, ob ich diese Dinge überhaupt abhole oder ob ich sie besser zurückschicken soll. Ich werde es mir überlegen. Heute Abend ist Heiligabend, Weihnachten. Ich bin Muslimin. Im Islam gibt es kein Weihnachtsfest. Wie seltsam, er bringt Weihnachtsgeschenke. Er hat immer mit mir geschimpft und mir vorgeworfen, ich sei nicht religiös genug. Für ihn gab es keine besonderen Tage, keinen Geburtstag, keinen Hochzeitstag, keine Feiertage, kein Silvester. Ganz besonders an diesen Tagen hat er dafür gesorgt, dass er unterwegs und nicht zu Hause war. Für ihn ist jeder Tag ein Arbeitstag, sonst nichts.

Ganz sicher handelt es sich bei den Geschenken um eine neue Taktik seinerseits. Bald soll ich auch erfahren, was er damit bezweckt. Er will meine Rechtsanwältin abschätzen, die Gefahr, die sie darstellt einschätzen, wäre sie sein Typ, würde er versuchen, sie zum Essen einzuladen.

Trotzdem ist da dieses Phänomen. Ich kann es bislang nur so nennen. Meine Gefühle, die Gefühle der Mutter in mir, sind ganz klar und eindeutig. Ich muss und ich werde mein Kind vor diesem Ungeheuer schützen. Doch die Gefühle der Frau in mir verwirren mich. Jener Frau, die neun Jahre mit diesem Mann unter einem Dach gelebt hat, sein Bett, seine Probleme, sein Leben mit ihm teilte. Zwar hat er nicht ihre Probleme und ihr Leben geteilt, und trotzdem sind diese Gefühle gegenwärtig. Sie quälen mich. Dieser Drang, ihn anzurufen und in derselben Sekunde bereits zu wissen, dass ich diesem Drang nicht widerstehen werde können, dass ich ihn im Laufe dieses Tages irgendwann anrufen werde. Es ist so, als hätte ich Entzugserscheinungen, ja genau das ist es, als sei ich süchtig. Das ist verrückt. Süchtig nach Beziehung. Ich brauche ihn. Er ist die andere Hälfte von mir.

Ich erinnere mich, zu Anfang dieses Jahres hatte ich bereits einen Versuch gemacht, mich von ihm zu trennen. Mein erster Scheidungsversuch. Im Geschäft, das ich allein führte, wenn mein Mann auf Reisen war, d.h. wenn er seine andere Firma in der Türkei inspizieren ging, wollte ich den Schreibtisch aufräumen und stieß auf eine Postkarte aus Russland, der Text in schlechtem Deutsch und sehr persönlich. Ich musste sofort an die beiden Frauen denken, von denen mir seine Angestellte erzählt hatte. Im Sommer zuvor seien zwei Russinnen ins Geschäft gekommen. Mein Mann habe sich stundenlang draußen vor der Tür mit ihnen unterhalten, sei schließlich mit ihnen weggefahren und an dem Tag nicht mehr zurückgekommen. Ich muss an jenen Morgen im Geschäft denken, als der Postbote die Post abgab und Ibrahim sie unbedingt vor mir durchsehen wollte, einen Brief herausfischte und in seiner Tasche verschwinden ließ. Und dann jener Tag, als er von seiner Reise zurückkam und ich schon so runtergekommen war, dass ich nicht anders konnte, als seine Taschen zu durchsuchen. Und ich fand tatsächlich etwas: einen Liebesbrief von einer gewissen Elena. Ich weckte ihn mitten in der Nacht ziemlich unsanft aus dem Schlaf. Ich wollte Rechenschaft darüber, wer sie sei, obwohl ich es doch schon wusste. Ich wollte es von ihm hören. Ich wollte es ein einziges Mal von ihm hören, ich wollte, dass er gestand. Natürlich tat er das nicht. Er riss mir den Brief aus der Hand, zerriss ihn vor meinen Augen und schrie und wütete in der Wohnung herum. Erst viel später sollte ich begreifen, dass mein einziger Beweis jetzt weg war. Tage vergingen, er sagte nichts dazu, er tat so, als würde die Angelegenheit sich von alleine regeln, wenn er nur lange genug dazu schwieg.

Mich machte sein Verhalten krank. Ich wollte, dass er mit mir redet, dass er sich wenigstens für seine Schweinereien entschuldigt, mehr wollte ich damals gar nicht. Er jedoch behandelte mich wie den letzten Dreck, und ich fühlte mich oft auch entsprechend. Obwohl ich mit meinem Verstand versuchte, mir die Situation zu erklären, mir zu sagen, dass unsere Ehe kaputt, von Anfang an zum Scheitern verurteilt war, standen dem doch meine Gefühle entgegen. Obwohl ich genau wusste, dass ich ihm haushoch überlegen war, fühlte ich mich minderwertig, klein und hilflos. Er hatte seine spezielle Art, mir Schuldgefühle einzureden und mich vor anderen zu erniedrigen. Dieses Verhalten trug nun Früchte. Ich war ein seelisches Wrack. Ich dachte mir, so kann das einfach nicht mehr weitergehen. Du musst etwas unternehmen. Ich ging zu einem Rechtsanwalt. Der schrieb meinem Mann einen Brief, dass ich mich scheiden lassen wolle und dass wir uns zusammensetzen sollten, um einige Rechtsfragen im Vorhinein zu klären. Als ich vom Rechtsanwalt nach Hause kam, wurde ich krank, nicht mein Körper, meine Seele war angegriffen. Etwas in mir war so an diesen Mann gekoppelt, dass bereits der Gedanke an Trennung mich krank machte. Als er den Brief erhielt, war seine erste Reaktion, unseren Sohn auf eine Geschäftsreise in die Türkei mitnehmen zu wollen. Kemal war bei ihm im Geschäft, und er hatte ihm bereits erzählt, sie würden zusammen in die Türkei fliegen. Ein paar Stunden vor dem Abflug kam er mit Kemal nach Hause und eröffnete mir, er wolle ein paar Tage in die Türkei reisen und ihn mitnehmen, ich solle ihm seine Sachen packen. Genau das hatte ich erwartet, deshalb hatte ich unsere Reisepässe vorsorglich beim Rechtsanwalt deponiert. Als ich ihm sagte, er werde Kemal nicht mitnehmen, begann er zu schreien und Kemal fing an zu weinen, weil er mitwollte. Als ich ihm mitteilte, wo der Reisepass von Kemal war, regte er sich noch mehr auf, schimpfte, fluchte und drohte mir, dafür würde ich noch einmal bezahlen müssen. Dann verschwand er.

Er hatte unseren Sohn als Druckmittel gegen mich benutzen wollen. Ganz sicher hätte er Kemal bei Verwandten in der Türkei gelassen und mich damit in der Hand gehabt, denn ohne mein Kind – das wusste er – würde ich nirgendwohin gehen. Nach ein paar Tagen kam er zurück. Er rief meine Eltern an, weinte am Telefon und beklagte sich über mich, womit er das verdient hätte und so weiter. Meine Eltern kündigten sich für das Wochenende an. Damit war das Fiasko komplett. Mein Vater und Ibrahim gingen gemeinsam auf mich los. Ibrahim bezeichnete mich als Schlampe, womit er bei meinem Vater genau den richtigen Nerv traf. Aber das war nicht genug, ich sei auch eine Verschwenderin, ohne mich hätte er Millionen gemacht, und meine Verantwortungslosigkeit würde zum Himmel schreien.

Türkische Mädchen und Frauen haben keinen Freund zu haben, keine Beziehung, keine Erfahrung, keine Stimme, denn sonst kann es passieren, dass sie zu viel Erfahrung haben, so viel, dass sie dieses Spiel von Macht und Ohnmacht durchschauen. In meinem Fall jedoch hätten sich beide keine Sorgen machen müssen, auch wenn ich manches ahnte, war ich doch weit davon entfernt, mich wirklich wehren zu können. Mein Mann und mein Vater waren sich einig. Ich hatte ihnen nichts entgegenzusetzen. Nicht einmal die Tatsache, dass Ibrahim mich mit Tripper angesteckt hatte, schien wichtig. Ich saß einfach nur da, alles was ich sagte, überflutete er mit seiner verlogenen Art, mit seiner angestrengten Ruhe, mit Aber-mein-Schatz-so-war-das-doch-gar-nicht. Ich konnte nur da sitzen und weinen. Die verzweifelten Versuche meiner Mutter, mich zu verteidigen, erstickte mein Vater im Keim. Das Gefühl, dass ihre Wut eher ihrem Mann als meinem galt, ließ mich nicht los.

Mein Vater sagte damals noch mehr. Zu viel, was zu verzeihen unvorstellbar ist. Er ist der Meinung, dass Männer Ehebruch begehen dürfen, es sei nicht dasselbe wie bei einer Frau. Am nächsten Tag fuhren meine Eltern zurück. Ich blieb. Wie hätte ich auch mit diesen Eltern mitgehen können? Mein Vater hatte mich unter Druck gesetzt: Wenn du dich scheiden lässt, dann bleiben die Kinder bei ihm und du unterzeichnest ein Abkommen, dass du keinen Pfennig von ihm willst. Meine Antwort war Verzweiflung pur. Ich sprang auf und schrie ihn an: Bevor ich das mache, schieße ich euch alle über den Haufen. Meine Kinder gebe ich niemals her. Ich war wie gebrochen. Ging es doch meinem Vater viel mehr um seinen Stolz als um mich. Eine Stunde nachdem meine Eltern gegangen waren, sagte mein Mann: Du bist ganz schön naiv. Was hättest du gemacht, wenn ich gesagt hätte, du hast dich bei einem anderen Mann angesteckt? Dann schlief er mit mir, und ich war nicht in der Lage, mich dagegen zu wehren, weder mit einem Wort noch mit einer Bewegung, nur die Tränen liefen mir übers Gesicht. Er hatte einen Sieg errungen und als Zeichen seiner Macht unterwarf er auch noch meinen Körper.

Trotzdem sitze ich jetzt hier und habe Sehnsucht. Ja, ich sehne mich nach dem Bild von Familie, das wir hätten sein können: Vater, Mutter und zwei Kinder. Ich habe doch nur dieses eine Bild. Meine Kinder sollen in einer Familie aufwachsen, sie sollen weder Mutter noch Vater vermissen. Was auch immer geschieht, ich bilde mir ein, und das ist gleichzeitig mein einziger Trost, dass trotz alldem, was ich zu ertragen habe, es den Kindern gut geht. Da wir nur selten in ihrem Beisein stritten, habe ich mir immer eingeredet, sie würden gar nichts mitbekommen.

Dieser Drang, jetzt mit ihm zu sprechen. Weniger sprechen als hören, seine Stimme hören, das vertraute Gefühl wiederfinden. Ich fühle mich nackt und ausgeliefert, ohne jeglichen Schutz, so als stünde ich in der Mitte eines kalten, kahlen Raumes. Am frühen Nachmittag kann ich es nicht mehr aushalten. Ich stehe vor einer Telefonzelle, werfe die Groschen hinein. Soll ich oder nicht? Es ist, als hinge der Lauf der Welt von dieser Entscheidung ab. Nein, ich tue es nicht.

Es klingelt. Hallo, sagt er mehrmals. Mein Herz klopft mir bis zum Hals. Dann nennt er meinen Namen, Serpil, sag etwas,

Schatz, ich weiß, dass du es bist, bitte sag etwas. Schweigend lege ich auf. Es ist mittlerweile Mitternacht, die Kinder sind schon lange im Bett. Ich kann nicht schlafen. Ich rufe bei der Telefonseelsorge an. Besetzt. Ich versuche es eine Stunde lang fast ununterbrochen. Es ist jetzt kurz nach ein Uhr morgens, und da ist es auch schon passiert. Die Nummer, seine Nummer hat sich gewählt. Es läutet mehrmals, anscheinend schläft er schon, dann diese allzu bekannte, warme Nimm-mich-in-den-Arm-Stimme. Ein ganz leises Ich bin es. Er ist offensichtlich erfreut und erleichtert zugleich. Er redet und redet eine Stunde lang. Ich sage kaum ein Wort. Ich habe ja auch nicht angerufen um zu reden, sondern um ihn sprechen zu hören, dieser mir so bekannten, vertrauten Stimme zuzuhören. Warum spricht er so viel von seiner Arbeit und beteuert immer wieder, dass er mich liebt? Früher hat er das nie gesagt. Wie seltsam.

Ich höre ihn reden und reden, und irgendwann packt mich die Wut. Nein, es hat sich gar nichts geändert. Es ist derselbe Mistkerl, der mich zu beeinflussen versucht. Er will mir weismachen, dass er überhaupt nichts mit dem Missbrauch zu tun hat, aber auch nicht im geringsten. Auf dieses Thema wolle er erst gar nicht eingehen.

Stopp! Hier muss ich doch hellhörig werden. Er sei beim Richter gewesen, er habe ihn kennen gelernt und finde ihn nett. Er habe auch mit meiner Kinderärztin gesprochen, sie sei eine ganz süße Person, und ich weiß jetzt, er war auch bei meiner Rechtsanwältin. Das geht mir bis ins Mark, diese drei Menschen sind die einzigen, die mir helfen können, und er versucht, sie zu beeinflussen. Mein Gott, wird er es schaffen? Ich kann es mir einfach zu gut vorstellen, er in seinem besten Anzug und mit seinem aufgesetzten Charmelächeln. Das ist eine unausgesprochene Kriegserklärung. Ich habe Angst. Mit allen Facetten seines negativen Wesens wird er versuchen, mich zu erledigen. Er will, dass ich zurückkomme. Er könne ohne mich nicht leben, wie sollte er auch. Ein König ohne Diener ist auch kein König mehr. Allen Bekannten, die nach mir fragen, erzähle er, ich sei in einer Nervenklinik, er wisse einfach nicht, was er sonst sagen solle. Das muss man sich einmal vorstellen. Von der Wahrheit redet sowieso kein Mensch, warum sollte gerade er damit herausrücken. Niemand kann von ihm erwarten, dass er an die Öffentlichkeit tritt und zugibt, er habe seine dreijährige Tochter sexuell missbraucht. In so einem Fall sagt man einfach, dass eine Frau, die so etwas zu behaupten wagt, geistig krank sein muss, wie sonst kann sie sich erdreisten, an diesem allseits geschätzten Bild von einem Vater zu rütteln, dieses Bild gar zerstören zu wollen.

Dieses Telefonat hilft mir, mich emotional ein ganzes Stück von ihm fort zu bewegen. Ich muss mir nur etwas mehr Zeit geben. Ich brauche mehr Zeit. Ich kann meine Gefühle nicht wie mit einer Schere durchtrennen.

Gleichzeitig mit dem Zimmer in der Zufluchtswohnung habe ich für die Kinder Plätze in einem Kinderladen in derselben Straße bekommen. Es tut den beiden sehr gut. Sie fühlen sich dort sichtbar wohl. Die Entscheidung, sie in den Kinderladen zu geben, ist mir nicht leicht gefallen, denn dort arbeiten zwei männliche Betreuer. Zwei Männer, das sind für mich zwei potenzielle Täter. Seit dem 31. Oktober 1992 ist jeder Mann für mich ein potenzieller Täter. Doch ich denke, beiden Kindern kann es nur gut tun, auch wenn es mir so wahnsinnig schwer fällt, doch das ist mein Problem und nicht das meiner Kinder. Ich habe das Gefühl, bei dieser Entscheidung über meinen eigenen Schatten gesprungen zu sein.

Durch den Kinderladen habe ich natürlich auch wieder Zeit für mich, wenn ich es genau nehme, zu viel Zeit, trotz der tausend Dinge, die ich erledigen muss, wie Anträge stellen und Ämter aufsuchen. Ich habe Kontakt zu ›Wildwasser‹, einer Beratungsstelle für sexuell missbrauchte Mädchen und deren Mütter aufgenommen. Einmal pro Woche habe ich dort einen Beratungstermin.

Mit meinen Eltern habe ich fast nur telefonisch Kontakt, weil ich Angst habe, er könnte mir bei ihnen auflauern, mir von dort folgen und so unsere Adresse ausfindig machen. Kaum habe ich Hallo zu meiner Mutter gesagt, legt sie schon los: Wie konntest du uns das antun, wieso konntest du dich nicht scheiden lassen wie normale Menschen, willst du, dass sie uns alle umbringen? Und dein Bruder, wenn ihm was passiert, kann ich nicht mehr leben. Mein Vater nimmt ihr den Hörer aus der Hand und erzählt eine Horrorgeschichte. Fremde Menschen rufen bei ihnen an und drohen mit Mord, auch mein jüngster Bruder, der in der Türkei lebt, wird auf diese Weise bedroht, es werde mit Blut enden, alle Tscherkessen in Deutschland wüssten Bescheid und betrachteten mich als Schandfleck. Eine tscherkessische Frau dürfe so etwas nicht tun, ihren Mann so beschuldigen. Sie glaubten alle, ich hätte den Missbrauch erfunden, um mich scheiden zu lassen und die Kinder behalten zu können, und das würden sie nicht zulassen. Mein Vater sagt, ich soll unbedingt einen alten Bekannten von ihm anrufen. Angst befällt mich. Ich kann meinen Herzschlag förmlich hören. Zum Schluss sagt mein Vater noch, sie wüssten auch, wo ich jetzt wohne.

Ich rufe meine Rechtsanwältin an, schildere ihr die Situation und sage auch, dass ich mich nicht in der Lage sehe zu entscheiden, wie groß die Gefahr tatsächlich ist. Sofort auszuziehen und am besten zurück ins Frauenhaus oder mindestens in eine andere Wohnung, ist ihr Rat. Ich rufe die Sozialarbeiterin an. Sie kommen zu zweit. Wir beraten, was wir tun können. In einer anderen Wohnung gibt es noch ein freies Zimmer. Ich könnte noch in dieser Stunde umziehen. Meine Adresse können sie nur herausbekommen haben, weil ich zu Kemals Geburtstag letzte Woche meine Mutter mit in diese Wohnung gebracht habe, damit sie sich etwas beruhigt. Wenn wir verfolgt worden sind, bedeutet das, dass draußen jemand gestanden und uns permanent beobachtet haben muss. Mit anderen Worten: Für den Umzug müssen wir uns etwas einfallen lassen. Wir machen einen Plan.

Im Beisein der beiden Frauen rufe ich den alten Bekannten meines Vaters an. Er ist sehr aufgebracht und erzählt mir die gleiche Geschichte. Er setzt sogar noch eins drauf. Er und andere wüssten, wo ich wohne. Es sei für sie ein Leichtes, die Kinder zu holen, aber das wollten sie nicht. Nein, er will etwas anderes von mir. Dieser Mann am anderen Ende der Leitung sagt zu mir, wenn ich alles friedlich beenden wolle, dann hätte ich keine andere Möglichkeit als zum Richter zu gehen und wortwörtlich zu erklären: Ich habe meinen Mann mit Schmutz beworfen, um meine Kinder zu behalten. Das ist sogar für mich zu viel. All diese Männer, die ich gar nicht kenne, wollen meinen Untergang und sie benutzen die einzige Waffe, die sie kennen: Einschüchterung, Androhung von Gewalt, sogar von Tod. Für sie ist es ja auch nicht ganz einfach zu verstehen. Eine Frau macht sich auf, das Recht ihrer Tochter zu verteidigen. Ich habe es gewagt, meine Familie links liegen zu lassen und meinen Mann zu verlassen, das hätten sie noch verkraftet, aber dass ich auch noch wage, den Mund aufzumachen und den Missbrauch an meinem Kind an die Öffentlichkeit zu bringen, das ist einfach zu viel, so viel Ungehorsam und Auflehnung können diese mir fremden Männer scheinbar nicht zulassen. Diese Typen, die es gewohnt sind, ihre gesamte Familie mit einer einzigen Geste zum Schweigen zu bringen, sehen in mir eine Bedrohung ihrer Macht(ansprüche). Wo würden sie denn auch landen, wenn das Schule machen würde und ihre Frauen und Töchter sich ein Beispiel an mir nähmen? Ich kann nicht behaupten, dass mich diese Drohungen kalt lassen. Das Schlimmste ist der Druck, entscheiden zu müssen, wann ich diese Drohungen ernst nehmen muss und wann sie nur Drohgebärden sind. Die Gefahr hat kein Gesicht. Jeder Türke, der mir auf der Straße begegnet, kann einer von seinen oder meinen Leuten sein. Ich weiß nicht, wie ich die richtige Entscheidung treffen soll. Wenn ich jetzt weglaufe, auf die vorläufige Sicherheit setze, bedeutet das, auf den Kinderladen und auf den Kurs für mich zu verzichten. Inzwischen habe ich nämlich einen Orientierungskurs für Frauen ab 35 Jahren begonnen, um zu sehen, was für mich in Zukunft beruflich machbar ist. Auf den Kinderladen müsste ich verzichten, weil wir dann nicht mehr in derselben Strasse wohnen – und ohne Kinderladen kein Kurs. Dazu kommt: welche Sicherheit habe ich, dass er die neue Wohnung nicht auch innerhalb kürzester Zeit ausfindig macht?

Angenommen, ich bliebe und nach ein paar Tagen wären die Kinder entführt, was dann? Eine falsche Entscheidung, oder besser, eine, die sich später als falsch erweisen kann, würde ich mir nie verzeihen. Heute morgen habe ich es nicht geschafft, aufzustehen. Folglich konnte ich die Kinder nicht in den Kinderladen bringen. Jetzt frage ich mich, ob das nur Zufall gewesen ist, oder sollte ich es als einen Wink des Schicksals sehen, was immer man darunter auch verstehen mag? Die beiden Frauen gehen, ich will eine Nacht darüber schlafen. Ich bleibe allein zurück. Allein mit einer solchen Frage. Es geht mir gar nicht gut. Ich bekomme Durchfall, wie üblich in Stresssituationen, und mein Magen fängt an, sich zusammenzuziehen. Wenn ich jetzt weglaufe, müsste ich das jedes Mal tun, wenn Alarm geschlagen wird, und das will ich einfach nicht. Zumal ich überhaupt nicht mit der Rolle klar komme, die mir hier aufgezwungen wird. Verflucht noch mal. Er ist der Täter, aber ich bin es, die gejagt wird wie ein wildes Tier. Ich werde bleiben, komme, was da kommen mag. Ich gönne ihm nicht das Gefühl, mich in die Enge getrieben zu haben. Am nächsten Morgen rufe ich meine Rechtsanwältin an und teile ihr mit, dass ich bleibe.

Eine Entscheidung treffen, ist eine Sache. Mit der Entscheidung leben, ist etwas anderes. Die nächsten Tage bleibe ich zu Hause. Die Angst lähmt mich richtig. Meine körperlichen Beschwerden nehmen kein Ende, ich kann nicht mehr essen und mein Kopf scheint zu schwer für meine Schultern. Die Kinder sind genervt. Sie wollen raus. Vier Tage später entschließe ich mich, sie wieder in den Kinderladen zu bringen. Freitag morgen sind wir erstmals wieder auf der Straße, und ich erwarte jede Minute quietschende Reifen, rasende Männer, die mir meine Kinder aus den Händen zerren. Im Kinderladen atme ich erst einmal tief durch und erzähle dann, was in den letzten Tagen vorgefallen ist. Am Telefon hatte ich nichts davon gesagt, aber die Erzieherinnen müssen schließlich auch vorbereitet sein. Vom Kinderladen gehe ich zu Fuß ins Büro der Sozialarbeiterin. Dort heil angekommen, beruhigen sich meine Nerven etwas. Wäre er tatsächlich im Besitz unserer Adresse, würde er nicht so lange auf sich warten lassen, sondern hätte bereits an einem der letzten Tage vor der Tür gestanden. Die Sozialarbeiterin hat sich inzwischen um eine Schule für Kemal gekümmert, denn er soll diesen Sommer eingeschult werden. Ich muss dort hin und ihn anmelden. Bei so viel Belastung auch noch den normalen Alltag bewältigen zu müssen, fällt mir sehr schwer.

Am nächsten Wochenende rufe ich wieder bei meinen Eltern an. Mein Vater ist sehr aufgebracht. Da mein Noch-Ehemann unseren Aufenthaltsort nicht kennt, aber den meiner Eltern, versucht er, über sie Druck auf mich auszuüben. Das gelingt ihm auch teilweise, weil er mich über meine Eltern schikanieren kann. Und das schafft er gründlich. Meine Mutter ist nur noch ein Nervenbündel und bereit, mich als Opfergabe zu präsentieren, wenn er sie nur in Ruhe lässt. Das ist schier unglaublich und doch schmerzende Wahrheit. Meine Mutter sagt zu mir, es sei nur gut, wenn sie meine Adresse nicht hätten, dann bräuchten sie nicht zu lügen, wenn sie danach gefragt würden, und könnten sozusagen guten Gewissens darauf schwören. Meine Eltern, meine Mutter und mein Vater, sie, die mich gezeugt und geboren haben, sie können eine Lüge wie die, dass sie nicht wüssten, wo ich bin, wenn sie es denn tatsächlich wüssten, nicht auf sich nehmen. Für ihr ach so geliebtes Kind können sie nicht einmal eine solche Kleinigkeit leisten Ich kann es nicht glauben. Es bleibt mir einfach im Hals stecken, und ich kann es nicht schlucken. Wie ist das nur zu begreifen?

Mein Vater hat seine ganz eigene Art, Dinge zu regeln. Er ist sehr aufgeregt. Auch an ihm gehen die Drohungen nicht spurlos vorüber. Er sagt mir, jetzt werde er die Dinge in die Hand nehmen. Niemand habe sich mehr einzumischen, er werde nicht erlauben, dass irgendjemand seine Nase in unsere Angelegenheiten stecke. Er meint damit die allwöchentlichen Besuche sogenannter Freunde meines Mannes bei ihnen. Diese Besuche haben einzig und allein den Zweck, meine Eltern – insbesondere meinen Vater – weich zu kochen, um so an mich heranzukommen. Sie versuchen es in jeder nur denkbaren Weise. Mit dem Vorwurf, er werde nicht mal mehr mit seiner Tochter fertig, haben sie seinen Stolz zutiefst verletzt. Dies trifft mit Sicherheit den Nerv jedes Muslimen, da es seinen Status als Mann und Oberhaupt der Familie infrage stellt. Mein Vater soll ihnen geantwortet haben, sie weiß, was sie tut, sie ist alt genug. Ich kann ihr nichts mehr vorschreiben. Bis heute weiß ich nicht so genau, ob er das tatsächlich meint oder nur gesagt hat, da er weiß, dass er keinerlei Einfluss mehr auf mich hat, und so noch einen Zipfel seines Stolzes zu retten versucht. Mir jedenfalls sagt er etwas ganz anderes. Als ob die Drohungen seitens meines Mannes nicht ausreichen, droht mir mein Vater, er werde schon noch mit mir abrechnen, wenn meine Behauptungen sich nicht bewahrheiten.

Wenn meine Behauptungen sich nicht bewahrheiten, heißt mit anderen Worten: Sie glauben mir nicht, sie glauben meiner Tochter nicht. Nein, ihr Schwiegersohn kann so etwas nicht machen. Nein, er nicht. Was nicht sein darf, das nicht sein kann. Ich glaube, mehr als seine Drohung tut mir weh, dass sie mir nicht glauben wollen. Die eigenen Eltern. Damit lassen sie mich im Stich. Sie lassen mich fallen, sie wenden sich ab. An jenem Tag, an dem es durch die Bestätigung eines Gerichts ganz hundertprozentig bewiesen sein wird, sind sie wieder da, das weiß ich.

Tagelang laufe ich mit mir selbst streitend herum. Ständig diese Sätze im Kopf. Ich kann es nicht glauben, ich will es nicht wahrhaben, nicht akzeptieren. Wer bin ich denn für sie, abgeschoben in dem Moment, wo es Probleme gibt, und hervorgeholt, wenn ich wieder eine vorzeigbare Tochter bin? Mein Gott, ist das alles noch normal? Ist das normal?

Ich ertrage den Druck nicht und rufe meine Eltern wieder an. Zum ersten Mal in meinem Leben bin ich ungehorsam, ich verlange Rechenschaft von meinem Vater und will wissen, wie er dazu kommt, mir solche Dinge zu sagen. Ich sage ihm, dass ich ihre Hilfe jetzt, hier und heute brauche und nicht dann, wenn ich diese schwerste Zeit meines Lebens allein überstanden habe. Wenn ich Beweise erbracht habe, wenn ich die Welt überzeugt habe. Verdammt, ich will sie gar nicht überzeugen, sie müssen doch zu den wenigen Menschen in meinem Leben gehören, die ich nicht überzeugen muss und die mir glauben, weil sie meine Eltern sind. Sie tun es nicht. Mein Vater wird wütend, wie ich dazu käme, so mit ihm zu sprechen, er verflucht mich, er will nichts mehr von mir wissen, nichts von meinem Kind, nichts von dieser Verhandlung Er brüllt ins Telefon, ich soll krepieren. Und knallt den Hörer auf.

Ich bin am anderen Ende, mit dem Hörer in der Hand. Ich weiß nicht, wie lange, ich kann nicht einmal den Hörer auflegen. Ich kann nichts tun. Nicht denken. Das muss das Ende der Welt sein. Verdammt, was bleibt denn noch? Was in dieser verfluchten Welt bleibt mir denn noch? Wenn mein Mann zum Missbrauch seines Babys in der Lage ist und meine Eltern imstande, mich zu verdammen. Wozu weiterleben?

An diesem Nachmittag habe ich einen Beratungstermin. Das ist wohl meine Rettung. Ich komme völlig erledigt und verheult dort an. Ich habe große Mühe, die Worte, die mein Vater mir so schneidend in Ohr und Herz geschrien hat, auszusprechen. Sätze zu formulieren. Zu wiederholen. Der Missbrauch war schon nicht zu ertragen, aber das? Diese Worte nehmen mir den Atem. Meine letzte Kraft. Ich brauche etliche Tage. Es sind lange, schwermütige Tage voller Trauer und Resignation, an denen ich viel weinen muss.

Sehr langsam melden sich meine Lebensgeister zurück. Dieses wilde Kraut in mir, dieser Lebenswille, dieser unzerstörbare Überlebenswille beginnt, der ganzen Welt die Stirn zu bieten. Ich beschließe etwas, das ich niemals für möglich gehalten hätte. Logisch und selbsterhaltend und um meine Kinder zu schützen, komme ich zu dem Schluss, mich von meinen Eltern fernzuhalten. Sie nicht einmal mehr anzurufen. Auch wenn es meine Eltern sind, sind sie Menschen, die mir im Moment sehr schaden. Nach jedem Gespräch mit ihnen brauche ich Tage, um wieder zu mir zu kommen, warum also soll ich mir das antun? Vor allen Dingen habe ich keine Kraft mehr, mich gegenüber diesen beiden Menschen, die mir doch eigentlich am nächsten stehen sollten, zu rechtfertigen. Ich suche nach Rechtfertigungen für diese Entscheidung, denn ich fühle mich nicht wohl dabei. Schließlich war ich zu lange Tochter. Eine Tochter, die auf Abruf reagierte, die folgte und immer bereit war zu geben. In den nächsten Tagen fällt mir zusehends auf, dass immer ich diejenige war, die gegeben hat, sie haben immer nur genommen. Dieses eine, das erste Mal habe ich sie in meinem Leben gebraucht, ihre Liebe, ihre Unterstützung, und sie haben sie mir verwehrt. Meine Eltern haben Nein gesagt. So einfach. Nein.

Als ich meinen Mann verließ, dachte ich, jetzt ist es gelaufen. Du kannst und wirst nie wieder irgendeinem Menschen dieser Welt (ver)trauen. Wenn du nicht in der Lage warst, den Mann, mit dem du neun Jahre zusammengelebt hast, zu durchschauen, wie solltest du das bei anderen können, die du nicht so lange kennst? Und jetzt, was kann man eigentlich noch sagen, wenn sich auch noch die Eltern zu diesen Vertrauensbrechern gesellen? Was dann? Wem kann, soll und darf ich in meinem eigenen und im Interesse meiner Kinder je wieder ein Wort glauben?

Die Tage vergehen, ich freue mich über jeden Tag, der einigermaßen normal verläuft. Das nächste einschneidende Ereignis lässt jedoch nicht lange auf sich warten. Als ich heute Nachmittag die Kinder vom Kinderladen abholen will, fällt mir ein roter Wagen auf, der etwa fünfzig Meter hinter mir in der zweiten Spur steht und offensichtlich wartet. Ich kann den Fahrer nicht erkennen, doch irgendwie ist mir nicht wohl, irgendetwas stimmt hier nicht. Ich gehe in den Kinderladen. Zwei Minuten später klingelt es an der Tür. Ich stehe im Flur dicht an der Tür, also mache ich auf. Er steht vor mir, mit einem Grinsen im Gesicht und einem Na, Schatzi auf den Lippen. Ich halte mit der einen Hand die Tür, mit der anderen die Wand, mache mich breit vor ihm und schreie los. Die Kinder stehen auch im Flur, wir wollten uns doch gerade anziehen. Ich höre Yasemin weinen. Susanne kommt auf meine Hilferufe hin angelaufen, ich schreie ihr zu, sie soll die Polizei rufen, sie greift sich die Kinder, schließt sich mit beiden im Büro ein und ruft die Polizei. Inzwischen steht er im Flur, er will ins Büro, rüttelt am Türgriff und sagt, wir bräuchten keine Angst haben, er wolle die Kinder nicht entführen, er wolle sie nur sehen. Ich schreie ihm ins Gesicht, dass ich keine Angst vor ihm habe, dass er die Kinder nicht entführen könnte, denn wenn er dies täte, würde ich ihn töten. Er dürfe die Kinder nicht sehen. Ich beschimpfe ihn mit allen Schimpfworten, die ich kenne, und mit Worten, die ich bis dato nicht gekannt habe. Es ist offensichtlich, wie er sich anstrengen muss, doch er will den liebenden Vater markieren, also muss er meine Worte über sich ergehen lassen. Inzwischen kommt Susanne zusammen mit ihrer Kollegin Gabi aus dem Büro, die Kinder sind in den hinteren Räumen. Susanne sagt, dass sie die Polizei benachrichtigt hat, und bittet ihn hinauszugehen und das draußen zu regeln. Er geht wirklich. Gabi folgt ihm, um auf die Polizei zu warten, kommt aber nach ein paar Minuten wieder herein. Ich versuche inzwischen meine Rechtsanwältin zu erreichen, die mir sagt, ich solle sofort ins Frauenhaus, da wir nur dort einigermaßen sicher seien, und sie sagt mir jetzt auch, dass in dem Beschluss des Amtsgerichts das Besuchsrecht nicht geregelt sei und dass ich ihm von Rechts wegen nicht verbieten könne, die Kinder zu sehen. Ich kann das nicht glauben. Was soll ich jetzt machen? Inzwischen kommt Gabi wieder herein, ich solle mit ihm reden, er wolle ja nur mit mir reden. Ich wehre mich, warum soll ich mit diesem Mistkerl reden, wozu, was könnte das schon bringen? Ich will nicht mit ihm reden.

Es klingelt. Zu dritt gehen wir an die Tür, wir erwarten die Polizei, doch er steht an der Tür und sagt, er habe die Polizei weggeschickt. Zu mir: Schatzi, komm, lass uns reden. Es ist seltsam, ich folge ihm einfach. Es ist so, als würde in diesem Moment mein Verstand aussetzen und ich müsste ihm einfach hinterhergehen. Wie früher. Er bestimmt, und ich tue es einfach. Es hat mit einem Gefühl von Gehorsam zu tun, auch wenn mir gleichzeitig durch den Kopf geht, wenn du jetzt mit ihm rausgehst, dann ist er wenigstens von den Kindern weg. Wir gehen in eine Kneipe schräg gegenüber. Auf der Straße und in der Kneipe bin ich sehr laut, denn er lässt mich einfach nicht los, er will die ganze Zeit mit mir Händchen halten und mich umarmen, ich stoße ihn weg und schreie wie wild, die Leute um uns herum schauen zu. Das ist ihm offensichtlich peinlich. Als wir in der Kneipe sitzen und er wie ein Wasserfall redet, versuche ich, meinen Gefühlen auf die Spur zu kommen. Ich bin unglücklich und traurig, aber ich fühle keine Nähe, keine Verbundenheit zu ihm. Ich bin erfreut und erstaunt zugleich. Er kann mich nicht mehr erreichen, es ist so, als ob seine Worte an mir abprallen, vielleicht sehe ich ihn in diesem Moment zum ersten Mal so, wie er wirklich ist. Ein Mann, der versucht, seine Frau wieder unter seine Kontrolle zu bringen, ein Mann, dem das Leben entgleist ist und dem jetzt jedes Mittel recht ist, um das zu ändern. Wichtig ist nur, dass er es schafft, wieder Macht über mich zu gewinnen. Ich sehe auch, dass der Missbrauch seine Existenz vernichtet, aber das hat er sich selbst zuzuschreiben. Er hat ein Verbrechen begangen, und der gesellschaftliche Tod ist der kleinste Preis, den ein Mann dafür zahlen muss.

Er wirft mir vor, ich sei eine Schande für meine Tochter, ich solle doch daran denken, dass sie eines Tages ein Brautkleid tragen werde, und wie soll sie dann all den Verwandten, die das jetzt mitbekommen, ins Gesicht sehen können. Ohne ihn sei ich verloren, er würde hinnehmen, was auf ihn zukomme, er würde seine Strafe absitzen, aber was würde mit mir werden. Ohne ihn sei ich ein Nichts. Ich und die Kinder hätten allein keine Zukunft. Ich sei nicht dafür bestimmt, in einer Dachkammerwohnung zu hausen. Er sei meinetwegen sehr unglücklich, und er wolle mir nur helfen. Überhaupt sei er der einzige Mensch auf der Welt, der mir helfen könne, und das werde er auch tun, egal was komme, auch für den Preis, dass ihn seine Freunde für verrückt hielten. Ich müsse keine Angst vor ihm haben, wenn er etwas Böses gewollt hätte, dann hätte er die Kinder längst weggeschafft. Männer seien zu ihm gekommen und hätten ihm eine Waffe auf den Tisch gepackt, damit er mich, diese seine Schande aus der Welt räume, das aber sei keine Lösung für ihn. Er wisse gar nicht, was es besonderes an mir gäbe, aber er liebe mich immer noch. Bekannte hätten ihm schon ihre Töchter zur Frau angeboten, er aber habe abgelehnt, weil er immer noch nur mich lieben würde.

Er lässt einfach nichts aus. Es klingt unglaublich, und doch erzählt er mir all diesen Mist. Er schlägt mir vor, ich solle bis zur Verhandlung in unsere alte Wohnung zurückkehren oder besser gleich in die neue Wohnung in der Türkei mitkommen, nur wegen mir habe er dort eine Luxuswohnung angemietet. Als alles nichts hilft, fängt er an zu weinen und sagt, der Arm täte ihm so weh. Mein Vater habe das gemacht, als er mit ihm reden wollte. Mein Vater habe ihn verprügelt, weil er immer wieder von ihm belästigt wurde. Er hätte meinen Vater hinter Gitter bringen können, habe es jedoch nicht getan, weil sein Gewissen dies nicht zulasse. Überhaupt sei sein Gewissen vollkommen sauber.

Alles, was ich sage, kommt bei ihm nicht an, genauso wenig wie seine Worte bei mir ankommen. Er schafft es nicht, mir Schuldgefühle zu machen oder dass ich mich minderwertig fühle, er schafft es nicht, an einstige Liebe und Zuneigung zu appellieren oder mein Mitleid zu gewinnen. Es muss frustrierend sein, dass er mit keiner seiner früher so erfolgreichen Maschen bei mir landen kann. Irgendwie bin ich richtig stolz auf mich. Zum Abschluss noch eine Drohgebärde, gemischt mit der Erklärung meiner Unmündigkeit: Schatzi, wenn ich dir das alles glauben soll, dann hast du dir selbst zuzuschreiben, was jetzt kommt.

Zurück zum Kinderladen. Unterwegs dasselbe Theater, anfassen, wegstoßen, Geschrei und neugierige Leute mit großen Augen. Vor der Tür sagt er, er habe Geschenke für die Kinder. Er holt zwei Walkmans für die Kinder und ein schnurloses Telefon für mich. Er will mir das Telefon dalassen, damit ich zu jeder Tages- und Nachtzeit eine direkte Verbindung zu ihm habe. Ich will nicht. Für einen Moment ist er unschlüssig zwischen Haltung bewahren und böse werden. Schließlich gibt er auf, fragt aber, ob ich wüsste, dass so ein Gerät 5 000 Mark koste. Mich interessiert der Wert herzlich wenig, und da er auf meine Abwehr nicht reagiert, gehe ich einfach ins Büro, und die Frauen schicken ihn samt seinem schnurlosen Telefon hinaus. Susanne ruft nochmals die Polizei, die uns dann nach Hause bringt. An diesem Abend fragt Kemal: Mami, warum sind manche Menschen böse, und wie ist Papa böse geworden? - Manche Menschen haben böse Freunde, die sie zu schlimmen Dingen verleiten, und manchen Menschen passiert etwas Furchtbares, wenn sie noch klein

sind, und wenn sie dann groß werden, sind sie auch böse, obwohl sie es gar nicht wollen. - Mami, wenn Papi das, was er
mit Yasemin gemacht hat, auch mit mir gemacht hat, als ich
noch so klein war wie Yasemin, werde ich dann auch ein böser
Mann, wenn ich so groß bin wie Papa? – Nein, mein Schatz,
du bist ein gutes Kind, und jeder Mensch kann sich auch selber
aussuchen, ob er gut oder böse sein wird. Und ich bin auch da,
ich werde dir helfen, immer. Am nächsten Tag setze ich mich
hin und schreibe einen Brief an meine Kinder.

AN MEINE KINDER

*Kemal, mein Junge, mein Kind, wenn ich dir nur helfen könn-
te. Ich sehe deinen Schmerz, deine Sehnsucht, ich sehe deine
Trauer. Mein Kind, wie kann ich dir nur erklären, dass wir
durch diese traurigen Stunden gehen müssen wie durch einen
dunklen Tunnel, um am Ende des Tunnels das ungetrübte, hel-
le Licht zu finden. Mein Baby, mein Alles, wie nur soll ich dir
erklären, was zu verstehen mir selbst so schwer fällt. Ich sehe
deine Augen. Deine Blicke tun mir manchmal mehr weh als
meine eigenen schrecklichen Erlebnisse. Ich bin nicht blind.
Glaube mir bitte, auch ich habe dies nicht gewollt. Ich habe
euch das schönste Zuhause dieser Welt geben wollen. Alles, was
ihr braucht, doch es sollte wohl nicht so sein. Was kann ich nur
tun, um deinen Schmerz zu lindern? Ich gebe dir meine Hand,
ich strecke meinen Arm nach dir aus, nimm meine Hand, sie
wird dich beschützen, dir helfen, dich halten, dich wärmen und
lieben, solange du sie willst und brauchst. Mein Kind, mein
über alles geliebtes Kind. Verzeih mir, ich hatte keine andere
Möglichkeit, wir drei haben keine andere Chance zum Überleben gehabt. Ich hoffe nur, dass ihr beide mich eines Tages verstehen werdet. Ich denke, ihr seid besser dran mit mir alleine,
als mit einem Vater, dessen Triebe ihm wichtiger sind als euer
Seelenheil.*

Ich liebe euch so sehr und habe solche Angst, etwas falsch zu machen, euch weh zu tun, euch lebensunfähig zu erziehen, euch nicht die richtigen Werte in diesem Leben beibringen zu können, euch auch vor Übergriffen von Fremden nicht schützen zu können. Ich habe Angst, ich könnte euch aus dieser Situation heraus zu sehr verwöhnen, und dann wieder manchmal zu hart sein, dass du, mein Sohn, ein Muttersöhnchen werden könntest, so sehr an mich gebunden ohne das Bild des Vaters, dass du dich später nicht ohne weiteres von mir trennen könntest. Ich habe Angst, euren Seelen nicht gerecht zu werden, weiß ich doch um meine Unzulänglichkeiten, weiß ich doch um all die Dinge, die mir fehlen. Ich weiß um eure Bedürfnisse und meine Unfähigkeit, diese zu erfüllen, bedingt durch die Situation, in der wir leben, und die Sicherheitsmaßnahmen, die ich für euch treffen muss, die euch so einschränken, wie es nicht sein dürfte, ja, die euch sogar in eurer Entwicklung behindern können. Ich weiß es, und ich kann es nicht ändern. Ich habe keine Wahl. Ich will euch nicht verlieren.

Und du mein kleines Mädchen, mein über alles geliebtes kleines Mädchen. Deinen Schmerz kann ich spüren. Ich sehe die Angst in deinen Augen. Als du in so vielen Nächten weinend aufgewacht bist und dich in meine Arme gerettet hast und ich dich leise geschaukelt habe, da habe ich immer gewusst, für was ich das alles durchhalten muss. Ich liebe dich, und ich verspreche dir, mein kleines Mädchen, ich werde immer da sein, immer, so lange du mich brauchst. Und ich werde tun, was ich kann, um die Scherben und Splitter deiner kleinen Seele wieder zusammenzufügen. Ich glaube, du hast eine gute Chance, mein Kind. Ich glaube daran. Du bist ein sehr starkes kleines Mädchen, und ich weiß, du wirst es schaffen. Für dich hebe ich die Welt aus den Angeln, meine geliebte kleine Tochter. Wenn es sein muss, versetze ich Berge für dich.

Anhörung vor dem Familiengericht

In einer Woche ist der Anhörungstermin vor dem Familiengericht. Sechs Monate hat die bürokratische Maschinerie gebraucht, um einen Gerichtstermin festzusetzen. Sechs lange Monate. Ich fühle mich elend. Ich kann nicht mehr essen. Dieses flaue Gefühl in der Magengegend scheint ein Teil von mir geworden zu sein. Angst. Ich habe eine Wahnsinnsangst vor diesem Tag. Verdammt, ich habe doch die ganze Zeit nur auf diesen Moment gewartet, was also soll die Angst, woher kommt sie? Weiß ich es wirklich nicht, oder will ich es nicht wissen? Ich habe Angst, ihn zu sehen, ihm gegenüber sitzen zu müssen, die Luft im Raum mit ihm teilen zu müssen, das alles macht mir Angst. Meine Gefühle von einst machen mir Angst.

Die Tage davor bin ich sehr angespannt. Mein Kopf ist so voll. Ich schaffe meine Termine nicht. Ich kann nicht mehr richtig schlafen, wache mitten in der Nacht auf, schnelle drei Uhr morgens im Bett hoch, und in derselben Sekunde läuft mein Gehirn bereits heiß. In Gedanken sitze ich schon bei diesem Termin oder ich kämpfe an einer anderen Front. Unerträglich. Wenn ich es doch bloß schon hinter mir hätte! Ganz sicher wird er versuchen, mich anzuquatschen. Ich muss vorsichtig sein. Christine hat mir angeboten, mich zu begleiten. Erst wollte ich das nicht. So ein Blödsinn, ich hatte mir eingeredet, ihm ganz allein entgegentreten zu müssen, so wie ich der ganzen Welt allein die Stirn biete, aber wozu soll das gut sein? Wem soll das nützen? Er wird mit vielen Leuten dort antanzen, das weiß ich. Das muss ich mir nicht antun. Ich nehme Christines Angebot an.

Morgen früh ist es soweit. Nachdem ich die Kinder im Kinderladen abgesetzt habe, fahre ich in die Stadt. Ziellos laufe ich durch sämtliche Stockwerke eines großen Kaufhauses. Hauptsache, die Zeit vergeht irgendwie. Wie gern würde ich jetzt einfach zu meiner Mutter fahren und mich von ihr trösten lassen, wie schön müsste das sein, doch es geht nicht, sie würde mir noch mehr weh tun, ob gewollt oder nicht. Ich schaue mich noch ein bisschen nach neuen Büchern um. Aber am besten ist es doch, ich fahre zurück nach Hause. Bevor ich das endgültig tue, will ich den Wagen an der Tankstelle waschen, wenigstens er soll morgen glänzen.

Der Wagen ist in der Waschanlage. Ich warte davor, wie immer in Gedanken. O Gott, da steht er plötzlich vor mir: Schatzi-so-klein-ist-die-Welt. Das darf doch nicht wahr sein! Von wegen klein, er ist mir den ganzen Vormittag hinterhergelaufen, unglaublich. Er versucht mich anzufassen. Ich will nicht. Er öffnet seine Arme und erwartet doch tatsächlich, dass ich ihm um den Hals falle. Ich fange an zu schreien, er soll mich in Ruhe lassen, er soll gehen, mich nicht anfassen. Es ist so, als hätte ich gesagt, komm, fass mich nur an! Er ist ein Mistkerl und die Männer, die rundherum stehen, ebenso. Sie stehen einfach nur da und schauen interessiert zu, keiner macht Anstalten, mir vielleicht zu helfen, warum denn auch, sie machen es bei sich zu Hause sicherlich genauso. Inzwischen hat er mich von hinten um die Taille gepackt, und ich fange an, um Hilfe zu schreien, als wolle mich gleich jemand abschlachten. Vor lauter Schreck lässt er mich los, und ich renne in den Verkaufsraum der Tankstelle und gleich weiter in das winzige Büro und bettle förmlich, sie möchten mir helfen, sie sollen ihn mir vom Leib halten. Inzwischen steht er bereits hinter mir im Raum. Dem Tankwart und der Verkäuferin hinter der Kasse bleibt nichts anderes übrig, als mir zu helfen. Sie werfen ihn raus. Ich verliere die Kontrolle über mich und beginne zu weinen, laut und ungehemmt. Der Tankwart ist total verwirrt, damit kann er nichts anfangen. Er fragt mich, ob ich einen Kaffee will und bietet mir einen Klappstuhl an. Ich setze mich. Er beginnt seine eigene Scheidungsgeschichte zu erzählen. Ich kann nicht zuhören. Als mein Noch-Ehemann in den Raum getreten war, hatte er gesagt: Sie ist meine Frau, und wohl damit gerechnet, dass die anderen im Raum die Bedeutung dieses Satzes auch richtig erfassen. Sie ist mein, sie gehört mir, sie ist mein Eigentum, ich kann mit ihr machen, was ich will. Die Verkäuferin sagt, er sei fluchend weggegangen, ich zittere inzwischen am ganzen Körper. Nein, allein werde ich diesen Laden nicht verlassen, aber wen kann ich anrufen? Als erstes rufe ich im Kinderladen an und warne die Frauen, dass er in der Stadt ist, dann rufe ich meine Sozialarbeiterin an, ihr Büro ist um die

Ecke. Sie kommt sofort, gemeinsam holen wir die Kinder ab und fahren zur Zufluchtswohnung. Natürlich bleibe ich den restlichen Tag zu Hause und habe Angst, dass er jeden Moment an der Tür klingelt.

Am nächsten Morgen treffe ich mich mit Christine im Kinderladen und fahre mit ihr zum Familiengericht. Wir sind über eine Stunde zu früh. Irgendwo in der Nähe trinken wir einen Kaffee, dann gehen wir ins Gebäude hinein und sehen uns den Raum schon einmal von außen an. Die restliche Zeit verbringen wir im Auto. Dann sehe ich ihn kommen. Mein Herz überschlägt sich. Mein Gott, hoffentlich sieht er uns nicht, hoffentlich spricht er mich nicht an, das wäre einfach zu viel. Die ganze Aufregung ist umsonst, er tut so, als sehe er uns nicht, geht aber haarscharf an unserem Auto vorbei. Die Schultern hängen sonst wo, der Kopf irgendwo dazwischen, und Christine murmelt: O, der Ärmste, der sieht aber bedrückt aus. In meiner Wut hätte ich eigentlich das Dach des Autos durchbohren und in den Himmel schießen müssen, aber ich reiße mich zusammen, schließlich muss ich in wenigen Minuten im Gericht stehen. Die Anhörung soll dazu dienen, dass die Richterin sich ein Bild von ihm und von mir machen kann, was immer das auch bedeuten mag. Sie ist es, die entscheidet, wer das Sorgerecht bekommt und ob er die Kinder sehen darf oder nicht.

Ein dicker, goldfarbener Mercedes rollt heran, und ein noch dickerer Mann steigt aus. Der Mann ist äußerst unsympathisch, um es manierlich auszudrücken, und ich sage zu Christine, das ist ganz sicher sein Anwalt, der Typ passt einfach zu dem ekelhaften Brief, den ich von der Kanzlei bekommen habe. Christine meint aber, dass in diesem Gericht noch andere Fälle verhandelt werden und etliche Menschen dort ein- und ausgehen.

Es ist so weit. Wir gehen hinein. Eine Treppe höher stehen sie, es ist eine Ansammlung von Menschen, er hat fünf Männer zu seiner seelischen Unterstützung mitgebracht. Der Dicke ist doch sein Anwalt. Meine Anwältin ist nicht da, sondern eine andere Frau. Sie sagt mir, meine Anwältin sei krank, und sie würde mich heute vertreten. Meine Knie beginnen zu zittern. Bis hierhin hatte ich alles noch ganz gut im Griff, aber jetzt? Ich habe mich auf meine Rechtsanwältin verlassen, ich habe nicht einmal alle wichtigen Daten im Kopf. Wie soll das denn gehen? Sein Anwalt tritt hinzu und fragt, wer denn meine Rechtsanwältin sei, damit er sich ihr vorstellen könne. Das ist der erste Pluspunkt für mich. Ich habe mich also nicht umsonst so herausgeputzt. Kostüm, passende Schleifenbluse, weißes Einstecktuch, hohe schwarze Pumps, Aktenkoffer. Mädchen, diese Partie hast du bereits gewonnen. Das Bild der kleinen, unscheinbaren, hilflosen, gar verschleierten türkischen Frau hast du schön zerstört. Der Anwalt sieht doch etwas irritiert aus. Die Parteien setzen sich auf ihre Plätze. Die Richterin legt los. Es fängt sehr gut an. Sie bezieht recht eindeutig Stellung. Sie habe heute früh noch einmal mit der Kinderärztin gesprochen und auch noch ein weiteres Fax von ihr bekommen, das sie dem Gericht ebenfalls vorlegt. Sie macht klar, dass ich das Sorgerecht, das alleinige Sorgerecht für die Kinder bekomme.

Dann kommt es. Die Richterin gerät irgendwie ins Schwanken. Es sieht fast so aus, als wolle sie ihm ein Besuchsrecht zugestehen. Ich kann es nicht fassen, doch ich muss mich zusammenreißen, ich darf mich nicht aufregen. Sie fragt mich tatsächlich, ob ich mir denn vorstellen könne, das Gute und das Böse in diesem Mann voneinander zu trennen und dann das Gute meinen Kindern zukommen zu lassen. Ich kann nicht glauben, dass sie mir eine solche Frage stellt. Aber sie hat diesen Satz gesprochen und wartet auf eine Antwort. Ich bin verwirrt, ich schaue zu meiner Ersatzanwältin, sehe keine Reaktion. Ich muss antworten, ich muss tatsächlich auf diesen Schwachsinn von einer Frage antworten. Dieser Mann hat sein eigen Fleisch und Blut, seine dreijährige Tochter, sexuell missbraucht. Er hat ihren kleinen Körper benutzt, b e n u t z t, um sich selbst zu befriedigen, er hat eine Tat begangen, die schlimmer ich mir nicht vorstellen kann. Er hat mein Kind gepeinigt – bis aufs Blut. Ich denke, so eine Frage kann man nur stellen, wenn man nicht betroffen ist, wenn man nicht mit Missbrauch umgehen kann oder will. Meine Antwort ist nein, tausendmal nein und wieder nein. Doch das sage ich nicht, sondern antworte: Er ist doch noch immer derselbe Mensch, er hat sich kein Stück verändert, er hat kein Einsehen und lässt kein Fünkchen Reue erkennen, ich weiß nicht, wie das gehen soll. Ich will und darf auf keinen Fall als hysterische Mutter auftreten, ich weiß doch inzwischen, in dieser Männerwelt gelten Frauen bereits als hysterisch, wenn sie sich laut und gefühlsmäßig äußern, und das Schlimmste ist, sie werden nicht ernst genommen. Also muss ich sehr vorsichtig sein in meinen Äußerungen. Erschwerend kommt hinzu, dass die Ersatzanwältin sich in ihren Stuhl zurückgelehnt hat und mir ganz vornehm das Feld überlässt. Die Richterin fragt mich nun, ob ich mir denn vorstellen könne, dass mein Sohn den Vater alleine sehen könne - im Beisein von Dritten. Ich erkläre, dass eine solche Regelung meiner Tochter wie eine Bestrafung vorkommen müsse, wenn der Bruder den Vater sehen dürfe und sie nicht. Das einzige, was ich wolle sei, dass meine Kinder nicht mehr leiden müssen. In meiner Naivität hoffe ich darauf, dass sie mich versteht. Ich fürchte, sie hat mich nicht verstanden.

Die ganze Zeit sitzt mein Noch-Ehemann mir gegenüber und versucht, mir in die Augen zu schauen, in der Hoffnung, einen gütigen Blick meinerseits zu erhaschen – umsonst. Er sagt dem Gericht doch tatsächlich, er wolle sich nicht scheiden lassen, er würde mich ja so sehr lieben. Nicht unerwähnt lassen will ich, dass er es sich trotz seiner so großen Liebe nicht hat nehmen lassen, mich in diesem Saal im Beisein von Richterin, zwei Anwältinnen und einer Protokollantin zu bedrohen. Von seinem Platz aus zischt er mir zu, ich solle den Mund halten. Nur ich habe ihn verstanden. Diese Geste wirkt wie ein Aufputschmittel auf mich und macht mich noch wütender. Als wir den Saal verlassen, bin ich sehr unzufrieden mit mir. Für mich ist es ungut gelaufen, so viele wichtige Dinge wären zu sagen gewesen, und ich habe sie schlicht und einfach vergessen. Mit Sicherheit hat die Anwältin nicht die richtigen Fragen gestellt. Auf der Treppe spricht mich ein Freund von ihm an, aber ich mache ihm klar, dass ich nicht mit ihm sprechen möchte. Wir fahren nach Hause, unterwegs setze ich Christine ab. Heute Nachmittag habe ich noch ein Beratungsgespräch. Ich bin so müde, als hätte ich Steine geschleppt. Ich fühle mich elend, vor allen Dingen aber wütend. Doch ich kann gar nicht so viel Zeit haben, wie ich bräuchte, um all diese Dinge einigermaßen zu verdauen. Der Alltag wartet. Ein Alltag, bei dem die ungeplanten Ereignisse an erster Stelle stehen.

Wochen später kommt die Entscheidung der Richterin: Mir wird das Sorgerecht zugesprochen, ihm weitere sechs Monate Besuchsverbot auferlegt. Die Richterin hat die Akte an die Staatsanwaltschaft weitergeleitet, und in diesen sechs Monaten soll in einem Ermittlungsverfahren geklärt werden, ob es ein Strafverfahren gegen ihn geben wird.

Eine Wohnung für uns allein

Inzwischen habe ich es geschafft, eine kleine Wohnung für uns alleine zu finden. Es ist zwar immer noch nichts Endgültiges, denn die Wohnung gehört einer gemeinnützigen Institution, aber immerhin, wir können hier schon bis zu zwei Jahre wohnen bleiben. Wie lange habe ich darauf gewartet, endlich wieder meine eigenen vier Wände zu haben? Und zuerst kann ich mich gar nicht so recht darüber freuen. Ich kann es nicht erklären, doch mit meinen Gefühlen stimmt irgend etwas nicht. Unsere Zufluchtswohnung, dieses erste Zimmer für mich und meine Kinder war wirklich ein Ort der Zuflucht im Sinne des Wortes. Die eigene Wohnung ist auch wieder ein Stück Normalität.

Ich bin zum ersten Mal in meinem Leben wirklich allein, das heißt ohne Mann. Der erste Mietvertrag, der auf meinen Namen läuft. Es ist schon seltsam. Mancher Traum ist, wenn er in Erfüllung geht, irgendwie nur noch die Hälfte wert. Vielleicht fühle ich mich nicht so wohl, weil die Wohnung mit ihren alten und brüchigen 47 Quadratmetern nicht ganz meinen Vorstellungen entspricht. Anderthalb Zimmer, ins Kinderzimmer passt gerade ein Etagenbett und eine Kommode. Das größere Zimmer wird Arbeitszimmer, mein Schlafraum, Esszimmer, Fernsehzimmer und Spielzimmer für die Kinder. An der Küche hängt ein kleiner Balkon, der auf den Hof schaut, wo Lärm und Kinder verboten sind. Hauptsächlich ältere Menschen sind hier zu Hause, konservativ und steif, dafür ist diese Ecke Berlins sehr grün. Was soll's. Was ich an dieser Wohnung am meisten schätze, ist der Kühlschrank. Unglaublich, ein ganzer Kühlschrank für mich und meine Kinder, wo nichts mehr verschwindet oder ich darauf achten muss, nicht zu viel einzukaufen, damit es auch in den Gemeinschaftskühlschrank passt. Ein Glücksgefühl für mich. Ob das die neuen glücklichen Momente in meinem jetzigen Leben sind? Ich will nicht undankbar sein. Ich bin schon froh, so ist es nicht.

In der letzten Zufluchtswohnung war ich kurz vor dem Durchdrehen gewesen, die Wohnung als solche war jedoch sehr schön. Doch was, wenn man nicht in Gemeinschaft sein will, vor allem dann nicht, wenn man sich die Mitbewohnerinnen nicht aussuchen kann. Und die Kinder, sie waren immer an meiner Seite, gingen auch nicht nach unten, um mich mal einen kleinen Moment allein zu lassen. Am schlimmsten war es, wenn sie schlafen sollten. Sie schliefen nicht, wenn ich aus dem Zimmer ging, ich musste dableiben, doch ich wollte nicht schon um acht Uhr abends ins Bett. Ich wollte fernsehen und abschalten, ich wollte weinen oder grübeln, lesen oder schreiben, und diese einfachen Dinge sind schon nicht so einfach, wenn dabei zwei Kinder auch noch ihren Schlaf finden sollen. Ich riss mich zusammen, so gut und so lange es ging. Es gab auch Momente, wo ich mich nicht mehr zusammenhalten konnte, wo ich auf die Kinder losging, um hinterher einen Weinkrampf zu bekommen. Es kam zu vielen schrecklichen Stunden in diesem Raum. Abgeschlossen von der Welt. Verlassen und allein. Es half nichts, darüber zu reden. In einer Krise nicht genügend Raum für sich selbst zu haben, zu ersticken zu glauben, ist meines Erachtens Grund genug für eine noch größere Krise. Die Situation muss sich einfach ändern.

Ich habe wieder einmal Glück. Eine Woche nach unserem Umzug in die eigene Wohnung taucht er bei der alten Adresse auf. Er hat einfach eine Nachbarin aufgesucht, nicht die, mit der ich Kontakt hatte, eine andere. In dem Haus wohnen ausschließlich türkische Familien. Jedenfalls ist es ihm geglückt, seine schauspielerischen Fähigkeiten an die Frau zu bringen. Unter Tränen erzählt er, ich hätte seine Kinder entführt und halte ihn nun von ihnen fern. Der Gerichtsbeschluss, welcher ihm für weitere sechs Monate und bis zur Klärung der Anzeige wegen Missbrauch Besuchsverbot auferlegt, muss ihm abhanden gekommen sein. Im ganzen Haus kursieren nun unter den

Frauen Gerüchte über dieses Monster von Frau und deren armen Mann. Als ich dies alles von einer ehemaligen Nachbarin erfahre, mit der ich mich auf ein sogenanntes nachbarschaftliches Verhältnis eingelassen hatte, bin ich wütend und zugleich erleichtert, dass ich nicht mehr dort wohne. Ich stelle mir die Frauen und ihre Blicke vor, wenn ich im Treppenhaus an ihnen vorbei müsste.

In den Zufluchtswohnungen habe ich viel gelernt. Ich habe Menschen kennen gelernt, die ich im sogenannten normalen Leben nie treffen würde. Als erstes treffe ich auf Manu, ganze 21 Jahre, eine zweijährige Tochter und ein total verkorkstes Dasein. Aufgewachsen in der DDR, sexuell missbraucht vom Freund der Mutter und mit deren Wissen. Eine junge Frau, die mich oft in den Wahnsinn getrieben hat. Egoistisch bis auf die Knochen muss sie gerade auf mich treffen, Mutter mit jeder Pore meines Wesens. Ich übernehme sogar Verantwortung für Menschen, die ich gar nicht kenne. Manu fand sehr schnell heraus, dass ich mit meiner Erziehung gar nichts anderes tun kann als geben. Ich habe gelernt zu geben, kenne Gastfreundschaft bis zur Selbstverleugnung, bei uns wird Gästen einfach alles angeboten, was man hat. Es gab eine Zeit in meiner Jugend, wo ich dies alles sehr schätzte und stolz darauf war, so zu sein, doch hier und heute in dieser so schmerzenden Realität ist es völlig fehl am Platz. Jedenfalls wurde Manu meine Chance, ein Nein auszuprobieren und mich darin zu üben. Erst durch ihre unverschämten Forderungen und ihre Art, andere Menschen für ihre eigenen Zwecke auszunutzen, habe ich gelernt, nein zu sagen. Ganz einfach nein. Hier bin ich und keinen Millimeter weiter.

Nach Manu zog Ramona ein. Sie war anders, etwas älter, besonnener. Sie war das Gegenteil von Manu und wurde mir zur Freundin. Auch sie ist eine Überlebende, als Kind wurde sie über Jahre von ihrem Vater sexuell missbraucht. Doch sie hat wirklich überlebt. Sie versucht, bewusst mit ihrer Geschichte umzugehen und diese zu verarbeiten. Sie kompensiert nicht wie Manu, die Männer fast konsumiert. Ich sah sie niemals weinen, doch ich weiß, dass sie litt. Mit Mona konnte ich reden. Wenn ich nach Hause kam, suchte ich zuallererst nach Mona, wenn sie nicht gerade zur Arbeit war. Wir haben oft bis spät abends zusammen gesessen und einfach geredet. Durch diese beiden Frauen sind mir viele Dinge bewusster geworden.

Ich sitze wieder einmal im Sozialamt, auf drei bis vier Stunden Warten eingestellt. Ein langer schmuddeliger Gang und diese verdunkelten Gesichter, die Schattenwelt unserer Gesellschaft. Da ich dieses Bild nicht mehr sehen will, schließe ich meine Augen, lehne meinen Kopf an die Wand und versuche, mich ein wenig auszuruhen. Und dann wie aus dem Nichts ein Gefühl, ein so sehr vertrautes Gefühl. Mit geschlossenen Augen sehe ich dich den Gang entlang kommen, sehe, wie du beim Gehen deinen Kopf ein bisschen senkst, als wolltest du auf den Fußboden sehen und dann doch zur linken Seite siehst, als würdest du jemanden suchen. Die Unregelmäßigkeit deiner Schritte, der blaue Anzug, den wir zusammen gekauft haben, wie alle anderen auch, weil du dir nichts allein aussuchen konntest, oder weil ich viel zu gerne Mutter spielte. Deine Stimme, deine Augen, deine gerunzelte Stirn und dieser fragende Blick, den du immer hast, wenn du deiner unsicher bist. Dieser Blick, der so bettelnd und fordernd zugleich sein kann, und dem zu widerstehen mir so selten gelungen ist, weil ich eben diesen Blick so liebte. Dein Geruch – weißt du, dass ich an deinen Pullovern gerochen habe, bevor ich sie in die Waschmaschine packte, ich liebte deinen Geruch. Ich spüre dich. Ich kann deine Nähe spüren. Du setzt dich neben mich und legst deinen Arm um mich, du sprichst zu mir mit deiner sanftesten Stimme - und fast hättest du es geschafft. Wahrlich, es fehlte nicht mehr viel. Aus Angst, diese Bilder und dieses Gefühl zu verlieren, traue ich mich nicht, die Augen zu öffnen. Ich habe Angst davor, meine Augen zu öffnen, ich habe Angst vor der Realität, Angst, dich zu verlieren, obwohl es doch schon längst geschehen ist. Dann denke ich an all die Gemeinheiten, die dieser zärtliche liebende Mann drauf hat, und mir wird ganz kalt. Mir wird kalt und ich schlinge meine Jacke fester um mich. Verdammt, was für entsetzliche Dinge hast du getan? Meine Sehnsucht ist von einer Sekunde auf die andere verschwunden, und dann ist wieder nur Leere da. Mein Unglücklichsein, meine klägliche Traurigkeit. So viele Menschen trennen sich, zu viele, doch sie haben wenigstens Erinnerungen an gute Zeiten ihres Zusammenseins. Du hast mich sogar dieser Erinnerungen beraubt. Ich kenne keine Vergangenheit mit dir, kein Leben mit dir, keine neun Jahre Ehe. Ich habe nur Schmerz aus dieser Zeit. Der Schmerz erinnert mich an dich.

Als ich wieder zu Hause bin, muss ich mich erst einmal hinlegen. Ich bin so matt, habe Mühe, meinen Alltag durchzustehen. Mühe mit mir, Mühe zu leben. Druck, Druck und noch einmal Druck auf meinen Schultern, auf meinem Kopf. Dieser Druck droht mir das Rückrat zu brechen. Vielleicht ist dies auch ein Grund, warum ich in letzter Zeit so viel zunehme. Ich muss körperlich stärker werden, um diesem Druck entgegenwirken zu können. Wie hält ein Mensch das aus? Wie?

Ich kann nicht mehr. Ich schaue in den Spiegel und sage dann manchmal erstaunt: Ich bin ja noch da. Mich gibt es. Ich lebe. Ich bin nicht zusammengeklappt, nicht erledigt. Wenn gut geht, packt mich dann die Wut, und ich denke: Er wird es nicht schaffen, niemals. Er wird mich nicht klein kriegen. Er nicht. Kann Zeit wirklich wieder gut machen, was er mir angetan hat? Soll ich daran glauben? Meine Ängste bestimmen wieder meinen Alltag, schlimmer noch: Sie bestimmen über meine Nächte. Schlaflose, quälende Nächte voller Verzweiflung, Angst und Tränen. Mit der anbrechenden Dunkelheit überkommt auch mein Inneres das Dunkel. Kleinste alltägliche Dinge werden mir auf einmal zum Berg, den zu erklimmen unmöglich erscheint.

Heute morgen befand ich mich noch in Untergangsstimmung. Dann kommt ein Anruf, und schon geht es wieder weiter. Eine neue Tür hat sich aufgetan. Eine Therapeutin, der ich letzte Woche von meiner Suche nach einem Therapieplatz für meine Tochter berichtet habe, ruft an und sagt mir, als ob es das Selbstverständlichste der Welt sei, sie habe einen Therapieplatz für meine Tochter und auch für mich. Unglaublich. Nach all den Verrenkungen bei meiner Suche nach einer Therapie für Yasemin soll es nun so einfach gehen. Wir sollen gleich nächste Woche hinkommen.

Seit Monaten habe ich eine Tür nach der anderen versucht

einzurennen, mit Psychologinnen, Therapeutinnen, Kinderärzten und Sozialarbeiterinnen gesprochen, um einen Therapieplatz für mein Kind zu finden. Ich habe immer gedacht, eigentlich ist es ganz einfach, meine Tochter braucht Hilfe. Die Hilfe von Fachleuten, von einer erfahrenen Therapeutin, damit sie das Geschehene nicht einfach in eine Ecke ihres Wesens abschiebt, um dann das Tuch des Vergessens darüber zu breiten. Meine Angst ist, dass sie später irgendwann von Gefühlen und Ängsten überfallen werden könnte und dann nicht in der Lage ist, diese zu benennen. Ich will nicht, dass sie heute oder später darunter leidet. Ich weiß und muss mich damit abfinden, dass ich das, was passiert ist, nicht ungeschehen machen kann, doch es ist doch verständlich, dass ich nach Wegen suche, damit sie dieses Trauma mit so wenig Schaden wie nur irgend möglich übersteht. Das ist doch das mindeste, was ich tun muss. Ich begreife nicht, womit es zusammenhängt, dass so viele Frauen das ganz anders sehen. Ich denke, dass es heute sicher Möglichkeiten geben muss, auch ein so kleines Kind zu therapieren, ihr einfach zu helfen, doch es ist nicht einfach. Ich muss mir die unmöglichsten Meinungen anhören, mir sagen lassen, dass das Kind keine Therapie braucht, das Unglück nicht behandelt werden kann, sondern nur die Symptome. Da Yasemin jedoch keine sichtbaren Symptome aufweist, also nicht stolpert oder stottert oder Ähnliches, wird sie abgelehnt. Dann ist da endlich eine Frau, die der Meinung ist, meine Tochter braucht eine sogenannte sensorische Bewegungstherapie, um ihren Körper besser kennen zu lernen und für ihren Körper sensibilisiert zu werden. Der Haken dabei ist, dass unsere Kinderärztin diese Therapie verschreiben muss. Was passiert? Die Kinderärztin lehnt das in Bausch und Bogen und mit der Begründung ab, das Kind habe keine motorischen Störungen und eine solche Therapie sei zu teuer. Eine Ärztin und Landsfrau sagt mir bei einer telefonischen Konsultation, das Kind müsse unbedingt seinen Vater sehen, dies sei unumgänglich für das Wohl von Yasemin, damit sie später normale Beziehungen zu Männern eingehen könne. Daraufhin verzichte ich natürlich darauf, diese Ärztin aufzusuchen und so weiter. Das, was ich hier auf einer Seite niederschreibe, nimmt vier Monate in Anspruch. Vier Monate, in denen keine Woche ohne einen Termin in Sachen

Therapiesuche vergeht. Ich gebe nicht auf. Sage meine Meinung und kämpfe für sie. Immer wieder muss ich mich wehren. Oft habe ich Zweifel, ob ich denn auf dem richtigen Weg bin, wie kann es angehen, dass angebliche Fachfrauen so viel Ungereimtes erzählen. Ohne Übertreibung kann ich sagen, dass jede dieser Frauen eine andere Meinung zur Therapie hat. Ich lasse mich nicht beirren, und heute habe ich es geschafft.

Und die Therapie für Yasemin beginnt, es ist eine Spieltherapie. Die Therapeutin will keine Aufklärungsarbeit mit ihr machen, sondern versuchen, sie im Spiel zu stärken und zu unterstützen. Währenddessen kann ich mit meiner eigenen Therapeutin sprechen. Ich lerne, meine Schuldgefühle gegenüber meiner Tochter abzubauen. Dieses elende Gefühl und die Fragen in meinem Kopf: Warum habe ich es nicht verhindert? Warum konnte ich mein Kind nicht schützen? Hätte ich besser aufgepasst, dann hätte ihr dieses Schreckliche, dieses Etwas, wofür mir oft die Worte fehlen, nicht passieren können. Es gibt Momente, in denen ich mein Kind im Arm halte und mir sicher bin, dass ihr in diesem Augenblick nichts geschehen kann, dann kann ich mich entspannen, jedenfalls ein wenig. Dann kommen die Ängste zurück. Ich habe Angst um ihre Zukunft, ich habe Angst, dass sie es nicht schafft, dass ihre kleine Seele es nicht schaffen könnte, dass Wunden zurückbleiben und sie womöglich ihr Leben lang quälen. Ich habe Angst um mein Baby und bin gleichzeitig so hilflos, ich konnte ›es‹ doch nicht verhindern. Dann ist wieder dieses Gefühl, in einer so unendlich wichtigen Frage versagt zu haben, da. Ich möchte sie trösten, doch ich weiß nicht wie, also halte ich sie einfach fest, ganz fest.

Letzte Nacht bin ich schweißüberströmt aus einem Alptraum aufgewacht. Ich habe jetzt sehr viele Alpträume. Ich habe von Yasemin geträumt. Ich kam in ihr Zimmer und fand sie auf dem Fußboden. In ihrem Körper steckten Hunderte von Glasscherben. Sie waren überall. Auf ihren Armen und Beinen, im Bauch, auf ihrem Gesicht, und ein Splitter steckte sogar in ihrer Zunge. Ich habe ihr jede einzelne Glasscherbe vorsichtig herausgezogen. Sie blutete nicht, sie gab keinen Mucks von sich, sah mir zu und wartete geduldig, bis ich alle Scherben aus ihrem Körper herausgezogen hatte. Ich hatte selbst entsetzliche Schmerzen, als wenn ich ihren Schmerz fühlen könnte.

Aus der Situation heraus bin ich eine Übermutter geworden, und die beiden Kinder sind ja nicht dumm. Ich sehe auch, dass beide diese Situation mitunter gut ausnutzen können. Dann wird einfach geheult, wo es nicht nötig wäre. In den Gesprächen mit der Therapeutin lerne ich, besser mit solchen Situationen umzugehen, und ich beginne auch mein eigenes Leben zu durchleuchten, um es danach wieder neu ordnen zu können. Ich habe das Gefühl, ständig beschäftigt zu sein, die Therapie nimmt mich sehr in Anspruch, die Kinder kosten sehr viel Kraft, und der Alltag erst recht. Es nimmt kein Ende.

Erster Scheidungstermin

Es geht wieder los. In drei Tagen ist es soweit. Scheidung. Der erste Scheidungstermin steht bevor. Seit Wochen quält mich dieser Tag, oft geht meine Phantasie mit mir durch, was wird passieren, wie wird es ablaufen, was wird er sich diesmal einfallen lassen, mit wem wird er dort erscheinen? Ich bin sehr aufgeregt, habe schon wieder Magenkrämpfe und Durchfall. Er ist so unberechenbar für mich. Noch mehr als dieser Termin beschäftigt mich die Tatsache, dass er in meinem Kopf immer noch eine so große Macht über mich hat. Ich hatte in letzter Zeit schon ein bisschen das angenehme Gefühl: So, jetzt bin ich diejenige, welche die Situation beherrscht und nicht umgekehrt. Aber jetzt? In meinem Kopf wütet er herum, als ob es sein Territorium sei. Ich habe Angst. Ich habe Angst, er könnte jemanden vor das Gerichtsgebäude stellen und mich nach Hause verfolgen lassen. Dann wäre das bisschen Ruhe, das wir in dieser Wohnung gefunden haben, wieder dahin. Die Gefahr, dass er die Kinder entführt, besteht jetzt erst recht, besonders jetzt, seit ich weiß, dass er unsere ehemalige Wohnung aufgelöst hat, natürlich samt meiner persönlichen Sachen.

Vorgestern sagte meine Rechtsanwältin, ich solle zum Scheidungstermin einfach nicht erscheinen. Zunächst hat mich dieser Gedanke schockiert. Ich habe lange überlegt, warum. Mein Gefühl sagt mir: Ich muss dorthin, und sei es nur, um ihm zu beweisen, dass ich keine Angst vor ihm habe, dass ich mich durchsetzen werde, auch wenn er die Welt auf den Kopf stellt. Schließlich ist es doch meine Sache. Es ist meine Ehe gewesen. Es ist meine Scheidung. Ich will dabei sein, wenn der Spruch fällt. Ich will das Ganze in meinem Kopf und meinen Gefühlen zu Ende bringen. Vor allen Dingen will ich es ihm beweisen. Das ist der Bauch, der aus mir spricht. Mein Kopf hingegen hat sich anders entschieden. Lohnt sich das Ganze? Ist der Preis, von dort nach Hause verfolgt zu werden und dann meine Kinder erneut in Gefahr zu wissen, ist dieser Preis nicht einfach zu hoch? Mich noch größeren Ängsten auszusetzen, die Konfrontation mit seinem kranken Hirn wieder auf mich zu nehmen, kann es das wert sein? Nein, ich darf eigentlich nicht dort hingehen. Meine Rechtsanwältin ist doch da, sie wird mich gut vertreten. Dennoch habe ich das Gefühl, ich kann nur dann stark sein, wenn ich dort erscheine. In meinem Kopf hat er immer noch Macht, und ich reagiere immer noch auf ihn. Es ist mir anscheinend immer noch wichtig, was er über mich denkt. Ich will nicht, dass er denkt, ich habe Angst vor ihm. Was, wenn er das denkt? Kann mir das nicht egal sein? Muss ich mir nach allem, was er mir angetan hat, immer noch Sorgen um seine Gedanken machen? Mich mit falschem Stolz schmücken, um dieses alte Spiel, das altbekannte Muster unverändert fortzuführen? Unter diesen Umständen dort hinzugehen, bedeutet nichts anderes, als das mir bis heute bekannte und vertraute Spiel weiterzuspielen und ihm gleichzeitig neue Nahrung zu geben. Ich werde nicht zu diesem Gerichtstermin gehen!

Mittwoch Nachmittag rufe ich meine Rechtsanwältin an, um zu hören, wie es gelaufen ist. Ich kann sie nicht persönlich sprechen, doch von der Anwaltsgehilfin erfahre ich, dass es nicht geklappt hat, ich müsse doch persönlich erscheinen. Als ich anrief, hatte ich schon ein bisschen auf ein Wunder gehofft und gedacht, wie schön wäre es, wenn sie dir gleich sagt, es ist vorbei, Sie sind geschieden. Doch so einfach wird es wohl nicht werden. Er habe darauf bestanden, dass ich anwesend bin. Bevor er sich zur Scheidung äußere, wolle er mit mir sprechen. Er habe inzwischen seinerseits die Scheidung in der Türkei eingereicht, sie könne aber keine genauen Angaben machen. Ich bin schockiert. Das kann einfach nicht wahr sein. Was will er? Wieso jetzt auch noch ein Verfahren in der Türkei? Soll das etwa heißen, dass ich auch zu den Gerichtsterminen in die Türkei muss? Er hat meine Adresse nicht und was er dem türkischen Gericht erzählt hat, will ich lieber gar nicht wissen. Alle Symptome sind wieder da: meine Angst, meine Panik, und ich denke, er hat es wieder geschafft. Sogar nach einem Jahr Trennung schafft er es immer noch, mich mit meinen Gefühlen in die Enge zu treiben, mich zu verunsichern, meinen Kopf zu beschäftigen. Dieser verdammte Mistkerl. Ich komme einfach nicht dahinter, warum das Ganze?

Ich rufe etliche Verwandte und Bekannte an, wie immer Information auf Raten, von jedem erfahre ich ein Stück. Nach drei Tagen habe ich mich etwas beruhigt, denn ein türkischer Rechtsanwalt, das Generalkonsulat und die Ausländerbeauftragte des Berliner Senats versichern mir, dass er mit seinem Scheidungsantrag in der Türkei nichts bewirken kann, mir nicht gefährlich werden kann. Das hiesige Verfahren ist vorrangig, heißt es übereinstimmend, also die hier getroffenen Entscheidungen haben mehr Gewicht. Ich muss jedoch die hiesigen Beschlüsse, nachdem sie rechtskräftig geworden sind, in der Türkei noch einmal bestätigen lassen, und zwar über einen dortigen Rechtsanwalt.

Doch die Sache lässt mir keine Ruhe. Bereits am gleichen Tag bitte ich meine Freundin Tice in der Türkei, dort eine Rechtsanwältin für mich zu suchen, auch wenn ich noch nicht weiß, wie ich sie jemals bezahlen soll. Die Möglichkeit, dass in der Türkei irgendwelche Beschlüsse gegen mich gefasst werden könnten, ohne dass ich anwesend bin, das heißt, dass ihm das Sorgerecht zugesprochen werden könnte, macht mir Angst.

In vierzehn Tagen ist es wieder soweit – der nächste Gerichtstermin. Dieselben Ängste stehen wieder an. Wie komme ich
von dort wieder zurück, ohne dass er uns folgt? Meine Therapeutin, die mich schon zum letzten Termin begleiten wollte,
hat diesmal keine Zeit. Allein will ich auf keinen Fall gehen.
Ich rufe Heike an, sie ist Sozialarbeiterin und zuständig für die
Wohnung, in der ich lebe, und sie ist phantastisch. Sie nimmt
mir meine Sorgen einfach ab. Einfach so. Ich kann es gar nicht
glauben, sie sagt, sie werde unsere Rückfahrt schon organisieren, ich solle mich nicht darum sorgen. Sie weiß vielleicht gar
nicht, was für eine Last sie mir damit abgenommen hat.

Heike will mich um acht Uhr morgens abholen. Ich bin schon
seit zwei Stunden auf den Beinen, habe sehr unruhig geschlafen
und kann mich nicht konzentrieren. Diese Aufregung, dieses
flaue Gefühl im Magen. Ich habe mich schick angezogen und
schön gemacht, doch irgendwie ist es anders als früher. Ich fühle das bisschen Schminke, das ich auftrage, wie eine Maske, wie
ein zweites Gesicht. Es ist eine Maske, die ich aufsetze, um
Eindruck zu machen. Die hohen Absätze sind auch nicht
mehr das, was sie einmal waren, früher fühlte ich mich irgendwie weiblicher, wenn ich diese Dinger anhatte. Heute möchte
ich eher wissen, wessen Erfindung Pumps eigentlich waren, so
etwas kann doch nur ein Mann erfunden haben. Wo habe ich
früher eigentlich gelebt? Was soll's. Es ist sowieso keine Zeit.
Ich bringe Kemal und Yasemin weg, und um acht Uhr stehe
ich wieder vor meiner Tür. Zwanzig nach acht ist mir schon gar
nicht mehr wohl, irgend etwas muss passiert sein, wo bleibt
Heike denn nur? Ich kann nicht viel länger warten, muss ich
am Ende doch allein hin? Hoffentlich nicht. Sie muss kommen, Heike muss einfach kommen, ich will nicht alleine dorthin. Trotzdem gehe ich in die Wohnung und hole meinen
Stadtplan. Wenn sie nicht innerhalb der nächsten fünf Minuten
kommt, muss ich allein fahren.
 Einmal tief durchatmen, und sie ist da. Sie hat im Stau gesteckt, und wir haben noch genug Zeit. Auf dem Weg bekomme ich meine üblichen Attacken: Herzrasen, Bauchschmerzen.
Mein Gott, diese Aufregung. Eigentlich wollte ich bis kurz
vor Beginn der Verhandlung im Auto warten, doch ich muss

zur Toilette. Dann warten wir noch fünf Minuten im Gebäude, ich will diesem Mann einfach keine Minute zu früh begegnen. Und die Vorstellung, dass jetzt irgendwelche Verwandten
von ihm, seine Schwester oder gar seine Eltern da sein könnten, diese Vorstellung erschlägt mich einfach. Doch ich muss,
ich muss da hinauf. Wir gehen die Treppe hoch. Sein Rechtsanwalt sitzt im Raum, er ist nicht da. Ein paar Minuten später
fegt er durch die Halle und sagt noch im Gehen zu seinem
Rechtsanwalt, ach, da ist sie auch schon, als hätte er gerade eine
Nachbarin entdeckt. Meine Rechtsanwältin ist noch nicht da.
Es ist gleich halb, wo bleibt sie nur? Sie wird mich doch nicht
hängen lassen? Heute scheint einfach zu viel schief zu gehen,
nein, das gefällt mir nicht. Ich fühle mich unwohl, aber da
kommt sie schon. Aufatmen, aber keine Zeit mehr, noch
irgendetwas auszutauschen. Ich kann ihr nur noch zuflüstern,
dass ich Name und Anschrift meiner türkischen Rechtsanwältin bei mir habe, damit er in der Türkei nicht behaupten kann,
er habe keine Anschrift, über die er mich erreichen kann.

Ein winziger Raum, vier Stühle vor einem Schreibtisch, ein
Stuhl dahinter, die Stühle stehen sehr dicht beieinander. Ich setze mich an den äußersten Rand, meine Rechtsanwältin nimmt
zwischen mir und ihm Platz. Die ganze Zeit habe ich ihn
nicht anschauen können. Und ich fühle seine Blicke auf mir,
ich fühle seinen Versuch, mit mir in Blickkontakt zu treten,
doch das werde ich ihm ganz schön vermiesen, denke ich mir.
Die Richterin erklärt zunächst, warum das Strafverfahren so
lange auf sich warten ließ, irgend etwas sei schief gelaufen, sie
habe die Akte an die Staatsanwaltschaft der Stadt übergeben,
aus der ich komme und einiges mehr, doch ich komme irgendwie nicht mit, ich kann mich nicht konzentrieren. Ist das zu
glauben, jetzt verspricht sie sich auch noch und nennt den Bezirk, in dem ich jetzt wohne, merkt es aber sofort und korrigiert sich. Ich weiß nicht, ob sein Rechtsanwalt das mitbekommen hat, ich merke nur an dem veränderten Atem meiner
Rechtsanwältin, dass sie es auch bemerkt hat.

Ich bin im Zwiespalt mit mir selbst. Ich ertrage die Situation einfach nicht. Er sitzt da, einen Stuhl weiter, und legt los,
nein, er rattert los, aufgeregt, etwas laut, so, als ob das hier ein
Irrtum sei, eine Bagatelle, die er schon aus der Welt räumen

werde. Die Richterin nimmt seine Reden nicht hin und macht ihm klar, dass er bei all seinen Ausführungen den sexuellen Missbrauch nicht einmal erwähnt hat. Er sagt unglaubliche Dinge. Erst beschuldigt er mich, ich hätte selber meine Tochter missbraucht, dann behauptet er, ich sei psychisch krank, und als auch das nichts hilft, kommt der Knüller, ja eigentlich wolle er dies ja nicht sagen, ja, eigentlich fiele es ihm schwer, dies zu sagen, aber er könne einfach nicht anders, also, ich hätte sexuelle Probleme. Das sei der Grund, warum ich so etwas behaupten würde, er meint den Missbrauch. Nein, das habe ich nicht erwartet. Das ist ein Knüller. Schock, ich habe Probleme, ich? Wie kann es angehen, dass ein Mensch die Tatsachen so verdrehen kann, wie ist das nur möglich? Man soll es nicht glauben, jetzt steht er auf und holt aus einer Plastiktüte eine Schachtel Süßigkeiten, knallt sie vor mir auf den Tisch und sagt, so behandle ich sie, und was macht sie mit mir? Ich bin sprachlos, einfach sprachlos. Ich gehe nicht darauf ein, auch nicht auf den Vorwurf der sexuellen Probleme, ich habe meinen Kopf sowieso nicht beisammen, da kann ich mich nicht auch noch auf so einen Schwachsinn einlassen. Währenddessen wirft er mir auf Türkisch Flüche und ordinäre Schimpfworte an den Kopf. Meine Rechtsanwältin fragt, was es bedeutet, doch ich kann es nicht auf Deutsch sagen, ich kann diese Worte nicht einmal aussprechen, ich schäme mich, so etwas in den Mund zu nehmen. Ich kann nicht.

Als meine Anwältin auf den Missbrauch zu sprechen kommt, beginnt er, sich wahnsinnig aufzuregen, wird laut, ballt die Fäuste, läuft rot an, so dass die Richterin die Sitzung unterbricht und seinen Anwalt auffordert, mit ihm den Raum zu verlassen. Ich gehe mit meiner Rechtsanwältin ebenfalls hinaus. Meine Anwältin scheint nicht minder betroffen als ich, sie sucht nach einer Zigarette. Nach ein paar Minuten geht sein Anwalt wieder hinein, meine Anwältin folgt ihm. Heike, mein Noch-Ehemann und ich stehen noch draußen. Er läuft herum wie ein Tier im Käfig, umkreist mich und schleudert mir Beschuldigungen, Liebeserklärungen und Drohungen in einem entgegen, leise, aber für mich hörbar. Ich versuche ihm auszuweichen, doch er folgt uns, jetzt sehe ich ihm zum erstenmal in die Augen und, mein Gott, dieser

Blick, früher wäre ich dahingeschmolzen. In mir hat sich etwas total verfahren, und um mir keine Chance zu lassen, fahre ich ihn an, er soll den Mund halten, mir sei schon ganz übel. Am liebsten würde ich auf ihn losgehen und mir die Kehle aus dem Hals schreien, doch Heike hält mich zurück. Die beiden Anwälte kommen wieder heraus, und wir gehen zu dritt in einen anderen Flur. Ich will jetzt endlich wissen, was los ist. Es ist kompliziert. Geschieden werden wir anscheinend noch nicht, weil irgendein türkisches Gesetz quer steht. Und die Richterin will eine Gutachterin beauftragen. Das ist alles.

Unsere Rückfahrt wird eine Aufregung für sich, obwohl wir das Gefühl haben, dass uns keiner im Auto folgt. Heike steuert den Wagen Richtung Prenzlauer Berg, dort wollen wir das Auto wechseln. Es liegt eine Mischung aus Angst und Witz in der Luft, es ist plötzlich so, als spielte ich selbst in einem der Krimis mit, die mich manchmal faszinieren und manchmal langweilen. Ich weiß nicht so recht, was ich von meiner Rolle halten soll. Heike hat die Spiegel im Blick und jedes Fahrzeug, das sich länger als ein paar Minuten in unserer Nähe aufhält.

Orientierungslos irren meine Gedanken in den Geschehnissen der letzten Stunde herum. Was hat er nicht alles von sich gegeben! Ich habe das doch erwartet, warum bin ich trotzdem so schockiert? Nach etwa zehn Minuten sind wir bei einer Arbeitskollegin von Heike angelangt. Wir fahren auf den Hof, hinter uns ist keine Auffälligkeit zu bemerken. In der Wohnung wartet Sefik, ein muslimischer Flüchtling aus dem ehemaligen Jugoslawien, er und seine Familie werden ebenfalls von Heike betreut, er wird den nächsten Wagen fahren. Meine Rechtsanwältin hat gesagt, ich solle mich beeilen und das türkische Gericht so schnell wie möglich von dem hiesigen Verfahren in Kenntnis setzen. Am liebsten möchte ich das noch heute machen, aber wie nur alles unter einen Hut kriegen? Sefik steigt ein, Heike hat sich einen anderen Mantel und eine Kopfbedeckung zugelegt, und setzt sich auf den Beifahrersitz, ich setze mich nach hinten und lege mich dann unter eine Decke. Die ganze Situation kommt mir irgendwie absurd vor, wir machen dabei unsere Späße und lachen viel. Sefik verfährt sich, noch zwei Straßen und wir stehen wieder an derselben Stelle. Verdammt, was muss in diesem Mann vorgehen, er ist aus seinem Land vor Tod und Folter geflohen, und jetzt sitzt er am Steuer und fährt mich, eine Frau auf der Flucht vor dem Ehemann durch eine uns beiden fremde Stadt. Als wir uns ganz sicher sind, nicht verfolgt zu werden, tauche ich wieder aus der Versenkung auf. Sefik fährt uns jetzt in ein Übersetzungsbüro. Ich will wenigstens versuchen, den Beschluss noch heute zu einem Übersetzer zu bringen. Langsam spüre ich auch, wie meine Kräfte nachlassen und die ersten Tränen sich Bahn brechen wollen. Irgendwie ist mir alles zu viel. In dem Büro ist zur Zeit kein Übersetzer, wir müssen ziemlich weit zu einer anderen Adresse, die man uns dort gibt. Heike begleitet mich, was bleibt ihr denn auch anderes übrig, ich würde den Rest des Tages nicht alleine packen. Die Übersetzungen sind sehr teuer, zu teuer, eine neue Hürde für mich. Es ist jetzt schon abzusehen, dass ich das Ganze finanziell nicht auf die Reihe bekommen kann. Der Übersetzer sagt mir, dass ich diese ganzen Unterlagen auch in der Türkei übersetzen lassen könnte und dass es dort sehr viel weniger kosten würde. Wir fahren zurück, Heike und ich trennen uns unterwegs.

Ich hole die Kinder ab. Kemal will sofort wissen, wie es gewesen ist, ob ich Papa gesehen habe, was er gesagt hat, was er anhatte, er will ganz genau wissen, was er anhatte, ich spüre seine Sehnsucht und beschreibe meinem Kind den Mistkerl so genau, wie ich ihn mir angeschaut habe. Ein elendes Gefühl steigt in mir hoch, Verzweiflung, jetzt hinlegen und weinen, aber es geht nicht, die Kinder wollen versorgt werden. Der nächste Tag ist ein Feiertag, keine Schule, ich verbringe den Tag mehr oder minder im Bett, ich kann einfach nicht aufstehen.

Seit diesem Tag geht es mit mir emotional bergab. Ich fühle ganz tief in mir eine bedrohliche Ohnmacht, Angst und Trauer. Ich habe das Gefühl, am Beginn einer depressiven Phase zu stehen, ich schlafe sehr viel, zu viel, wann immer ich kann. Meine Therapeutin meinte gestern, ich müsse dem entgegenwirken, indem ich mir einen ganz festen Tagesplan mache und mich zwinge, nicht ins Bett zu gehen, nachdem ich die Kinder weggebracht habe.

Der Schock sitzt tief. Als ich ihn sah, waren meine Gefühle zum größten Teil wieder da, wo sie schon immer gewesen waren:

bei ihm. Als ich in seine Augen sah, wusste ich in ein und derselben Sekunde nicht, ob ich ihm um den Hals fallen oder ihm ins Gesicht schlagen würde. Dieser Zwiespalt, sich angezogen zu fühlen und gleichzeitig diese Gefühle abzulehnen beziehungsweise zu verurteilen, ist unerträglich. Der Scheidungstermin liegt doch schon zwei Wochen zurück. Der Alltag, sofern man ihn so bezeichnen mag, hat mich wieder eingeholt.

Geschieden!

Das Telefon klingelt. Meine Rechtsanwältin ist dran, ihre Stimme zu hören, beglückt mich überhaupt nicht. Irgendwie habe ich immer das Gefühl, etwas ganz Furchtbares zu hören zu bekommen, doch das, was da an mein Ohr dringt, könnte schöner nicht sein: Sie sind geschieden. Meine Anwältin hat das Protokoll des letzten Termins auf ihrem Tisch. In meinem Glück habe ich so losgeschrien, dass ich fürchte, sie läuft noch immer mit einem tauben Ohr durch die Welt.

Ich bin geschieden! Ich habe das Sorgerecht! Und das Beste: Er hat weiterhin Besuchsverbot, so lange, bis die Strafsache abgeschlossen ist. Ich kann mein Glück nicht fassen. Das kommt so überraschend, es sah alles so mies aus, als ob es noch eine Ewigkeit dauern würde, und jetzt bin ich plötzlich geschieden. Ich habe es geschafft. Ich habe meine Kinder, und er kann mir nichts mehr. Es ist so schön, und plötzlich scheint es so einfach zu sein. Unglaublich. Ich rufe meine liebsten Menschen an, alle sind sie ungläubig, keiner kann es so richtig begreifen. Ich am allerwenigsten. G e s c h i e d e n ! Frau, du bist nicht mehr mit ihm verheiratet, du gehörst nicht mehr zu seinem Inventar, du bist wieder dein, dein ganz allein.

In diesem Jahr muss ich nur noch den 29. Dezember überstehen, an diesem Tag ist die Gerichtsverhandlung in der Türkei. Einen Tag vorher telefoniere ich noch einmal mit meiner türkischen Rechtsanwältin. Ich habe es gewusst, ich hatte mir schon so etwas gedacht, er hat es doch tatsächlich versucht. Er hat meine Rechtsanwältin bestechen wollen. Sie war so entsetzt und sauer, und sie hat ihm die Meinung gesagt, und er hat dann sein Wort wieder zurücknehmen müssen. Diese Frau ist richtig. Er hat sie doch tatsächlich für mich bezahlen wollen, ja, ich hätte ja kein Geld, und seine finanzielle Situation sei bestens. Am Nachmittag des 29. Dezember 1993 rufe ich in Istanbul an. Was ich erfahre, ist kurz und bündig und unglaublich. Weder er noch sein Rechtsanwalt sind zum Termin erschienen, und damit ist die Klage hinfällig. Es gibt also kein Scheidungsverfahren mehr in der Türkei. Jetzt muss ich nur noch das hiesige Urteil schriftlich bekommen, es in die Türkei schicken, dort anerkennen lassen und dann sind Scheidung und Sorgerecht erledigt. Irre. Aber warum auch nicht, ich darf doch auch einmal Glück haben. Auch wenn ich ein seltsames Gefühl in der Magengegend habe. Hat er wirklich aufgegeben? Kann es das geben? Im Moment sieht es so aus. Zwei Tage später halte ich das Urteil in Händen. Ich rufe sofort Mona an und sage ihr, dass ich ihre Silvestereinladung annehme. Jetzt habe ich wirklich Grund zum Feiern. Das Leben kann so herrlich sein.

Das Jahr 1994 bricht an. Was wird es für mich, was für uns bringen? Wie wird es aussehen? Ich will nichts Negatives mehr hören oder sehen. Es ist wie ein Alptraum, ich warte des öfteren auf den Moment, wo ich aufwache, damit ich die Bestätigung dafür bekomme, dass es tatsächlich ein Alptraum ist, doch es tut sich nichts. Mein Alptraum nimmt kein Ende. Die Therapie macht mir sehr zu schaffen. Es kommen Dinge zu Tage, bei denen ich mich frage, habe ich das jetzt auch noch nötig, muss ich mir das denn auch noch antun? Wieso kann nicht alles da bleiben, wo es ist, in dieser dunklen Rumpelkammer irgendwo in mir? Die Antwort ergibt sich von selbst. Ich will leben, und ich will besser leben als bisher. Also muss ich erst einmal Ordnung schaffen. Beginnend mit mir. Ordnung in dieses Leben bringen. Manchmal überwiegt das Gefühl, ich bin nicht mehr zu retten, es ist einfach zu viel, was da im Argen liegt, und dann erwische ich mich dabei, all diese

Einwände als Flucht benutzen zu wollen. Wie könnte es anders sein, das erlaube ich mir nicht. Ich werde da durch gehen, koste es, was es wolle. Auseinander setzen. Das Zauberwort. Mit mir, mit ihm, mit meinen Eltern, mit allen und jedem.

Nur noch ein paar Tage, dann ist das Scheidungsurteil rechtskräftig, dann ist es geschafft. Ich mag den Briefkasten nicht mehr sehen und schon gar nicht öffnen. Ein Brief von meiner Rechtsanwältin. Er hat Berufung eingelegt. Er hat Berufung gegen das Scheidungsurteil eingelegt. Verdammt noch mal, das kann doch nicht wahr sein. Was bezweckt er denn damit? Es wäre auch zu schön gewesen. Einfach zu schön, wenn er aufgegeben hätte. Nein, dieser Mistkerl gibt nicht auf, der nicht. Aber ich auch nicht.

Ich blicke zurück

Dieses letzte Jahr, so grausam und schmerzlich es auch gewesen ist, hat mich gleichzeitig in meiner Persönlichkeitsentwicklung ein sehr großes Stück vorwärts geschubst, ich sage »geschubst«, weil es unfreiwillig geschehen ist. Ich stehe vor Tatsachen, für die es gilt, Erklärungen zu finden, die ich mir begreiflich machen muss, und viel wichtiger ist, dass ich einen Weg finden muss, damit umzugehen und zu leben.

Schon gleich zu Beginn unserer Ehe begann er, mich vor anderen zu erniedrigen und zu demütigen. Es schien ihm unerträglich zu sein, wenn Menschen Respekt und Achtung für mich zeigten oder positiv von mir sprachen. Fast automatisch begann ich schon damals, mich kleiner zu machen als ich war, das heißt, ich gab ihm ganz bewusst das Gefühl, dass er mir überlegen sei, dass er der Stärkere sei, intelligenter, reifer, erfahrener und so weiter. Ich habe dies ganz bewusst getan, ich spürte schon damals seine Hilflosigkeit, seine Angst vor meiner Stärke und seiner Schwäche, seine Distanz und Abwehr, seine Unfähigkeit zur

Nähe. Und seine Abhängigkeit von diesem Gefühl, der Stärkere zu sein und seine Eifersucht auf all diese positiven Reaktionen anderer auf meine Person, deshalb musste er mich erniedrigen und vor ihnen blamieren, weil er nur so sich selbst weiterhin als den Stärkeren wahrnehmen konnte, sonst wäre er zusammengebrochen. Zum Zeitpunkt unseres Kennenlernens war ich eine starke Persönlichkeit. Er brauchte diese starke Frau, weil er selbst so erbärmlich winzig war. Und gleichzeitig wurde ich ihm gefährlich, weil ich ihn mit meiner Stärke und meiner Ausstrahlung bedroht haben muss.

Heute weiß ich es, ich war eine notwendige Zutat zur Aufrechterhaltung seines Lebens, eine Quelle, die er sich beschafft hatte und aus der er sich versorgte, und er würde von dieser Quelle nicht ablassen, solange sie Kraft und Energie für ihn hergab. Er nutzte mich permanent aus, wollte ich irgendwann nicht mehr, merkte er es sofort und spielte dann für eine Weile den Mann, den ich mir immer gewünscht hatte, und somit verfiel ich erneut in dieses hoffnungslose Hoffen, dass er sich eines Tages doch noch ändern könnte, und ich blieb. Mit diesem Verhalten hat er es mir unmöglich gemacht, ihn zu verlassen. Meine ganze Kraft und Energie ging in seine Person und in sein Geschäft. Ich war diejenige, die den neuen Firmennamen fand, ich war diejenige, die nach wochenlanger Recherche einen neuen Standort für das Geschäft fand, ich war diejenige, die mit der Bank verhandelte und auf seinen Namen ein Geschäft kaufte und das Bankdarlehen mitunterschrieb. Ich war diejenige, die ihre eigene Arbeit aufgab, um ihn für diese zwei Monate in die Türkei zu begleiten, um danach in völlige Abhängigkeit von ihm zu gelangen und seinen Launen völlig ausgesetzt zu sein.

Ich war die Frau, die er liebte und von der er emotional abhängig war. Und genau aus diesem Grund, nämlich weil er abhängig von mir war, hat er mich gehasst. Unsere gesamte Ehe hindurch habe ich es gespürt, seine unglaubliche Hilflosigkeit, wie ein kleines Kind, das um die Gunst der Mutter bettelt, und seinen Hass, weil er von meiner Gunst abhängig war. Ich gehe noch weiter, ich denke und glaube sogar, dass es mehr gewesen ist als eine Abhängigkeit, ich war so etwas wie eine Droge für ihn, ein Ersatz für – ich weiß nicht was. Vielleicht für all die

Dinge, die ihm so sehr fehlten, menschliche Gefühle und Regungen, Fähigkeit zu Liebe und Nähe. Wenn das so gewesen ist, dann hätte er aber nicht alles daransetzen dürfen, mich zu dem zu machen, was er selber war. Ich denke an all die Dinge, die er unternahm, um mich einzuschränken, um meine Weiterentwicklung zu beschneiden, mich sogar von Menschen zu isolieren. Zwei Jahre nach meiner Heirat gab ich eine Freundin auf, weil sie ihm einfach nicht in den Kram passte. Sie war nicht wie meine anderen Freundinnen, so wie er glaubte, dass sie waren, nämlich weiblich, lieb und nett, sondern sie war frei und autonom, sie bestimmte über sich selbst, und sie war äußerlich eher etwas maskulin als feminin. Das muss ihm furchtbare Angst eingeflößt haben, so dass er die Rettung darin sah, mich von ihr fernzuhalten. Ich folgte ihm, damals waren mir diese Dinge noch nicht in dieser Deutlichkeit bewusst, es war so, als würde ich es spüren, aber ich konnte es noch nicht mit meinem Verstand nachvollziehen und erklären. Und um mich herum kannte ich nur brave, oft kritiklose und ohnmächtige Frauen.

Was ist wichtiger, deine Ehe, dein Mann oder deine Freundin, hieß meine Frage damals. Die Frage ist so falsch gewesen. Denn in Wirklichkeit lautete sie: Wer ist wichtiger, du oder er? Ich entschied mich für ihn und nahm Abschied von mir. Ich gab meine Arbeit auf und auch die Menschen, die ihm nicht passten. Ich saß zu Hause und machte seine Büroarbeit, und ich machte natürlich alles falsch, was ihn aber nicht davon abhielt, die Arbeit trotzdem mir zu überlassen. Wir lebten in der Stadt, in der auch seine Schwester lebte, zu der ich ein wunderbares Verhältnis hatte, sie war eine sehr gute Freundin für mich geworden. Als ob das nicht reichte, hatte ich weitere gute Freunde in dieser Stadt gewonnen, Menschen, die etwas von mir hielten. Es dauerte nicht lange, bis er beschloss, in eine andere Stadt zu ziehen. Für seine zukünftige Karriere sei ein Umzug unumgänglich. Ich ging nicht gern mit ihm, doch ich ging. Heute weiß ich, er wollte meine totale Isolation. Er hatte immer noch Angst, ich könnte mich von ihm wegbewegen und ihm damit seine Lebensquelle entziehen. In der neuen Stadt sorgte ich für das Geschäft, das er kaufte. Ich schmiss den Laden. Ich stand den ganzen Tag im Geschäft und im Büro,

Groß- und Einzelhandel. Er selbst konnte nie lange im Geschäft sein, denn er fühlte sich dort eingeengt. Er fuhr im Land herum, besorgte die Ware und brachte diese zu den vielen Kunden, die wir inzwischen im ganzen Land hatten. Ich stand buchstäblich Tag und Nacht in diesem Geschäft, bis ich irgendwann meine Einsamkeit und den Mangel an Kontakten nicht mehr ertragen konnte. Ich nahm mir bewusst vor, mir Freunde zu suchen und ich tat es, fing langsam an, mir einen Freundeskreis zu schaffen.

Nach wenigen Jahren, als ich richtig Fuß gefasst hatte, wollte er auch aus dieser Stadt fortziehen, angeblich wieder aus geschäftlichen Gründen, doch diesmal habe ich mich gewehrt, ich bin nicht gegangen. Er mietete 700 Kilometer weiter weg ein Lager an, in dem Glauben, wenn das Geschäft dort anliefe, würde ich schon nachkommen, doch ich blieb, wo ich war, ich hatte keinen Nerv mehr, wieder von vorn anzufangen, denn es forderte allein meine Energie, ihm machte das Umziehen nichts aus, ich musste alles managen und später allein damit klar kommen, da er wie heimatlos in der Weltgeschichte herumirrte. Die Tage, an denen er sich in der Stadt aufhielt, in der ich und die Kinder lebten, konnte ich ohnehin an den Fingern abzählen, warum sollte ich also mitgehen und wieder solche Strapazen auf mich nehmen? Da ich nicht mitging, kam er zurück. Natürlich war ich schuld, dass sein Geschäft im Süden nicht geklappt hatte. Dabei war es einfach so, dass er ohne mich unfähig, lebensuntüchtig war.

Wie entsteht ein Mensch? Man wird gezeugt, wächst im Bauch der Mutter, dann wird man geboren, und dann? Was dann kommt, ist mit Sicherheit ausschlaggebend dafür, wie sich ein Mann später Frauen gegenüber verhält. In der türkischen Gesellschaft sind es ausschließlich die Mütter, die sich um ihre Kinder kümmern, ob Söhne oder Töchter. Auch später ist die Mutter allein mit der Erziehung, der Vater ist – auch wenn er wollte – durch seine eigene Geschichte und Tradition außerstande, helfend einzugreifen, weil er die Voraussetzung, sprich die Liebesfähigkeit nicht mitbringt. So müht sich die Mutter ab, ihre Kinder auch emotional ausreichend zu versorgen. Ich bin kein Sigmund Freud, doch ich denke, für einen Jungen ist eine solche Abhängigkeit fatal. Er braucht die Mutter um zu leben, und er braucht die Abgrenzung von ihr, um sich zum Mann zu entwickeln, den Anforderungen dieser kranken Gesellschaft soll er ja schließlich auch noch genügen. Wie macht man das? Wie wird man als Junge stark, hat Ellenbogen und weint nicht und all das Zeugs und ist gleichzeitig abhängig von der Mutter? Der Vater stiehlt sich davon, indem er sich aus Unfähigkeit emotional distanziert. Ich bin der Meinung, dass es viel weniger kaputte und lebensunfähige Männer gäbe, wenn die Kinder vom ersten Tag an von beiden Elternteilen betreut würden, und ein Junge auch ein Bild des Vaters in sich aufnehmen könnte; natürlich ein positives und nicht das eines Vaters, der die Mutter unterdrückt und quält. Warum sollte ein Junge das nicht später mit anderen Frauen tun, was der eigene Vater zu Hause mit der Mutter machen kann?

Mit dem Verbrechen an meinem Kind hat er zwei Dinge auf einmal vollbracht. Er konnte seinen Hass auf mich ausdrücken, Hass nicht nur auf mich, sondern auf alle Frauen, und er hat mich in meinem Kern getroffen und verletzt. Vielleicht hat er gehofft, mich auf diese Weise zerstören zu können. Vielleicht wollte er unbewusst das Weibliche in meiner Tochter zerstören, auf dass kein Mann jemals von ihr abhängig würde.

Seit mir diese Dinge klar geworden sind, frage ich mich, was ist mit mir und was wird mit meinem Sohn? Ich kann nicht alle Männer verteufeln, ich habe doch selber einen Sohn und werde ihn doch auch nicht in zehn Jahren verteufeln wollen. Nein, ich will ihn anders erziehen, doch wie soll das aussehen? Und wie groß ist meine Chance, da ich als Mutter allein bin mit seiner Erziehung? Verflucht, woher soll ich wissen, wo die Grenze zwischen einem gesunden Befriedigen seiner Bedürfnisse nach Nähe und einer möglichen Übersteigerung liegt, wo ich ihm die Luft zum Atmen nehmen würde, ihn verwöhnen und abhängig machen würde von mir – und lebensunfähig. Ja, letztlich lebensunfähig. In letzter Zeit habe ich öfters unbewusst wahrgenommen, dass ich lernen muss, es auszuhalten, wenn meine Kinder Schmerzen erleiden, wenn sie traurig sind, wenn sie negative Dinge erleben. Ich neige dazu, alles wieder gutmachen zu wollen, ihnen den Weg vollkommen zu ebnen, ihnen sogar ihre Trauer (ab)nehmen zu wollen. Die Gespräche mit Therapeuten und Therapeutinnen haben mich davon abgehalten, meinen Sohn durch Spiele oder sonst was aufzuheitern, wenn er wegen unseres Weggangs und des Verlusts des Vaters traurig war, ich hätte ihm fast seine Trauerarbeit genommen, weil ich es nicht ertragen konnte, ihn traurig zu sehen. Heute weiß ich, es ist notwendig, dass Kinder alle Seiten des Lebens, und das heißt auch negative Gefühle schon früh spüren dürfen und lernen, damit fertig zu werden und somit sich selbst ein Stück weiter entwickeln. Das bedeutet auch: ein Stück von mir weg. Jeder Zentimeter ihrer Weiterentwicklung ist ein Zentimeter fort von mir in ihre eigene Unabhängigkeit.

Kemal geht es im Moment nicht besonders gut. Seine Lehrerin sagte mir, er sei oft abwesend und niedergeschlagen. Er habe sich in den Winterferien offensichtlich nicht gut erholt. Wie soll er denn auch? Ich habe kein Geld, um mit den Kindern in Urlaub zu fahren. Was soll ich denn machen? Nein, dem Jungen ist das Ganze genauso zu viel wie mir.

Eine Therapie für Kemal? Wieder wirble ich herum, etliche Gespräche. Am Ende entscheide ich mich für mich. Ich werde mich mehr um mich selber kümmern, und beiden Kindern wird es in dem Maße besser gehen, wie es mir besser geht.

Wir sind in Gefahr

Mitte Februar passiert das, wovor ich mich seit Monaten fürchte. Erst verschlafe ich fast den ganzen Tag. Am frühen Nachmittag fahre ich zum Einkaufen, danach will ich die Kinder abholen und mit ihnen zum Turnen gehen. Eigentlich bräuchte ich den Wagen nicht. Ich könnte alles ohne weiteres zu Fuß erledigen. Doch auf dem Weg nach Hause wird es dunkel sein, und ich mag mit den Kindern nicht zu Fuß unterwegs sein, schon gar nicht in der Dunkelheit. Auch dies gehört zu den Vorsichtsmaßnahmen, die ich für uns getroffen habe. Als ich vom Supermarkt wieder wegfahre, bemerke ich hinter mir einen Wagen mit dem Kennzeichen der Stadt, in der ich vorher gelebt habe. Ganz offensichtlich fährt mir der Wagen nach. Ich will die Probe aufs Exempel stellen und halte ohne Vorwarnung rechts in einer Lücke an, der Wagen fährt ebenfalls rechts ran, es ist eine Frau, eine junge blonde Frau. Ich schaue ganz demonstrativ in den Rückspiegel, und sie schaut mich an. Frech, denke ich mir, wir schauen uns eine Weile so an, dann steigt sie aus und geht in Richtung Apotheke, vor der wir zufällig gehalten haben. Ich drücke aufs Gaspedal, und sie dreht sich augenblicklich um, doch ich stehe noch. Als sie in der Apotheke verschwunden ist, fahre ich los. Jetzt haben sie uns also. Er hat uns offensichtlich gefunden. Und anscheinend hat er Detektive auf uns angesetzt. Jetzt deute ich den Vorfall von heute früh mit meiner Tür auch ganz anders. Als ich heute morgen die Kinder weggebracht habe und dann nach Hause kam, hatte ich das Gefühl, als sei meine Tür geöffnet worden. Es war ganz anders zugeschlossen, als ich abgeschlossen hatte. Eigentlich war ich mir sicher, versuchte es jedoch zu verdrängen, weil das Ganze so irrational war. Verdammt, was soll ich jetzt nur machen? Innerlich bin ich wieder so unruhig.

Ein paar Tage später, an einem Samstag, gehe ich mit den Kindern zu McDonalds. Wir sitzen direkt am Fenster, plötzlich stellen sich draußen zwei Typen direkt vor meine Nase, einer sehr auffällig mit Cowboyhut und einer Kamera in der Hand. Die beiden versperren uns die Sicht. Eine Weile später fällt mir auf, dass der Typ mit dem Cowboyhut uns filmt. Zwischen uns und ihm ist sonst nichts anderes, was er aufnehmen könnte, unglaublich. Das ist mir zu viel. Dann bringt er die Kamera in sein Auto, kommt zurück, stellt sich wieder vor meine Nase und schaut mich immer wieder an, demonstrativ. Ganz offen. Er wirkt sehr bedrohlich, ich bin allein mit den Kindern, ich wage es nicht, ihn anzusprechen. Ich nehme die Kinder und fahre nach Hause, der Typ verlässt zur selben Zeit wie wir den Laden. Ich kann nicht mehr. Was soll das? Was wollen die von mir? Beide Männer haben es darauf angelegt,

dass ich sie bemerke, ich soll es merken. Sie wollen mich verunsichern, und sie wollen mir Angst machen, das ist es, worauf
ich nach vielen Überlegungen und Gesprächen mit anderen
Frauen komme. Es wäre ja auch zu schön und einfach für ihn,
wenn ich jetzt durchdrehen würde. Hat er doch schon von Anfang an von meinem seelischen Ungleichgewicht gesprochen.

Doch das Wissen um etwas ist noch keine Lösung. Ich habe
Angst, panische Angst, dass sie mich auf der Straße überfallen,
die Kinder nehmen und verschwinden. Was dann? Ich werde
mich bewaffnen. Das ist das erste, was ich tun muss. Ich kaufe
mir eine Gaspistole. Er hat uns den Krieg erklärt, und den soll
dieser verdammte Mistkerl auch bekommen. Ich werde es ihm
nicht einfach machen. Jedem, der es wagt, auch nur in die Nähe
meiner Kinder zu kommen, werde ich den Kopf abreißen. Solche Vorstellungen beruhigen mich ein wenig. Außerdem bin
ich so weit, zur Polizei zu gehen. Ich rufe einen Kontaktbereichsbeamten an. Wir vereinbaren einen Termin, er kommt zu
mir nach Hause. Heike ist auch anwesend. Ich versuche ihm die
Situation zu erklären. Meine ganze Situation und die letzten
Vorfälle. Er ist sehr angetan von mir, in seiner 30-jährigen
Laufbahn habe er noch keine Frau gesehen, die so sachlich und
überlegt handle. Für ihn sind die Vorgänge eindeutig Vorberei-
tungen zur Kindesentziehung. Das sitzt, mir schießen die Tränen in die Augen. Das ist zwar nichts Neues, doch es so gesagt
zu bekommen, ist ein Schock ohne gleichen. Der Polizist rät
mir, Anzeige zu erstatten. Ich tue dies, und er informiert mich,
dass ich demnächst von der Kripo eine Vorladung als Zeugin
bekäme.

Anfang März, an meinem Geburtstag, wird mir über das
türkische Generalkonsulat ein Schreiben seines türkischen
Rechtsanwaltes an das zuständige Gericht in Istanbul zugestellt. Drei Seiten lang nur Schwachsinn. Ich habe in meinem
Leben schon einiges gelesen, aber das übertrifft meine Vorstel-
lungskraft. So viel Blödsinn setzt doch einiges an gestörter
Wahrnehmung voraus. Das also ist seine neueste Masche. Der
Staat ist schuld. Der deutsche Staat und die Kirche hätten sich
vereint, mich entmündigt und meine Kinder an sich gerissen.
Eine staatlich organisierte Verbrecherbande stecke dahinter, um
hier lebende ausländische Familien kaputt zu machen und sich

dann deren Kinder zu bemächtigen. Das deutsche Volk habe keinen Geburtenzuwachs mehr und versuche, dies auf diese Weise auszugleichen. Irre, einfach irre. Von mir will er nichts mehr wissen, wie beruhigend, aber seine Kinder, diese beiden rein türkischen Kinder, die müssten zurück in die Heimat, um dort nach den türkischen sowie islamischen Grundsätzen erzogen zu werden. An dieser Stelle wird mir besonders übel. Er, der nicht mal in der Lage war, an den Feiertagen die Moschee aufzusuchen, ging freitags zum Gebet, wenn sich an diesem Tag gerade ein gläubiger Kunde im Geschäft aufhielt und er sich von diesem Kunden einiges an Profit erhoffte. Und dieser verlogene Mensch will meine Kinder nach islamischen Regeln erziehen. Ich sei dem türkischen Volk und allem, was dieses Volk ausmacht, entfremdet, ich sei verdeutscht und verchristlicht. Es steht da, ich lese es, aber ich kann es nicht glauben. Das Schlimmste ist, ich kann nicht abschätzen, ob er mit diesem extrem nationalistischen Gefasel in der Türkei vielleicht sogar Chancen hat. Ich weiß es einfach nicht. Das allein macht mir Angst.

Am Wochenende habe ich Zeit, mir über einige Dinge klar zu werden; ein Gespräch mit meiner Anwältin hilft mir dabei. Die Dinge zeichnen sich sehr deutlich ab. Die Vorgänge der letzten Wochen, die Berufung in Deutschland, der erneute Antrag auf Scheidung und Sorgerecht in der Türkei – ganz offensichtlich will er Zeit gewinnen. Er will die Kinder um jeden Preis. Der erste Termin in der Türkei ist für Ende März anberaumt, der Berufungstermin in Deutschland ist sicherlich nicht vor Ende März. Das Puzzle ergibt langsam ein Bild. Wir sind in Gefahr, das wird immer offensichtlicher. Wenn er die Kinder zu diesem Termin schon in der Türkei hat, hat er mit Sicherheit bessere Chancen, das Sorgerecht zu bekommen. Die Kinder kann er nur durch eine Entführung bekommen. Meine hiesige Rechtsanwältin rät mir, sofort umzuziehen. Sicher, es gibt sogar eine Möglichkeit. Doch ich will nicht mehr. Ich will einfach nicht weg. Weder ich noch die Kinder können das verkraften. Was soll ich nur tun? Noch zehn Tage, dann hat Kemal Schulferien. Ich entschließe mich zu bleiben. Die Geschichte einer anderen Klientin meiner Rechtsanwältin kann mich auch nicht von meinem Entschluss abbringen, macht mir aber wahnsinnige Angst. Der argentinische Ehemann dieser Frau hat die Kinder nach Argentinien entführt. Und die hiesigen Gerichtsbeschlüsse werden wenig daran ändern können. Nein, uns wird das nicht passieren.

Am nächsten Tag bringe ich Kemal mit dem Auto zur Schule. Die Schule stellt tatsächlich eine Gefahr dar, weil es mehrere Ein- und Ausgänge gibt, die in keiner Weise kontrolliert werden, ebenso wenig der Kindergarten. Vor allem während der Pausen ist alles denkbar. Ich postiere mich vor dem Schulgebäude, parke mein Auto so, dass ich alle Eingänge im Blick habe und beobachte jeden, der vorbei kommt. Nein, ich werde es nicht zulassen, sofern ich es verhindern kann, und ich werde es ihm nicht einfach machen. Aber ich fühle mich miserabel, ich kann nicht mehr schlafen und verbringe tagsüber die meiste Zeit im Liegen, weil ich mich nicht auf den Beinen halten kann.

Am darauffolgenden Tag spreche ich mit der Lehrerin, der Direktorin sowie den Erzieherinnen. Sie zeigen sehr viel Verständnis für meine Situation. Ich könne im Klassenraum bleiben und hospitieren, wenn ich mag. Und ob ich mag. Den Rest der Woche verbringe ich in der Klasse. Die nächste Woche ist Kemal offiziell von der Schule beurlaubt. Ich bleibe mit beiden Kindern zu Hause, gehe kaum vor die Tür, und wenn, fühle und benehme ich mich inzwischen fast wie eine Sicherheitsbeamtin. Die Sicherheitsregeln, die mir aus meiner Arbeit im Konsulat noch bestens bekannt sind, kommen mir hier sehr zugute.

Die Rechtslage verstehe ich schon lange nicht mehr. Ich hatte bisher angenommen, und alle, die ich gefragt habe, haben dies auch bestätigt, dass das Urteil jenes Landes gilt, in welchem als Erstes die Scheidung eingereicht worden ist; das würde in meinem Fall bedeuten: Deutschland. Jetzt muss ich zu meinem Entsetzen erfahren, dass es nicht ganz so ist; nach türkischem Recht gilt der Ort, an welchem der Vater lebt, auch als zuständig, weil der Vater den Lebensmittelpunkt der Familie bestimmen könne. Da er anscheinend gut beraten wird, ist er inzwischen in der Türkei ansässig geworden. Aus diesem Grund ist also das Urteil, das in der Türkei gefällt wird, auch sehr wichtig. Als es soweit ist, erfahre ich aus der Türkei, der Termin sei vertagt worden und zum nächsten Termin seien Zeugen geladen. Ich solle meiner türkischen Rechtsanwältin Zeugen nennen, die unsere Ehe aus nächster Nähe kennen.

Inzwischen habe ich einen Termin bei der Polizei wegen meiner Anzeige. Da ich seit damals mit sechszehn nie wieder etwas mit der Polizei zu tun hatte, habe ich irgendwie Angst. Fühle mich unwohl. Heike begleitet mich, ich bin völlig unvorbereitet. Ich dachte, die Polizeibeamtin würde mich nur nach den letzten Ereignissen fragen, doch sie will alles von Anfang an wissen. Es fällt mir schwer, so viele Dinge sind in dieser Zeit passiert, ich kann sie nicht mehr alle zeitlich korrekt einordnen. Ich bin aufgeregt und kann mich nicht gut konzentrieren. Das Ganze dauert über zwei Stunden. Ich habe mir die größte Mühe gegeben, alles wiederzugeben, und muss doch hinterher feststellen, dass ich vieles vergessen habe. Die Beamtin ist der Meinung, dass es zu einem Prozess kommen wird. Ich habe auch meine Eltern als Zeugen angegeben. Obwohl meine Mutter sich so schwer getan hat, für mich auszusagen. Das ist mir jetzt aber egal. Jetzt muss sie es einfach tun.

ICH BEREITE MICH AUF DAS VERFAHREN VOR

1. Besuchsrecht

Ich denke, dass ein Mann, der in der Lage ist, sein eigenes Kind zum Objekt seiner Lust zu machen, es skrupellos sexuell zu missbrauchen, sein Recht als Vater verwirkt hat. Zum Vatersein gehört für mich in erster Linie, für seine Kinder verantwortlich zu sein, sie als eigenständige Personen zu respektieren und vor allen Gefahren zu schützen. Ein Kind zu zeugen ist nach meinem Dafürhalten bei weitem nicht genug. Sein Verhalten jedoch hat sehr eindeutig gezeigt, dass ich und die

Kinder für ihn nichts anderes bedeuten als Besitz. Und mit seinem Besitz darf man bekanntlich so umgehen, wie es einem beliebt.

2. Ein erzwungenes Treffen von Vater und Kindern kann keine gesunde Vater-Kind-Beziehung unterstützen. Im Gegenteil, ich denke, dass es den Kindern eher schaden würde, weil sie jedes Mal, wenn sie mit ihm zusammentreffen, von neuem den Zusammenbruch der Familie erleben würden. Bei Yasemin habe ich Angst, dass sie sich für den Zusammenbruch der Familie verantwortlich fühlen könnte, denn sie hat ein Geheimnis preisgegeben, das zwischen ihr und ihrem Vater bestand. Daraufhin sind für uns alle sehr schwierige Zeiten angebrochen, unter denen die Kinder zweifellos sehr gelitten haben, unter anderem unser Fortgang von Hannover, die permanente Umzieherei, der Verlust der gewohnten Umgebung.

3. Außerdem befürchte ich, besser, habe ich große Angst davor, wenn diese eingeschränkte Besuchsregelung wirklich in Kraft treten sollte, dass der Vater nach einer bestimmten Zeit, vielleicht nach ein oder zwei Jahren sagen wird, seht her, so lange ist das jetzt gut gegangen, ich habe mir Mühe gegeben, nun wird es Zeit, dass ihr mir erlaubt, meine Kinder mal eine Stunde alleine zu sehen. Davor habe ich eine panische Angst. Aus allen Informationen, die mir inzwischen durch Literatur und Gesprächen mit den verschiedensten Therapeuten zugänglich wurden, sind sogar Jugendliche im Alter von sechzehn oder siebzehn Jahren vor diesen Tätern nicht sicher. Es gibt Untersuchungen, aus denen hervorgeht, dass diese Männer sich immer wieder an Kindern vergreifen, die Rückfallquote ist hoch. Wer kann mir also die Garantie geben, dass er es nicht wieder versuchen würde? Ich bin nicht bereit, meine Kinder jemals wieder einer solchen Gefahr auszusetzen. Niemals. Zumal er bis heute nicht mit einem einzigen Wort so etwas wie Einsicht gezeigt hat, im Gegenteil. Ein Mann, dem seine Tat anscheinend immer noch nicht bewusst ist, der nicht in der Lage ist zu sehen, welches Leid er seinem Kind angetan hat, der keine Reue empfinden kann, was um Himmelswillen soll diesen Menschen denn davon abhalten, es nicht wieder zu tun?

4. Wenn es denn soweit kommen sollte, dass er trotz allem Besuchsrecht bekommt, so ist in Betracht zu ziehen, dass auch wenn ich den Kindern aus pädagogischen Gründen nicht mit Worten sagen würde, dass ich dagegen bin, sie es sicher dennoch spüren würden, denn Kinder sind sehr empfänglich gerade für jene Dinge, die Erwachsene vor ihnen zu verbergen versuchen. Womit wir wieder beim Anfang wären, denn sie würden mit sehr zwiespältigen Gefühlen zu ihrem Vater gehen, und das Ganze wäre mehr eine seelische Überlastung der Kinder, als dass es ihnen gut tun könnte.

Für ihn sind Besuchsrecht und Kinder ein Mittel zu dem Zweck, gegenüber seinem Umfeld sein Gesicht zu wahren. Dieser Wunsch seinerseits hat nichts mit Liebe zu tun, sondern er will die Kinder wieder nur gebrauchen, um zu seinem ganz eigenen Ziel zu gelangen. Doch dazu sind mir meine Kinder zu wertvoll. Ich werde sie nicht zu einem Spielball degradieren. Ich werde nicht erlauben, dass er sie für seinen Machtkampf instrumentalisiert.

Der Termin bei einer anderen Dienststelle der Polizei wegen des Strafverfahrens steht inzwischen auch fest. Diesmal bin ich vorgewarnt. Ich bereite mich sehr gründlich vor. Ich mache mir Notizen. Alles, was ich für wichtig halte, schreibe ich mir in Stichworten auf. Dieser Termin macht mir noch mehr zu schaffen, denn die Kinder sollen ebenfalls gehört werden. Ich rufe die Beamtin an und bitte sie, mir zwei verschiedene Termine zu geben, weil ich mich nicht zusätzlich stressen will bei dem Versuch, alles an einem Tag auf die Reihe zu bekommen, und weil ich mich ganz auf die Kinder konzentrieren und sie unterstützen will, wenn sie gehört werden. Ich spreche mit der Therapeutin meiner Tochter und mit meiner eigenen über diesen Termin, ich möchte, dass die Therapeutin meiner Tochter mitkommt und mit ihr zusammen ist, wenn sie befragt wird, weil ich nicht will, dass das Kind alleine dasitzt. Ich selbst will nicht dabei sein, ich habe das Gefühl, das könnte Yasemin eher blockieren, als dass es ihr hilft. Den Kindern erzähle ich, dass wir zu einem Amt gehen müssen, dass die Beamtin sehr neugierig ist und ihnen einige Fragen stellen wird.

Als ich bei der Polizei erscheine und die Beamtin sehe, die mir sofort sympathisch ist, legt sich meine Angst und vor allen Dingen die Aufregung. Auch dieser Termin dauert sehr lange und kostet Kraft. Ein paar Tage später dasselbe zusammen mit den Kindern. Kemal nimmt es ganz locker. Geht hinein, kommt wieder raus. Yasemin ist nicht erbaut, sie will erst gar nicht zu der Beamtin hinein, dann geht sie an der Hand ihrer Therapeutin. Nur ein paar Minuten, und sie sind wieder da. Nichts. Sie will nicht, auch ihr kleines Geheimnis, die Zaubersteine, die sie von ihrer Therapeutin mitbekommen hat, können ihr nicht helfen. Dann versuche ich es noch einmal mit ihr. Sie ist ganz offensichtlich so aufgeregt, dass sie nicht einmal auf meinem Schoß sitzen kann, sondern zieht mich in Richtung Tür. Ich versuche, mit ihr über das Geschehene zu reden, die Beamtin winkt ab; wenn ich dem Kind die Fragen stelle, könne sie die Antworten sowieso nicht verwenden. Ich bin enttäuscht. Ich weiß doch, dass das Urteil von diesen paar Minuten abhängt, das Kind muss aussagen, wenn der Täter verurteilt werden soll. Wir machen uns auf den Nachhauseweg, und in mir kocht es. Nur ein paar Sätze, nur das, was du mir gesagt hast, Kind. Ich spüre meine Wut, und entsetzlicherweise bin ich wütend auf meine Tochter. In dieser Sekunde ist meine Wut auf ihn offensichtlich auf meine Tochter übergesprungen. Doch es dauert nicht lange, bis ich mir das klarmache. Noch im Polizeigebäude drehe ich mich um und bemerke, dass ich Yasemin auf dem Weg hierher nicht eine Sekunde losgelassen habe, und jetzt läuft sie nicht einmal neben, sondern hinter mir mit ihrer Therapeutin, und ich nehme Yasemin an die Hand und halte sie fest. Ganz fest aus tiefster Seele. Wenn es so ist, dann soll es wohl so sein. Ich kann es nicht ändern, aber deshalb werde ich nicht aufgeben. Abgesehen davon gibt es die Aussage von Kemal, er hat der Beamtin gesagt, dass er seinen Vater und Yasemin an einem Abend beobachtet hat.

Ein paar Tage später kommen wir auf diesen Tag zu sprechen. Kemal erzählt ein wenig mit Stolz, dass er alles erzählt habe, was der Papa getan hat. Ich frage Yasemin, warum sie nicht erzählen mochte. Ihre Antwort ist so einfach und doch so schwer zu verdauen: Ich hatte Angst zu sagen.

Die Zeit vergeht. Meine Mutter ist inzwischen bei meiner Rechtsanwältin gewesen und hat die Drohungen, die er ihr gegenüber ausgesprochen hat, aktenkundig gemacht. Und erst aus einem Schreiben meiner Rechtsanwältin an das Kammergericht erkenne ich das Perverse seiner Drohungen. Da steht, er würde meinen jüngeren Bruder, der in der Türkei lebt, zerstückelt und in einer Plastiktüte meiner Mutter vor die Tür legen. Es gibt diese Momente der Sprachlosigkeit in meinem Leben, und als ich diesen Satz lese, ist es solch ein Moment. Ich frage mich, wie krank muss man sein, wenn man fähig ist, so etwas zu sagen? Jetzt kann ich die Angst meiner Mutter auch besser verstehen, und ich frage mich, was er ihr noch alles gesagt haben mag, was sie nicht wagt weiterzugeben.

Seit Wochen und Monaten liegt Kemal mir in den Ohren, er wolle unbedingt die Großeltern sehen, also habe ich nach langem Hin und Her letzte Woche meine Mutter für ein Wochenende zu uns nach Hause geholt. Es ist unser erstes Wiedersehen seit fast einem Jahr. Es gibt diesmal keine Vorwürfe, und wir streiten uns nicht ein einziges Mal. Ich habe das Gefühl, sie versteht jetzt. Dass ich nun als Frau alleine lebe, scheint ihr nichts mehr auszumachen. Sie erzählt von ihrem Urlaub in der Türkei. Sie sind erst vor zwei Wochen zurückgekommen. Sie ist aufgebracht, läuft rot an, und ihre Stimme wird unverhältnismäßig laut, wenn sie von den Erlebnissen dieser Wochen erzählt. Ich erfahre von ihr, dass er jetzt behauptet, ich hätte den Missbrauch nur erfunden, um mich bei ihm für all das zu rächen, was er mir angetan hat. Er hätte mich schlecht behandelt, und die Missbrauchsgeschichte sei meine Rache. Ich frage meine

Mutter, was unsere Verwandten dazu meinen. Sie glauben ihm, denn das mit dem Kind sei zu unglaublich, sagt sie. Das will niemand glauben.

Noch zwei Tage nach dem Besuch meiner Mutter bin ich gezeichnet von diesen üblen Neuigkeiten. Eine Trauer ist in mir, eine tiefe Trauer, aber keine Wut. Ich wundere mich, dass ich keine Wut empfinden kann, und ich kann mir nicht erklären woher diese Trauer kommt. Wieder einmal hat er es geschafft, von sich und seiner Person abzulenken. Jetzt gibt er plötzlich zu, dass er viele Frauengeschichten hatte, dass er mich schlecht behandelt hat und dass er mit meiner Tante ein Verhältnis hatte, aber der Schluss stimmt nicht: Ich hätte den Missbrauch erfunden, um mich an ihm zu rächen. Egal, was ich tue, egal, wie widerlich er ist, am Ende bin ich es immer, die Schuld hat. Ich. Das ist wohl genau der Punkt, der mich so verletzt. Die gesetzlichen Hürden habe ich ganz gut geschafft, ich bin geschieden, auch wenn er Berufung eingelegt hat, ich habe das Sorgerecht. Doch in den Augen der anderen, da habe ich keine Chance, denn ich bin eine Frau.

Dieses Druckgefühl im Bauch, als ob ich gleich platzen würde, kaum erträglich. Meine Mutter war vollends zufrieden mit ihrem Besuch. Erst hinterher fällt mir auf, dass ich wieder voll in meinem Element war und in meiner alten Rolle aufgegangen bin. Auch fällt mir auf, dass es keine einzige Gelegenheit gab, über unser Mutter-Tochter-Verhältnis zu reden, sie hat immer und immer wieder von dieser Tante und von ihm angefangen und hat sich regelrecht ausgetobt.

Diese Hilflosigkeit, am liebsten würde ich einen Eimer roter Farbe nehmen und ihn damit beschriften, von oben bis unten. Dieser Mann ist ein Verbrecher. Er hat mein Kind sexuell missbraucht, und er ist allein verantwortlich dafür. Jeder und jede hat dies zur Kenntnis zu nehmen, weil es Fakt ist, und keiner hat daran zu drehen! Am liebsten würde ich diese Worte mit großen Lettern in den Himmel hängen, damit die ganze Welt es sehen kann.

Berufungstermin vor dem Kammergericht

Kaum habe ich ein Ereignis gerade so in den Griff bekommen, steht schon das nächste vor der Tür. Der Berufungstermin vor dem Kammergericht steht an, zwei Tage vorher ist Gerichtsverhandlung in der Türkei, und nun liegt auch noch ein Schreiben vom Jugendamt vor mir, dass sie uns alle drei sehen wollen, sie seien vom Kammergericht aufgefordert worden, Stellung zu beziehen. Ich hole die Kinder ab und fahre zum Jugendamt. Über die neuesten Ereignisse muss ich die Mitarbeiterinnen aufklären, weil sie überhaupt nicht auf dem Stand der Dinge sind. Die Kinder spielen im Flur, ich setze mich zu der Sachbearbeiterin ins Zimmer. Ich versuche so locker wie irgend möglich zu sein, mich von meiner starken und souveränen Seite zu zeigen, denn ich weiß, die Beurteilung des Jugendamts hat für das Gericht großes Gewicht.

Der Gerichtstermin rückt immer näher, und ich werde immer nervöser, doch ich merke auch, dass es bei weitem nicht so schlimm ist wie bei den letzten Terminen. Inzwischen kann ich auch besser mit all meinen körperlichen Reaktionen fertig werden. Der Termin in der Türkei wurde auf September verschoben, weil meine dortige Rechtsanwältin das hiesige Urteil abwarten will. Zwei Tage vor dem Kammergerichtstermin erfahre ich durch Dritte, dass er doch zu diesem Termin erscheinen wird, obwohl er angekündigt hatte, dass er nicht kommen könne. Was ich nicht erfahre ist, ob er offiziell da sein wird oder inoffiziell, das heißt, um mir nachzuspionieren. Allerdings weiß ich instinktiv, dass er unsere neue Anschrift schon lange hat, vermutlich durch diese seltsamen Typen, die uns ganz offen und unverschämt verfolgten.

Diesmal begleitet Mona mich zum Termin. Sie ist genau richtig. Sie ist selbst wütend und hat eine solche körperliche Präsenz, dass ich mir um meine Sicherheit schon keine Sorgen mehr mache. Ich fahre also praktisch mit einem persönlichen Bodyguard los. Auf dem Rückweg werden wir einfach einige Stunden quer durch die Stadt fahren, bis einem etwaigen Verfolger schwindelig wird oder sonst was.

Auf dem Weg zum Gericht reden wir die ganze Zeit darüber,

was man nicht alles mit ihm anstellen sollte, alle möglichen Quälereien, und langsam schaukelt sich die Wut in mir hoch. Als wir dort ankommen und aus dem Auto steigen, bin ich innerlich schon auf 180. Als ich ihm dann an einer Ecke völlig unvorbereitet fast in die Arme laufe, ist es einfach zu viel. Schatzi-du-hast-zugenommen. Dann geht der Schwachsinn los, dass ich ihn doch noch lieben würde, dies nur nicht wüsste, zu meinem Glück sei er sich aber sicher. Ich kann nicht. Ich bin kurz vorm Explodieren. Mit lauter Stimme sage ich ihm, dass er seinen Mund halten soll, dass mir schon schlecht wird, wenn ich ihn nur sehe. Ob ich nicht doch lieber zu einem Arzt gehen wolle, um meinen Kopf untersuchen zu lassen, wenn ich ihn nicht verstehen könne, fragt er mit triefend mitleidiger Miene und Ironie in der Stimme. Jetzt spricht er Mona an, so als sei sie mein Vormund und ich nicht in der Lage, für mich selbst zu sprechen und zu entscheiden. Er bezeichnet meine Anwältin als Sau, die mich erst auf all das gebracht habe und mich nur kaputt machen wolle.

Meine Rechtsanwältin ist gerade im Anmarsch. Ich entferne mich einfach aus seiner Nähe. Die Stimmung ist extrem aufgeladen, ich kann schon nicht mehr ruhig atmen, und meine Rechtsanwältin macht mir deutlich, dass ich ruhiger werden muss. Das ist es, was er bezweckt, mich bloßzustellen, mich so sehr aufzuregen, dass ich wohlmöglich auf ihn losgehe und mich als unbeherrscht erweise. Nein, das wird ihm nicht gelingen. Ich atme tief durch und gehe hinein. Diesmal sitzen drei Männer im Raum, der Richter und noch zwei Männer und eine Schreibkraft. Das Ganze dauert höchstens fünfzehn Minuten. Wir erhalten eine Kopie des Schreibens vom Jugendamt an das Gericht. Das Schreiben ist positiv. In meinem Sinne. Der Richter beginnt zu sprechen und beendet die Sitzung, praktisch ohne uns zu Wort kommen zu lassen. Die Berufung wird abgewiesen. Die Kosten des Verfahrens hat er zu tragen. Ich bekomme weiterhin Rechtskostenhilfe. Damit ist der Fall in Deutschland erledigt. Er könnte jetzt nur noch zum Bundesgerichtshof gehen.

Ich habe nun endgültig das Sorgerecht, über das Besuchsrecht hat dieses Gericht sowieso nicht zu entscheiden. Ich bin nun praktisch zum zweiten Mal geschieden. Aller guten Dinge sind drei: Wenn ich es in der Türkei auch noch schaffe, dann kann mich in dieser Welt nichts mehr schrecken. Am Abend rufe ich meine türkische Rechtsanwältin an, um ihr mitzuteilen, wie es hier ausgegangen ist. Über Tice habe ich erfahren, dass meine Rechtsanwältin in der Türkei einen Verdacht hat. Sie fürchtet, dass er ihr Telefon in der Kanzlei abhören lässt, um so an meine Telefonnummer zu kommen, und nun traut sie sich nicht mehr, mich aus ihrem Büro anzurufen. Sie freut sich mit mir über den Ausgang des Verfahrens, doch ich kann mich nicht lange freuen. In der Türkei werden Ehen immer noch nach dem Schuldprinzip geschieden, und wenn beide Parteien sich nicht einigen können, dann müssen Zeugen her. Ich weiß schon, dass er für das Verfahren in der Türkei viele Zeugen benannt hat. Sie liest mir die Namen von Menschen vor, die für ihn aussagen wollen. Es sind insgesamt zehn. Von diesen zehn kenne ich vier überhaupt nicht, und mit einem habe ich nur ein einziges Mal und nur auf Wunsch meines Vaters telefoniert. Die anderen sind sogenannte gute Freunde aus Hannover. Und dann nennt sie den Namen meiner früheren Nachbarin. Ich bin so schockiert, dass ich weinen muss. Ich will es nicht glauben. Wir haben uns fast täglich gesehen, wir wohnten im selben Haus, wir haben uns gut verstanden, und ich dachte, wir hätten einander vertraut. Wenn ich daran denke, wie sehr ich immer versucht habe, ihr zu helfen, weil sie kein Deutsch sprach, weil es ihr finanziell sehr schlecht ging, weil sie eine Frau war. Ich habe Mühe, der Anwältin zwischen meinen Schluchzern etwas über diese Frau zu sagen. Wieder einmal ist meine Welt zusammengeklappt. Wieder einmal.

Die nächsten Tage vergehen im Pingpong der Gefühle, zeitweise leide ich entsetzlich, dann bin ich wieder so wütend, besonders auf mich, auf meine Unverbesserlichkeit. Ich werde es nie lernen, ich muss immer wieder auf Menschen hereinfallen. Vielleicht bin ich auch nur deshalb so tief verletzt, weil ich weiß, ich hätte das nicht getan an ihrer Stelle, ich hätte es nicht gemacht. Ich wäre anders mit ihr umgegangen und unbewusst scheine ich dasselbe von ihr zu erwarten, aber die Welt ist nicht gerecht. Ich habe diese Frau nicht sehr lange gekannt, doch ich habe ihr so viel gegeben, so viel von mir, hätte sie sich nicht wenigstens einfach nur raushalten können? Mehr erwarte ich gar nicht. All diese Enttäuschungen: er, meine Familie, Freunde, das ganze verfluchte Leben. Ich habe dieses elende Spiel so satt, unendlich satt.

Und es nimmt kein Ende. Zwei Wochen nach dem Kammergerichtstermin kommt ein Anruf vom Jugendamt. Mein Exmann sei gestern im Jugendamt gewesen, und sie würden gern mit mir über seinen Besuch reden. Verflucht, ich hatte geglaubt, er sei schon wieder in der Türkei, doch er ist nur fünf Minuten von unserer Wohnung entfernt. Zwei Frauen vom Jugendamt kommen mich besuchen. Sie sagen mir, dass er mit der Situation nicht klarkäme, dass er es offensichtlich nicht verkraftet, verlassen zu werden, was ich ihnen aufs Wort glaube. Er ist so krank, er darf nicht verlassen werden, wenn jemand jemanden verlässt, dann nur er. Eine der beiden Frauen lässt es sich nicht nehmen, mir zu erzählen, sie habe irgendwie Mitleid mit ihm. Sie sei sich sicher, dass er wirklich sehr leide und dies sei nicht gespielt. Sie fragt, wer ihm denn begreiflich machen könne, dass er nun allein sei, und kommt dann auf die geniale Idee, dass in ihren Augen ich die einzige sei, die ihm das unter Umständen klar machen könnte. Ich kann es einfach nicht mehr fassen. Ich bin stinkwütend und mache deutlich, dass ihr Vorschlag ein Unding ist und dass ich gar nicht daran denke, mit ihm zu sprechen, schließlich sei das sein Problem und nicht meins. Vielleicht zum tausendsten Mal erkläre ich, dass sexueller Missbrauch für mich kein Kavaliersdelikt ist, sondern ein Verbrechen an meinem Kind. Hier würgen sie mich ab, indem sie mir vorhalten, wenn ich mich so benähme, sei ich ja genauso wie er, ich würde auch keine andere Meinung neben meiner gelten lassen, ich müsse ihnen doch schließlich ihre ganz eigene Meinung zugestehen. Und egal, ob schuldig oder nicht, sie hätten Verständnis für ihn. Ich habe Angst, ich muss vorsichtig sein, ich muss auf meine Worte aufpassen, denn die beiden haben etwas zu sagen, wenn es irgendwann um das Besuchsrecht geht. Ich wage nicht mehr, das zu sagen, was mir eigentlich auf der Zunge liegt. Sie übergeben mir dann auch noch einen Briefumschlag, den er für mich mitgegeben hat. Ich mache ihn auf und finde 500 Mark. Was soll das? Ich werde wieder wütend und sage, er soll sich sein Geld sonst wohin stecken. Es gehört einfach zu seiner Maskerade, zu seinem elenden, dreckigen Spiel, sich auf diese Weise – mit lächerlichen 500 Mark – ins rechte Licht zu rücken. Ich erkläre den beiden Frauen, dass ich das Geld auf keinen Fall annehme.

Die beiden Frauen gehen, und zurück bleibt ein Wrack. Es kocht und brodelt in mir, ich platze förmlich aus allen Nähten. Ich fühle mich so angegriffen, und ich spüre sie alle gegen mich. Sogar diese Frauen, die behaupten, auf meiner Seite zu sein. Die eine war ganz offensichtlich gegen mich. In ihren Augen ist er wichtig, wichtig ist, dass er leidet, dass er Hilfe braucht. Schon allein, weil sie eine Frau ist, fühlt sie sich angesprochen, ihm zu helfen. Schließlich sind Frauen für das Wohlbefinden von Männern zuständig. Und das Schlimmste ist, dass sie mich beschuldigt, an seinem Elend schuld und für ihn verantwortlich zu sein. Ich könnte ihm helfen, zu begreifen. Wieso ich? Bin ich verantwortlich für ihn? Wieso ist er nicht verantwortlich für sich selbst? Wo ist die Hilfe für mich? Er hat alles getan, um mich und mein Kind kaputt zu machen. Wen kümmert es, dass mein Leben zusammengekracht ist? Was ist mit meinem Leid? Was ist mit meiner Trauer, meiner Wut, meinen Tränen? Oder ist es so, dass das Leid von Frauen weniger wichtig genommen wird als das von Männern, weil Leiden zum Frausein dazugehört? Was ist mit dieser Frau, die das kranke Verhalten dieser Gesellschaft im Sinne und zum Nutzen der Männer fortführt? Was ist das für eine Welt? Ich stelle fest, dass ich es nicht ertragen kann, wenn Frauen sich gegen Frauen stellen. Ich kann diese zugespitzte Form frauenfeindlichen Verhaltens nicht mehr aushalten. Ich halte es nicht aus, ich habe es satt, ich will nicht mehr. Ich will keine Lügen mehr, keine Fassade, kein Theater, ich will so sein, wie ich mich fühle und nicht so, wie alle mich haben wollen. Ich entziehe mich, ich verweigere mich, ich lasse mich nicht mehr vereinnahmen, und ich will mich nicht mehr beeinflussen lassen, weder direkt noch indirekt. Ich will nicht mehr im Sinne der Gesellschaft funktionieren, ich will leben, auch innerlich frei sein von diesen Ketten und Zwängen. Ich will nicht mehr Rücksicht nehmen müssen auf andere, wenn ich es nicht selber will, und ich bin nicht mehr verantwortlich für irgendjemand außer für mich und meine Kinder.

Unaufhaltsam geht die Zeit ihren Weg. Nur noch einen Monat bis zum nächsten Gerichtstermin in der Türkei. Ich muss ganz oft an die Zeugen denken, diese Menschen, von denen ich einige einst zu meinen Freunden gezählt habe. Ich fühle mich stumm. Eigentlich müsste ich wütend sein, aber in mir ist nur Trauer und Hilflosigkeit. Ich nehme das hin und weiß nicht warum. Nach langen Diskussionen mit Mona entschließe ich mich, diesen sogenannten Zeugen einen Brief zu schreiben, um so wenigstens meine Wut, Enttäuschung und Trauer auszudrücken, meinen Gefühlen einen Kanal nach außen zu verschaffen. Ich schreibe an vier von den zehn, und ganz besonders meiner früheren Nachbarin, von den anderen habe ich keine Anschrift. Ich schreibe voller Enttäuschung und Wut, was ich von ihr und ihrem Verhalten halte. Ich schicke die Briefe zwar etwas unsicher ab, aber ich weiß auch, dass es richtig ist. Das ist im Grunde das erste Mal, dass ich mich auf der privaten Ebene zu wehren versuche. Als ich darüber nachzudenken beginne, muss ich feststellen, dass eine meiner typischsten Verhaltensweisen ist, mich nicht zu wehren. Ich habe gelernt, still zu sein, wenn mein Vater auf mich wütend war, oft ohne Grund mit mir geschimpft hat, ich hatte dann kein Wort zu verlieren, ich hatte ihn nicht einmal anzuschauen. Wenn ich meiner Wut in meinen Blicken Ausdruck verlieh, bekam ich dafür noch zusätzlich Ärger; also lernte ich, vor mich auf den Boden zu schauen, wenn er wütete, und meine Wut wurde zu leisen Tränen.

Zwei Wochen später kommt Antwort von meiner Nachbarin. Ich hatte die Anschrift meiner Anwältin als Absender angegeben. Sie ist wütend, genauso wütend wie ich es war. Sie schreibt, dass sie nie im Leben gegen mich aussagen würde, dass sie gar nichts davon weiß, und wie ich so etwas nur annehmen könnte. Ich muss schlucken. Ich kann es nicht glauben, aber die Rechtsanwältin in der Türkei hat sie doch unter den Zeugen mit aufgeführt? Langsam begreife ich. Dieser Mistkerl hat sie als Zeugin benannt, ohne sie überhaupt gefragt zu haben. Es ist einfach unglaublich. Sie lebt in Deutschland, und er gibt sie in der Türkei als Zeugin an, ich fasse es nicht. Ich setze mich hin und antworte ihr, versuche ihr zu erklären, wie es war, und bitte sie, mir zu verzeihen. Ihr Brief tut mir weh, aber hätte ich nicht reagiert, hätte ich dieses ekelhafte Spiel überhaupt nicht durchschauen können. Ich schreibe noch einen zweiten Brief an einen anderen Freund, von dem ich mir auch vorstellen kann, dass er auf die gleiche Art und Weise betrogen worden ist. Die Antworten bleiben aus. Das macht nichts. Ich konnte nicht anders handeln, und ich denke, diese Menschen müssen meine Situation verstehen. Ich kämpfe um meine und die Zukunft meiner Kinder.

Der Gerichtstermin in der Türkei rückt bedrohlich näher. Ich werde immer nervöser. Ich habe irgendwie Angst und weiß gar nicht so recht warum, denn dort kann eigentlich nicht mehr so viel schief gehen. Inzwischen habe ich die hiesigen Urteile beglaubigen lassen und sie ebenfalls meiner Rechtsanwältin in der Türkei geschickt. Ich habe ihr auch von dem Falschspiel mit meiner Nachbarin erzählt und ihr deren Brief zugefaxt. Das dortige Gericht muss schließlich wissen, mit was für Methoden dieser Mann sich ins rechte Licht zu rücken versucht.

Eine Gutachterin

So oft frage ich mich, warum in dieser Situation noch so viele Dinge gleichzeitig schief gehen müssen. An einem Freitag gegen 13 Uhr ruft eine Frau an. Sie sei Gutachterin, von auswärts angereist und wolle mich und Yasemin sprechen. Ob sie uns heute Nachmittag besuchen kommen könne, sie habe einen Brief an die Adresse meiner Eltern geschickt. Meine Telefonnummer habe sie von meiner Rechtsanwältin bekommen. Ich bin so überrollt, dass ich nicht einmal mehr nein sagen kann. Erst als ich auflege, wird mir die Situation richtig klar. Wer ist diese Frau, warum habe ich diesbezüglich kein Schreiben vom Gericht oder von meiner Anwältin bekommen? Ich kann doch nicht eine wildfremde Person, die sich per Telefon anmeldet, in die Wohnung lassen. Meine Telefonnummer gibt meine Rechtsanwältin doch auch gar nicht heraus. Das weiß ich genau. Ich rufe also meine Rechtsanwältin an, kann sie nicht erreichen, schicke ihr ein Fax, in welchem ich ihr die Situation schildere und bitte dringend um Rückruf. Und die Zeit läuft. Dann rufe ich die Sozialarbeiterin an. Sie ist mit mir einer Meinung, ich solle sie auf keinen Fall in die Wohnung lassen, sie könnte auch von meinem Ex-Ehemann beauftragt worden sein. Ich schreibe eine Notiz, in der ich die Situation kurz zu erklären versuche und füge die Telefonnummer der Sozialarbeiterin hinzu, um bei Bedarf einen neuen Termin auszumachen. Diese Notiz bringe ich an der Haustüre an. In allerletzter Minute ruft meine Rechtsanwältin zurück, irgendjemand im Büro hat tatsächlich meine Telefonnummer weitergegeben. Ich kann es nicht glauben, aber jetzt ist es sowieso zu spät. Ich sitze mit den Kindern im Wohnzimmer, und wir verhalten uns ganz ruhig. Ich habe beschlossen, die Tür nicht aufzumachen. Meine Rechtsanwältin hat auch keine Benachrichtigung vom Gericht erhalten. Hier ist etwas faul.

Später erfahre ich, dass die Gutachterin bei der Sozialarbeiterin angerufen und geäußert hat, die Mütter würden das immer so machen, weil sie ein Gespräch zu verhindern versuchten, aber da sie nicht den Mut hätten, dies offen zu sagen, würden sie es irgendwie zu vereiteln suchen. Ich bin wütend auf diese Frau. Wie kommt sie dazu, sich ein Bild von mir zu machen, ohne mich zu kennen? Was ist das für eine Art, anzurufen und zwei Stunden später vorbeikommen zu wollen? Inzwischen haben sowohl ich als auch meine Anwältin bei der Staatsanwältin angerufen. Die Gutachterin war echt. Ein paar Wochen später kommt ein Schreiben vom Gericht, das mich darauf hinweist, dass der Termin mit der Gutachterin einzuhalten ist. Die Gutachterin selbst meldet sich jetzt schriftlich an. Ich fühle mich nicht wohl. Das Ganze hat so negativ begonnen.

Sie kommt, und ich versuche ihr zu erklären, warum ich mich so verhalten musste, was für Tricks mein ehemaliger Mann sich bis heute hat einfallen lassen, um an unsere Adresse oder Telefonnummer zu kommen. Sie ist sehr nett und freundlich. Sie ist mir sympathisch. Sie fragt mich verschiedene Dinge über Yasemin, und ich antworte ihr. Ich erzähle ihr auch von den Bildern, die ich inzwischen male und meinen Texten. Ich weine nicht, im Gegenteil. Sie ist insgesamt drei Stunden bei uns, davon verbringt sie etwa eine Stunde mit Yasemin im Kinderzimmer. Als sie geht, atme ich auf, ich hatte mir das viel schwieriger vorgestellt. Ich bin richtig froh.

Prozess in der Türkei

Die Tage vergehen. Nur noch ein paar Tage bis zur Verhandlung in der Türkei. Meine dortige Rechtsanwältin hat mir gesagt, es sei nicht nötig, dass ich komme. Warum bin ich nur so nervös? Irgendwie macht mir eine Bemerkung meiner Tante, die sich – ebenso wie Tice – bereit erklärt hat, für mich auszusagen, doch sehr zu schaffen. Ich solle mich auf meine Anwältin nicht zu sehr verlassen, sie habe keinen guten Eindruck von ihr, sagte sie vor etwa drei Wochen zu mir. Ich bin nicht weiter darauf eingegangen. Ich habe keinen Grund zum Misstrauen, bisher ging doch alles ganz gut. Am Tag der Verhandlung versuche ich den ganzen Tag erfolglos, meine Anwältin in der Türkei zu erreichen. Erst am nächsten Tag ist sie dann direkt am Telefon. Sie ist etwas verwirrt, scheint mir, doch dann erkennt sie meine Stimme und berichtet mir, die Verhandlung sei sehr gut gelaufen und er habe es nicht geschafft, auch nur einen einzigen Zeugen zu bringen. Der Richter habe ihm versucht klarzumachen, dass es eigentlich nicht mehr nötig sei, Zeugen zu bringen, er meinte für die nächste Verhandlung, weil vertagt werden musste, und dabei habe sie dem Richter zugenickt. Ich kann es nicht glauben, wir unterhalten uns noch eine Weile, wobei sie unter anderem sagt, dass sie Achtung vor mir habe, wie ich das alles bis jetzt geschafft hätte und so weiter. Gleich nachdem ich aufgelegt habe, rufe ich meine Mutter an, um ihr das mitzuteilen. Sie hört zu und meint dann: Ach ja, du solltest deine Tante anrufen. Deine Rechtsanwältin hat dich angelogen. Ich rufe sofort meine Tante in der Türkei an, und sie erzählt mir, dass sie aus lauter Neugier und ohne die exakte Uhrzeit zu wissen, ins Gericht gefahren sei, gemeinsam mit ihrer jüngeren Schwester und deren Mann. Mein Ex-Ehemann habe fünf Zeugen gebracht, die alle gehört wurden, und meine Rechtsanwältin sei überhaupt nicht erschienen. Ich bin sprachlos. Mein Gott, was soll ich denn jetzt tun, wie kann sie mir so ein Märchen erzählen? Meine Tante meint: Ich werde sie anrufen und fragen, wie die Verhandlung gelaufen ist, mal sehen, was sie mir erzählt. Ich tue so, als sei ich nicht da gewesen. Die Rechtsanwältin ist nicht mehr zu erreichen. Erst am nächsten Tag spreche ich wieder mit meiner Tante. Sie erzählt mir, die Anwältin habe erst behauptet, sie sei da gewesen, erst als meine Tante sagte, dass sie auch dort war und wem sie nun glauben solle, ihren eigenen Augen oder ihr, hätte sie umgeschwenkt und erzählt, sie habe vor der Verhandlung mit dem Richter gesprochen und es sei nicht nötig gewesen, dass sie selbst mit hineingegangen sei. Das sei manchmal möglich. Ich bin so schockiert, ich weiß nicht mehr, was ich glauben soll. Es ist so offensichtlich, dass diese Anwältin lügt, und doch kann ich es nicht glauben. Ich kann einfach nicht.

Jetzt fällt mir noch etwas ein. Weil ich ein ungutes Gefühl hatte, hatte ich Tice gebeten, an dieser Verhandlung teilzunehmen. Von der Anwaltskanzlei war sie am Tag der Verhandlung benachrichtigt worden, die Anwältin sei nicht in der Stadt und die Verhandlung finde erst ein paar Tage später statt. Ich will die Rechtsanwältin zur Rede stellen und versuche, sie telefonisch zu erreichen, sie ist wie vom Erdboden verschluckt. Ich rufe täglich etliche Male an, und am Ende der Woche habe ich angeblich die Nachbarin des Büros an der Strippe, die mir mitteilt, die Anwältin sei nicht mehr im Büro und erst nächste Woche wieder zu sprechen. Eine halbe Stunde später fällt mir jener Mann ein, mit dem meine Rechtsanwältin bis vor kurzem zusammengearbeitet hat. Ich rufe noch einmal an, um mir seine Telefonnummer geben zu lassen, denn ich hatte auch schon einige Male mit ihm gesprochen, und er müsste auch Bescheid wissen. Ganz eindeutig ist es meine Anwältin, die das Telefon abnimmt, ich spreche sie an, sie sagt mehrere Male Hallo, tut so, als ob sie mich nicht hören kann, unterbricht das Gespräch, und dann ist eine andere Frau am Telefon. Ich sage dieser Frau, dass ich weiß, dass dies eben Frau Semra gewesen ist und warum sie so ein Theater nötig hat, dass ich das bescheuert finde und dass sie mich noch heute anrufen soll oder mich nie wieder anzurufen braucht, und lege auf.

Siehe da, am Abend ruft sie wirklich zurück. Ich bin so aufgeregt, dass ich kaum sprechen kann, meine Stimme zittert. Ich stelle ihr nur eine einzige Frage: In wessen Verhandlung sind Sie an jenem Tag gewesen? Ganz unverfroren sagt sie, sie sei in meiner Verhandlung gewesen und ihr Vertreter, von dem ich weiß, dass er nicht mehr in ihrer Kanzlei tätig ist, sei in der Verhandlung gewesen, die mein ehemaliger Mann angestrebt habe. Sie erzählt mir so viel Müll, dass ich es nicht mehr zusammenbringe. Ich sage ihr, dass ich Kopien aller Schreiben bis heute will. Sie will mir weismachen, das sei zwar nicht üblich, aber unter Umständen würde sie mir in den nächsten Tagen die gewünschten Kopien faxen. Wir legen auf. Ich kann es nicht fassen. Drei verschiedene Versionen ein und derselben Sache. Ich spreche mit Tice und bitte sie, sich für mich auf die Suche nach einem neuen Rechtsbeistand zu machen. Dann gehe ich zu einer juristischen Beratungsstelle in Berlin und überlege gleichzeitig, ob ich nicht sofort selber in die Türkei fliegen soll, um mich vor Ort zu kümmern. Ich weiß ja nicht einmal, was für eine Verhandlung das gewesen ist; vielleicht ist es ein Versuch, mich zu entmündigen, so dass sie mich an der Grenze wegschnappen, irgendwohin bringen und gar einsperren könnten. Ich weiß nicht, ob so etwas möglich ist oder ob nun meine Phantasie mit mir durchgeht. Ich habe Angst. Auf alle Fälle muss ich mich, bevor ich in die Türkei reise, gründlich informieren, was alles auf mich zukommen könnte. Ich tue, was ich kann. Tice kommt in einer Woche nach Deutschland, und am Wochenende wird sie mich besuchen.

Er hat tatsächlich meine Rechtsanwältin in der Türkei gekauft. Sie spielen gemeinsam gegen mich. Ich bin nicht in der Lage, die Dimension dieser Katastrophe zu überblicken. Ich bin fassungslos. Ich ersticke fast, so schockiert bin ich. Ein paar Tage später kommen die Kopien, darunter die Übersetzung eines angeblichen Gutachtens, allerdings nur die erste und die letzte Seite davon. Auf der letzten Seite steht, das Kind hat dem Vater alles Erdenkliche vorgeworfen, aber nicht Missbrauch.

Gleich nachdem sie mir die Kopien gefaxt hat, ruft die Anwältin mich an und redet fast eine Stunde auf mich ein; die beiden Seiten seien Teil eines 20-seitigen Gutachtens, das von einem deutschen Gericht stamme. Dieses Gutachten habe mein Ex-Ehemann dem türkischen Gericht vorgelegt. Ich bin mir sicher, es ist eine Fälschung, es gibt kein Gutachten, sonst hätte ich doch auch schon etwas davon gehört. Sie fragt, woher ich das wisse. Das Gutachten sei von einer Frau, die mich vor ein paar Wochen in meiner Wohnung aufgesucht habe. Aber das ist doch kompletter Unsinn. Diese Gutachterin hatte doch nur feststellen sollen, ob Yasemin als Zeugin gehört werden kann oder nicht. Da kann sie sich doch nicht in dieser Form zur Sache äußern.

Die Anwältin setzt mich unter Druck, auch zeitlich. Ich hatte in der Zwischenzeit veranlasst, dass Tice die Originale der deutschen Urteile von ihrem Büro abholt, ich weiß nicht wie und unter welchem Vorwand sie das angestellt hat, aber auf alle Fälle haben wir die Originale der hiesigen Urteile, die Frau Semra unbedingt haben wollte. Und jetzt setzt sie mich unter Druck, ich solle ihr diese Originale innerhalb der nächsten zwei Tage wieder zukommen lassen. Sie müsse sie dem Richter vorlegen, wenn ich denn überhaupt wünsche, dass sie weiterhin für mich arbeitet. Ich werde das Gefühl nicht los, dass sie sich elegant aus der Affäre ziehen will. Ich lege auf und schreibe alle Fakten auf, und ich weiß, wenn ich ihr einen Betrug nachweisen kann, werde ich sie anzeigen.

Am nächsten Tag rufe ich meine Berliner Rechtsanwältin an und will wissen, ob es ein Gutachten gibt oder nicht. Und wenn es eins gibt, warum ich es noch nicht habe. Ich will wissen, wie es möglich ist, dass ein Gutachten geschrieben wird, meinem Ex-Mann zugestellt wird, der es übersetzen lässt und einem türkischen Gericht vorlegt, während ich, obwohl ich hier lebe, noch nicht einmal die deutsche Version kenne, geschweige denn in Händen halte. Sie antwortet mir, sie habe just an diesem Morgen die Akte mit dem Gutachten auf den Tisch bekommen. Sie drückt sich, will nicht mit der Sprache raus und dann sagt sie, es sei eine Katastrophe, es sei vernichtend. Ich fange an zu schreien. Wie ist das möglich, wieso, warum, weshalb? Und sie gibt mir die achtzehn Seiten per Fax durch und erklärt mir, dass in den letzten Wochen auch in anderen Fällen die Gutachten so unglaublich schlecht ausgefallen seien. Ich kann mich nicht mehr beherrschen, ich schreie: Die anderen interessieren mich nicht, mit mir und meinem Kind lasse ich das nicht machen! Ich frage sie nach dem Strafverfahren, und sie teilt mir mit, das Strafverfahren gegen meinen ehemaligen Mann werde nun vermutlich eingestellt, da ich das Kind lediglich manipuliert hätte. Ich, das böse Weib, die nichts anderes im Sinn hat, als sich an ihrem Ex-Mann zu rächen.

Ich beginne zu lesen und ich lese, wie jene Frau, die Gutachterin, einen Mann ganz offensichtlich von jeglicher Schuld freispricht. Ich kann es nicht in meinen Kopf hineinbekommen. Sätze, die ich so nicht gesagt habe, Sätze, die ich so nicht gemeint habe, unvollständige sinnveränderte Äußerungen von mir, und da steht auch etwas von Windeln, die vielleicht nicht oft genug gewechselt wurden, und dass dies auch Entzündungen verursachen könnte.

Ich sitze in der Diele, mit dem Telefon im Schoß und rufe meine Therapeutin an. Sie hat gerade keine Zeit, mit mir zu sprechen. Ich fühle mich verlassen, ich fühle mich allein. Mein Kopf schmerzt. Das ist das Ende, das ist einfach das Ende, diese Last, ich kann sie nicht mehr tragen, und ich will sie nicht mehr tragen. Ich will nicht mehr leben.

In dieser Stunde an der Grenze zum Nirgendwo überkommt mich von einer Sekunde auf die andere eine so unbeschreibliche Ruhe, ein Frieden kehrt in mir ein wie Luft, die man einatmet, ich fühle mich, als ob ich unter einem besonderen Licht stünde, ich bin so erleichtert und in meinem Kopf höre ich Sätze wie, das Ganze ist doch nur Firlefanz, völlig unbedeutend, das ist im Grunde überhaupt nicht wichtig, darauf kommt es nicht an, sondern nur auf die Erfahrungen, die du machst. Ich fühle mich fast beschwingt, als ob ich nicht gerade diese unglaublichen 20 Seiten gelesen hätte, die letzten Wochen mich nicht in die Knie gezwungen hätten. Ich stehe auf, gehe in die Küche, koche für die Kinder, versorge sie, bringe sie ins Bett. Dann setze ich mich hin und beginne ganz ruhig zu überlegen, was ich nun tun kann. Ich beschließe, mich nun endgültig auch von meiner Berliner Rechtsanwältin zu trennen. Das in der Türkei wird Tice regeln. Womit bezahle ich den türkischen Anwalt? Ich werde Tice meinen Goldschmuck mitgeben, dass wird sicher reichen. Am Wochenende wird Tice hier sein. Das ist gut, das ist wirklich gut. Genau das brauche ich jetzt.

Ich versuche zu verstehen, was mir an jenem Donnerstag Nachmittag in der Diele passiert ist. Ich sehe es als ein Wunder. Ich fühle und weiß, dass ich nicht alleine bin. Jetzt fällt mir auch wieder ein, dass ich am Morgen der Gerichtsverhandlung in der Türkei diesen Anruf bekam von einer Berliner Zeitung, bei welcher ich mich schon vor Monaten beworben hatte. Und gerade an diesem Tag werde ich gefragt, ob ich noch an einer Zusammenarbeit interessiert sei. Ist das nur Zufall oder sollen das die Stützpfeiler sein, an denen ich mich festhalten kann? Und es kann doch auch kein Zufall sein, dass ich gerade in diesen Tagen eine neue Wohnung angeboten bekomme. Das müssen die Wunder im Leben sein. Ich bin im Grunde nie verlassen. Es existiert da eine Kraft hinter mir, wie immer man es bezeichnen will, ich will es meinen Gott nennen.

Ich bin ihm dankbar für die Türen, die er mir öffnet. Und ich fühle mich bestärkt in dem, was ich tue. Ich kämpfe für mein Kind, ich kämpfe für sein Recht als Mensch in dieser Welt. Vielleicht gehe ich ein auf diesem Weg, aber ich weiß, ich werde nicht aufgeben.

Ich muss so viele Dinge auf einmal erledigen. Ich muss zum Konsulat, um dem neuen türkischen Rechtsanwalt eine Vollmacht zu erteilen, so viele Gänge wegen der neuen Wohnung, und mitten in diesem Chaos soll ich auch noch eine Bewerbung schreiben. Elternversammlungen in der Schule und im Kindergarten kann ich nicht mehr wahrnehmen. Ich kann mich jetzt nicht darum kümmern, ob die Kinder schon in der zweiten Klasse Noten bekommen oder nicht, es erscheint mir plötzlich so unwesentlich, ich habe Wichtigeres zu erledigen.

An zwei Tagen schaffe ich es nicht, aufzustehen, um meine Kinder wegzubringen. Sie müssen zu Hause bleiben. Alle Ereignisse scheinen sich auf die zweite Hälfte vom September zu konzentrieren, in der Mitte hat Yasemin Geburtstag, den ich natürlich mit ihren Freunden und Freundinnen feiern will. Ein paar Tage später wird ein Interview, das ich – weiß der Himmel warum – zu geben bereit gewesen bin, im Fernsehen ausgestrahlt. Ich bin ziemlich enttäuscht von dieser Sendung, im Augenblick ist mir aber alles egal. An jenem Morgen, als ich es nicht schaffe, aufzustehen und meine Kinder in die Schule und in den Kindergarten zu bringen, bekomme ich von der Frau, der ich am Telefon mitteilen will, dass meine Kinder heute nicht kommen können, auch noch die Frage gestellt, ob ich nicht unter diesen Umständen die Kinder lieber gar nicht mehr bringen will. Sie könnten keine Gewähr für die Sicherheit der Kinder übernehmen, sagt sie. Natürlich können sie das nicht. Wofür halten die mich denn bloß? Aber es kommt doch immer noch darauf an, wie man etwas sagt. Mein Gefühl, dass frau um so mehr allein gelassen wird, je dicker es kommt, wird immer stärker. Und es macht mich so wütend. Ich muss all dies aushalten, ich muss es durchleben, und den Menschen um mich herum fällt es schon schwer, mich nur ein kleines Stück weit unterstützend zu begleiten. Ich habe nicht die Kraft, mit ihr zu reden, ich sage ihr nur, dass ich eine neue Wohnung bekomme und bald umziehen werde, folglich die Kinder dort wegkommen und sie sich keine Sorgen machen muss.

Heute kommt Tice

Heute kommt Tice aus der Türkei. Tice ist meine Freundin und eine der wirklich wenigen, die mir geblieben sind und auf die ich mich verlassen kann. Wir holen sie spät abends vom Zug ab. Die restliche Nacht tauschen wir beide uns aus. Am nächsten Tag bringe ich die Kinder zu meinen Eltern. Sie werden zum ersten Mal auch die Nacht bei ihnen verbringen, die beiden freuen sich, und meine Mutter am Telefon auch. Ich will mit Tice etwas unternehmen. Bei ihren letzten Besuchen haben wir die gesamte Zeit mit Reden zugebracht. Ich brauche dringend eine Abwechslung, und sie kann es auch gebrauchen. Ich bringe sie ins Pergamon Museum, eigentlich haben wir beide nicht die Kraft, ich bin erschlagen von den letzten Ereignissen, und sie ist müde aufgrund ihrer Arbeitsbelastung. Doch wir schlagen uns durch, anschließend besuchen wir den Kunstbasar und gehen dann nebenan in den Berliner Dom. Wir kommen zufällig zum Abendgottesdienst. Wir lassen uns Gesangbücher geben und nehmen still an dieser Andacht teil, hören uns eine evangelische Predigt zum Tag der deutschen Einheit an, wovon wir beide sehr beeindruckt sind. Die Kirche stimmt uns beide friedlich. Und diese Orgelmusik ist einfach einmalig. Es tut uns gut. Es ist eine stille Trauer in mir, und ich denke an mein Erlebnis in der Diele. Ich genieße die Stunde still. Danach wollen wir uns die Nacht um die Ohren hauen, da sind wir uns einig. Wir fahren zu Mona, die uns berichtet, was am Reichstag los ist. Elton John gibt ein Konzert, und wir müssen natürlich dabei sein. Wir fahren hin. Und ich tobe, wie ich seit zehn Jahren nicht mehr getanzt habe. Ich hatte in dieser Ehe auch das Tanzen verlernt, so wie ich es verlernt hatte, Gedichte zu schreiben. Ich bin glücklich. Ich muss daran denken, dass ich erst vor drei Tagen mit dem Strick um den Hals in der Diele saß. Gott weiß, wie froh ich bin, dass es nicht dazu gekommen ist, sonst hätte ich das hier und diesen wunderschönen Tag verpasst. Dieser Tag ist einer der unauslöschlichen Erinnerungen in meinem Leben.

Frieden und Ruhe halten jedoch nicht lange an. Am nächsten Tag muss ich etliche Dinge vorbereiten für Tice; sie soll jede Menge Unterlagen für den neuen Rechtsanwalt mitnehmen, wer weiß, ob nicht vieles, was ich bisher in die Türkei geschickt habe, einfach verloren gegangen ist bei dieser Rechtsanwältin, die mich offensichtlich hintergangen hat. Ich bin wieder unruhig, vor allem spüre ich die Angst in meinen Knochen. Ich habe eine solche Angst. Tice will meinen Schmuck nicht haben. Sie sagt, sie wird auch den neuen Rechtsanwalt bezahlen und ich könne es ihr irgendwann zurückgeben. Dann ist Tice wieder weg.

Soll ich wieder fliehen?

Und noch in derselben Woche ist da wieder so eine merkwürdige Sache. Am Vormittag klingelt es an der Tür. Wie immer mache ich die Tür nicht auf, wenn ich nicht schon vorher genau weiß, wer kommt. Diesmal war es jedoch ein privater Paketdienst, im Briefkasten steckt ein Zettel, dass ein Paket für mich bei einer Nachbarin abgegeben worden ist. Ich gehe hinauf, bin aber irritiert, denn ich habe nichts bestellt. Meine Nachbarin gibt mir einen großen Umschlag. Ich lese zwar den Absender, aber irgendwie ist es, als hätte ich das Lesen verlernt. Der Brief ist tatsächlich von ihm. Als ich unten in meiner Wohnung ankomme, bin ich aufgeregt. Ich bin schockiert. Er schreibt mir an meine Anschrift! Direkt an mich adressiert! Ich weiß zwar schon lange, dass er unsere Adresse hat, aber irgendwie ist es doch immer etwas anderes, der unumstößlichen Tatsache ins Auge zu sehen. Jetzt merke ich, dass ich diese Tatsache doch ganz schön verdrängt haben muss. Ich öffne den Umschlag. Ein Brief, irgendwelche Kopien, eine Abschrift des Gutachtens, fein säuberlich kopiert, zwei Fotos von einem Gebäude, wo irgendwelche Fenster eingerahmt sind, mit einem Kinderspielplatz davor, und ein Tausendmarkschein stecken darin. Das erste, was mir durch den Kopf geht, ist: Den Schein schicke ich ihm in tausend Fetzen wieder zurück. Was das

Gutachten angeht, weiß ich nicht so recht, was ich denken soll. Irgendwie ist es schon seltsam, es ist die erste ordentliche Abschrift von diesem Gutachten für mich, und dieses Exemplar schickt er mir, wenn das keine Ironie ist. Der Brief fängt ohne Anrede wie folgt an: »Ich weiß, du hast gerade mit großer Aufregung diesen Brief geöffnet, beruhige dich, dein Herz bleibt ja gleich stehen, den Kindern gilt meine Sorge, dich und mich gibt es nicht, sondern nur noch ein wir.« Ich soll von dem Geld Flugtickets kaufen, die Kinder langsam vorbereiten und zu ihm in die Türkei kommen. Für Kemal sei schon ein Platz auf dem deutschen Kolleg reserviert. Auf dem Bild könne ich unsere Wohnung sehen und so weiter.

Ich rege mich zwar auf, aber etwas in mir fühlt sich auch angesprochen. Dieser Brief schafft ein kleines Gefühl von Vertrautheit. Er erzählt mir, es hätte auch keinen Sinn, meine Tante zweimal am Tag anzurufen, woher weiß er das und vieles andere? Verdammt noch mal, wird am Ende das Telefon etwa doch abgehört? Er fällt über meine Berliner Rechtsanwältin her, wird persönlich, schreibt, dass er sie angezeigt hat, wie ehrlich und aufrichtig er immer gewesen sei, und dass Gott ihm zur Seite stehen würde, und am Tag, als er das Gutachten in Händen hielt, sei er der glücklichste Vater der Welt gewesen. Das Gutachten würde es beweisen, seine Tochter, seine Ehre sei weiß wie Schnee. Wenn er nicht gewusst hätte, wo wir wohnen, hätte er sich selbst oder meiner Mutter etwas angetan, sie sei an allem schuld.

Ich solle auf keinen Fall irgendjemandem Bescheid sagen. Wenn meine Rechtsanwältin erfahren würde, dass ich in die Türkei reisen will, würde sie dafür sorgen, dass ich nicht über die Grenze komme, denn sie bereite sich bei den Anklagen, die gegen mich erhoben werden müssten, darauf vor, mich zu verteidigen, denn sie wolle ja noch an mir verdienen.

Jede solche Aktion trifft mich ins Mark. Ich fühle mich so unwohl. Die letzten Wochen hatten es in sich, und jetzt auch das noch. Wann immer ich mich in die Ecke gedrängt fühle, müssen die Frauen um mich herum herhalten, und es gibt sehr lange Gespräche. Soll ich die Stadt verlassen, soll ich ganz weggehen aus Berlin, irgendwohin, wo er uns nicht findet? Immer wieder komme ich auf dieselbe Antwort. Nein, ich kann nicht weglaufen, und wenn er es darauf anlegt, wird er uns überall finden. Ich werde nicht nachgeben, und ich werde mich nicht kaufen lassen. Aufgrund des Gutachtens glaubt er, er habe gewonnen, aber er wird sich noch wundern. Ich kämpfe nicht gegen ihn, sondern für mich und für meine Kinder. Ich werde auf dieses Spiel nicht eingehen, denn nichts anderes als ein Spiel ist es. Nehme ich das Geld oder das Go-Kart, das er für Kemal geschickt hat, das allerdings nie bei uns angekommen ist, wird er es auf diesem Weg weiter versuchen und vielleicht in seinem kranken Hirn denken, ich hätte noch Interesse an ihm. Konsequenz ist gefragt, aber leicht ist das auch nicht; heute hatte ich große Zweifel und war schon nahe dran, das Geld für unsere neue Wohnung zu verwenden, doch ich habe es nicht gemacht. Ich habe den Schein zerrissen, in einen Briefumschlag gesteckt und mit Einschreiben und Rückschein abgeschickt. Auf den Briefumschlag habe ich geschrieben: Ich spende dieses Geld, gib es denjenigen, die es brauchen, und schönen Gruß an Frau Semra.

Ich kann mein Gefühl dabei gar nicht beschreiben, es ist einfach herrlich. Ich schicke ihm sein dreckiges Geld zurück. Ich fühle mich so gut dabei. Ich nehme nichts von ihm, ich brauche nichts mehr von ihm zu nehmen, ich bin nicht mehr abhängig. Schon lange nicht mehr, aber jetzt wird es mir auch richtig bewusst: Ich bin auch finanziell nicht abhängig. Ich habe nicht viel, doch das, was ich habe, ist mein. Das ist einfach irre. Es ist mein, ganz allein mein, so wie ich mir allein gehöre, so gehören die Dinge um mich auch mir allein. Es ist wunderbar. Es ist der Beginn des ersten wirklichen Gefühls von Autonomie. Wenn ich es geschafft habe, auf seine diversen Attacken nicht mehr zu reagieren, wenn mein Herz nicht jedes Mal stehen zu bleiben droht, ich mich aufrege, dann habe ich es wirklich hinter mir, ihn und alles, was mit ihm zusammenhängt.

Der nächste Umzug ist nicht einfach für mich. Mit so wenig Geld so viel zustande zu bringen, das schafft doch. Heidi schickt mir einen Transporter mit diversem Mobiliar. Die Betten für die Kinder und eine Couch kann ich mir von dem Geld leisten, das ich vom Sozialamt bekommen habe. Und nachdem ich mir fast den Kopf zerbrochen habe, wie ich an eine Waschmaschine komme, spaziere ich einfach in ein Geschäft und erkläre meine Situation. Der Ladeninhaber ist sehr freundlich, ich bekomme mit seiner Hilfe Kredit und kaufe noch am selben Tag eine Waschmaschine, einen Kühlschrank und auch noch einen Geschirrspüler. Ich kann mein Glück nicht fassen. Ich werde es eben in Raten abbezahlen. Ich kann mich nur noch über mich selbst wundern, ich muss durchgedreht sein, nein wirklich, ich muss verrückt sein, aber ich habe es getan. Ich sitze in meiner Wohnung und höre meine Geräte laufen, schaue aus meinem Fenster auf den nass glänzenden Asphalt, gehe durch meine Räume, ich habe es geschafft. Endlich. Meine ganz eigene Wohnung, keine Zuflucht, nicht zur Untermiete, sondern eine ganz stinknormale Wohnung nur für mich und meine Kinder.

Doch die neue Wohnung bleibt so ziemlich meine einzige Freude in diesen Wochen. Eine neue Rechtsanwältin zu finden, ist mir bis jetzt nicht gelungen. Mittlerweile bin ich seit drei Monaten ohne rechtliche Vertretung. Ich habe inzwischen fünf Anwältinnen konsultiert, und das war schlimmer als Spießrutenlaufen. Das Thema sexueller Missbrauch ist nicht gerade beliebt und das Geld zu knapp. Ich habe auch beim Weißen Ring angerufen. Es dauert eine Ewigkeit, bis der erste persönliche Kontakt zustandekommt, erschwert dadurch, dass es ganze acht Wochen bis zu unserem Telefonanschluss dauert. Warum ist alles so ein Kampf? Zwei Tage vor den Winterferien kommt endlich jemand vom Weißen Ring. Ich versuche ihm meine Situation zu erklären, was nicht besonders einfach ist. Es ist ein sehr freundlicher und doch distanzierter älterer Mann. Was er sagt, ist wie Balsam für meine Seele. Er sagt mir, und er sagt dies als Mann in dieser Gesellschaft, dass es ihn gar nicht wundert, dass die Ermittlungen eingestellt wurden. Wenn die Gerichte einmal anfingen, Urteile in Missbrauchsverfahren zu sprechen, würde eine Lawine von Anzeigen losgetreten. In Anbetracht dieses Wissens würden Gerichte von vornherein versuchen, Anklagen so weit wie möglich zu verhindern. Denn andernfalls müsste sich diese Gesellschaft darüber klar werden, dass die Hälfte aller Männer Kriminelle sind. Ich schaue ihn ungläubig an, ich kann es nicht glauben. Er trifft den Kern. Wie dankbar bin ich ihm, wie gut mir das tut. Ich kann es nicht beschreiben. Überhaupt läuft das ganze Gespräch sehr locker ab. Er fragt mich nach meinen Einkünften, will aber keinerlei Belege sehen und meint, ich könnte vielleicht sogar eine finanzielle Unterstützung vom Weißen Ring bekommen. Einfach so, frage ich etwas skeptisch. Er nickt: Ja, wir sind für die Opfer da. Unsere Gesetzgebung ist so ausgelegt, dass die Opfer leider nicht geschützt werden, so wie es sein sollte, sondern häufig sogar noch eins drauf bekommen.

Er geht, und ich bin so erleichtert, so froh. Ich bin jetzt nicht mehr allein. Diese Organisation wird mich unterstützen. Er sagte auch: Das Wichtigste ist der Anwalt, wir müssen jemanden finden, den richtigen, der das jetzt mit Ihnen durchkämpft. Ich kann es nicht fassen. Ich habe tatsächlich Unterstützung. Nachdem er weg ist, gehe auch ich hinaus, ich gehe einfach spazieren und fühle mich wieder etwas wohler.

Als ich wieder zu Hause ankomme, mache ich den Umschlag fertig, den ich an meinen Rechtsanwalt in der Türkei schicken will. Ich hatte schon am Morgen bei dem privaten Versanddienst angerufen, doch zeitlich kam es nicht hin, also werde ich heute Nachmittag, wenn ich die Kinder abholen fahre, den Brief selbst dorthin bringen. Da klingelt das Telefon. Die Leiterin des Kindergartens sagt: Ihr Mann ist vorhin in der Schule gewesen und hat nach ihrem Sohn gefragt, bitte kommen Sie und holen Sie die Kinder ab. Ich antworte mehr automatisch, ja natürlich, ich bin sofort da. Lege auf. Mein Herz schlägt in meinem Hals. Ich muss überlegen. Was ist jetzt zu tun? Ich kann nicht dahin fahren. Tausende von Dingen schießen mir durch den Kopf. Ich rufe bei Heike an. Ich bin nicht in der Lage, sie zu fragen. Ich sage so etwas wie: Du musst sofort zum Hort, er ist da gewesen, ich traue mich nicht alleine hin. Sie überlegt nicht lange und sagt, sie fährt vom Büro aus hin. Ich stürze aus dem Haus. Als ich im Kindergarten ankomme, beruhigt mich schon, dass draußen keine Polizei steht. Wenn etwas Schlimmeres passiert wäre, dann wäre sicher die

Polizei schon gerufen worden. In der Eingangstür treffe ich zwei Erzieherinnen, die schon auf mich warten. Und auch darauf achten, wer hereinkommt, um sein Kind abzuholen und ob er dabei ist. Die Kinder sind oben in ihren Gruppen. Die Leiterin berichtet, dass er der Schulsekretärin erzählt habe, dass er schon lange weiß, dass Kemal hier in der Schule ist und dass die beiden hier nebenan den Kindergarten beziehungsweise Hort besuchen. Er hätte erzählt, er habe Weihnachtsgeschenke für die Kinder, schon wieder derselbe Schwachsinn, es gibt bei uns kein Weihnachtsfest. Der ist wohl jetzt total durchgedreht. Ach ja, sie hätte die Sekretärin nach seinem Aussehen gefragt, und die Antwort war, ein sehr gepflegter freundlicher Mann. Mir wird ganz anders. Ich kann es einfach nicht glauben: gepflegt und freundlich. Ich versuche ihr klarzumachen, dass sie sich bloß nicht von seinem Getue beirren lassen dürfen. Ich bin überfordert. Ich weiß nicht so recht, wie ich mich jetzt verhalten soll. Heike ist glücklicherweise da. Sie hat die Idee, die Kinder alleine mitzunehmen. Über die Hintertür. Sie fährt ihr Auto hinter dem Gebäude in einer Sackgasse vor. Den Kindern will ich nichts davon erzählen, Heike wird sie abholen und dann mit ihnen ins Büro fahren. Sie wird ihnen sagen, dass ich es heute nicht schaffe, rechtzeitig in die Kita zu kommen. Ich werde über Umwege zu Mona fahren und dann ins Büro, um nicht verfolgt zu werden. Obwohl ich intuitiv weiß, dass er unsere neue Adresse auch schon hat. Aber wir tun es einfach. Später graut mir irgendwie davor, allein mit den beiden Kindern nach Hause zu fahren. Was, wenn er vor der Haustür wartet? Heike lässt sich von mir nicht fragen und sagt, sie kommt mit uns. Ich bin so erleichtert. Wir fahren also nach Hause. Ich mache Essen. Wir setzen uns hin, trinken Tee und reden.

Meine Knie sind weich. Meine Gefühle blockiert. Mein Schlaf ist mir die letzten Wochen abhanden gekommen. Ich kann nicht mehr weinen. Ich sehe aus wie ausgespuckt. Die nächsten zwei Tage gehen die Kinder weder zur Schule noch in die Kita. Glück im Unglück. Ich habe noch überlegt, ob ich die beiden trotz allem in die Schule und Kita bringen soll, um ihm zu zeigen und mir zu beweisen, dass ich damit umgehen kann, dass ich keine Angst habe, dass er mir nichts mehr kann. Doch ich habe Angst. Ich habe panische Angst. Und ich entschließe mich, die Kinder zu Hause zu behalten.

Für Heiligabend hatten wir mit Mona verabredet, zu ihr zu kommen. Und ganz unkonventionell beisammen zu sein. Weil sie den Kontakt zu ihrer Familie nun endgültig abgebrochen hat und mit ihrem Sohn ganz alleine wäre. Wir fahren hin. An den Feiertagen rühre ich mich nicht vom Fleck, ich gehe nicht raus. Ich kann nicht. Ich habe Angst. Er muss ja auch irgendwann wieder zurück in die Türkei. Am zweiten Feiertag ruft meine Mutter mich an und erzählt, er sei bei Verwandten gewesen. Von denen sei sie jetzt gewarnt worden, er sei in der Stadt und er sei sehr aufgebracht. Die Kinder sind wie kleine Energiebündel, die man versucht, mit Gewalt zu bändigen. Sie wollen raus. Ich lasse mir was einfallen, aber viel ist es nicht, ich habe keine Kraft, mit ihnen zu spielen, und ich bin so dankbar dafür, dass sie sich die meiste Zeit so gut selber beschäftigen können. Ich bleibe bis zum frühen Morgen auf, ich kann gar nicht mehr schlafen. Ich versuche, mir die positiven Ereignisse vor Augen zu halten. Es gibt trotz allem viel Positives, so viel jeden Tag. Diese kleinen Diamanten, geschaffen aus Liebe, scheint mir. Einen Tag vor Weihnachten kommt ein Paket. Die Hausmeisterin spricht mich an, und im ersten Moment denke ich, ob das womöglich seine sogenannten Weihnachtsgeschenke sein könnten und mein Herz rutscht sonst wohin. Doch das Paket ist von meiner Freundin Heidi. Es sind Geschenke für uns alle und etwas Geld. Es ist unglaublich, ich habe nur noch vierzig Mark, doch mit diesem Geld von Heidi werde ich die nächste Woche über die Runden kommen. Das sind die kleinen großen Wunder.

Die Feiertage sind vorbei. Es ist noch früh am Tag, jedenfalls für mich, halb zehn. Es klingelt. Über die Sprechanlage höre ich seine Stimme: Wann willst du diese Tür endlich aufmachen, ich bin müde. Es klingelt über eine halbe Stunde, jetzt steht jemand oben an der Tür und klingelt. Die Kinder sind wach. Ohne dass ich etwas sage, fragt Kemal: Ist es Papa? Sie sind still, Yasemin will auf meinen Schoß. Ich weiß nicht, was ich tun soll. Die Polizei würde er abwimmeln, wie gehabt. Ich entschließe mich abzuwarten. Irgendwann hört es auf zu klin-

geln. Er hat uns wieder. Auch diese Adresse hat er wieder raus-
gefunden. Ich versuche Heike zu erreichen, sie gibt mir Telefonnummern, unter anderem die vom Kontaktbereichsbeamten
unseres Bezirks. Das Ergebnis meines Telefonats ist eine Katastrophe. Man könne ihm nicht verbieten, sich vor meiner Tür
aufzuhalten. Als ich sage, ich fühle mich bedroht, weil das und
das bis heute passiert ist, sagt mir der KOB, das sei keine Bedrohung, dass er an meiner Tür klingelt und macht mir den
freundlichen Vorschlag, ich könne ja die Klingel abstellen. Solange es keinen gerichtlichen Beschluss gebe oder eine Gewalt-
tat passiert sei, könne die Polizei nichts machen. Der Kontakt-
bereichsbeamte hält es nicht einmal für nötig, dass ein Funkwa-
gen zu mir rausfährt. Und wenn ich in Not sei, solle ich gleich
die 110 wählen, aber im Augenblick könnten sie nicht viel machen. Ich solle und müsse mich selber schützen. Ich fühle mich
so zermürbt. Meine Knie sind so weich.

Für heute Nachmittag habe ich Karten für eine Vorstellung
in der Deutschlandhalle von Heike bekommen. Sie und andere
Frauen, die ich kenne, werden auch dort sein, und ich hatte es
mir fest vorgenommen. Aber jetzt weiß ich nicht mehr, was
ich machen soll. Was, wenn er unten wartet? Es fällt mir
schwer, doch ich entschließe mich zu fahren, die Kinder müssen raus und irgendwann müssen wir sowieso wieder aus dem
Haus. Wir können uns nicht selbst einsperren. Vorher rufe ich
noch meinen Anwalt in der Türkei an, um zu erfahren ob der
Brief schon bei ihm angekommen ist. In der Deutschlandhalle
erleben die Kinder zwei unbeschwerte Stunden. Mir dagegen
geht es schlecht. Ich will weinen, ich muss weinen, doch ich
kann nicht. Ich weiß nicht, ob es so etwas gibt, dass die Tränen
versiegen, doch ich habe das Gefühl, als seien meine Tränen
versiegt. Ich weiß nicht, was für ein Gesicht ich mache, aber
Kemal fragt mich: Mami, warum schaust du so traurig? Ich
winke nur ab. Wie und was soll ich ihm erklären.

Einspruch!

Die Tage vergehen. Da ich immer noch keine Rechtsanwältin habe und die Frist bald abläuft, setze ich mich selbst hin und lege Einspruch gegen die Einstellung der Ermittlungen ein. Ich schreibe gleichzeitig an das Gericht und nehme Stellung zu den unsinnigen Beschuldigungen des Anwalts meines Exmannes. In der nächsten Woche habe ich wieder einen Termin bei einer Rechtsanwältin, und diesmal habe ich Glück. Die Frau ist richtig. Ich übergebe ihr alle Unterlagen und habe nun endlich das Gefühl, mir wenigstens um diesen Punkt keine Sorgen mehr machen zu müssen.

Dann erhalte ich vom Gericht eine Kopie des jüngsten Antrags seines Anwalts. Da ich eine Gefahr für die Kinder bedeuten würde, sollten sie in die Obhut der Behörden genommen werden, lese ich. Ich hätte erzählt, ich wolle mich und die Kinder verbrennen. Der Anwalt beantragt ein psychiatrisches Gutachten, das meine Erziehungsfähigkeiten prüfen soll. Das schlägt dem Fass den Boden aus.

Mir fehlen die Worte, mein Denken versagt. Ich rufe bei Tice an und kann nur noch schluchzen. Sie sagt, ich solle mir keine Sorgen um den türkischen Anwalt machen, das würde sie wie bisher für mich erledigen. Meine hiesige Rechtsanwältin beantragt die Abweisung all seiner hier gestellten Anträge. Kurze Zeit später bekomme ich eine angebliche Zeugenaussage von einem angeheirateten Onkel aus der Türkei, der behauptet, ich hätte am Telefon gedroht, mich und die Kinder zu verbrennen. Unfassbar. Das einzige, was daran stimmt, ist, dass ich ihn angerufen habe, um zu erfahren, wie die dortigen Verhandlungen gelaufen sind, vor allem nachdem ich erfahren hatte, dass mein ehemaliger Mann meine dortige Rechtsanwältin gekauft hat. Ich versuche herauszubekommen, ob dieser Onkel tatsächlich eine solche Aussage gemacht hat oder ob auch das wieder nur auf seinem fabrizierten Blödsinn beruht. Nach langem Hin und Her muss ich dann feststellen, dass es stimmt. Ich kann nicht beschreiben, wie froh ich bin, dass weder das Gericht noch das Jugendamt sich darauf einlassen.

Vom Weißen Ring kommt nicht die erhoffte und zugesagte Rückendeckung sondern eine Absage, kurz und knapp. Das einzige, was sie im Augenblick für mich tun könnten, sei eine kostenlose Beratung.

Dann die Antwort von der Staatsanwaltschaft. Mir zittern die Hände, als ich den Brief aufmache. Ich setze mich vorsichtshalber hin und lese dann das Grauenvolle. Verdachtsmomente und berechtigte Zweifel seien zwar vorhanden, die Beweise jedoch nicht ausreichend. Jetzt reicht es endgültig. Ich kann einfach nicht mehr. Ich bin allein, ich weine, als hätte ich das Weinen gerade entdeckt, ich gehe ein, ich gehe zugrunde, das kann alles nicht wahr sein. Das ist einfach nicht wahr. Wie können die das machen? Wo ist die Gerechtigkeit in dieser Welt? Ich liege zu einem Bündel zusammengeknüllt auf der Couch, bis es Zeit ist, meine beiden abzuholen. Am Alltag kann sich eine Mutter nicht vorbeistehlen, ganz gleich, was geschehen sein mag. Ich brauche wieder etliche Tage, um damit zurechtzukommen. Dies ist die zweite Instanz gewesen, viel bleibt nicht übrig, außerdem ist es auch eine Finanzfrage, nachdem der Weiße Ring mich nicht unterstützen will, weil nicht ich, sondern meine Tochter das Opfer ist und sie nicht sicher sind, ob das Strafverfahren gegen den Vater auch im Sinne des Kindes ist.

Da er strafrechtlich also nicht verfolgt wird, steht jetzt sofort die Frage des Besuchsrechts im Raum. Ich habe panische Angst. Wird ihm jetzt Besuchsrecht gewährt oder nicht? Seit meinem Umzug habe ich keinen Kontakt mehr mit dem Jugendamt, ich rufe also an und mache einen Termin. Trotz meiner bisherigen Erfahrungen hoffe ich, dass sie mir vielleicht helfen können, das Besuchsrecht des Vaters zu unterbinden. Das Treffen gerät zur Katastrophe. Ich müsse mich nun damit abfinden, dass es ein Besuchsrecht für den Vater geben werde, er habe gesetzlich ein Recht darauf. Zunächst würden diese Besuche im Jugendamt unter Aufsicht stattfinden, aber sicherlich nicht bis zum achtzehnten Lebensjahr der Kinder, darauf müsse ich mich schon einstellen. Im übrigen läge es nun an mir, wie die Kinder damit fertig werden würden, denn das hinge davon ab, was für ein Vaterbild ich ihnen vermitteln würde. Als ich mich mit Händen und Füßen wehre und die Sozialarbeiterin frage, ob sie mir garantieren könne, dass sich der Missbrauch nicht wiederholt, meine Tochter nicht erneut in Gefahr gerät, wenn er sie in absehbarer Zeit allein sehen könne, meint sie nur, sie würde mich so einschätzen, dass ich meine Kinder schon so erziehen würde, dass sie das nicht zulassen würden; im übrigen würde das nur Kindern passieren, die nicht genug Liebe erhalten und deshalb jede Form von Liebesbekundung akzeptieren. Eine Aussage ist schlimmer als die andere. Ich sitze da und habe das Gefühl, sterben zu müssen, und denke nur, die wissen überhaupt nicht, was los ist. Sie wissen von nichts. Als ich mich weiterhin zu wehren versuche und auch klipp und klar sage, es wird niemals ein Besuchsrecht mit meinem Einverständnis geben, muss ich hören: Sie haben doch diesen Mann zum Vater Ihrer Kinder gemacht. Er ist existent und er hat ein Recht, seine Kinder zu sehen. Der Missbrauch ist überhaupt nicht mehr Gegenstand der Diskussion, im Gegenteil, mir wird das Gefühl vermittelt, dass - wenn ich weiter daran festhalte - ich nicht mehr ernst genommen werde.

Wenn ich mich weiterhin weigere, müsse ein Gutachter bestellt werden, der dann die Besuchsregelung trifft. Dagegen könne ich ohnehin nichts machen. Die Sozialarbeiterin schlägt mir vor, ich solle ihm Besuchsrecht gewähren, dafür aber von ihm verlangen, dass er seinen Antrag auf Sorgerecht zurückzieht. Es gibt keine Gerechtigkeit, aber eine Gesetzgebung, sagt sie. Und sie sei nicht meine Feindin, sondern sie versuche, mir zu helfen. Dann will sie noch wissen, wovor ich denn solche Angst habe. Ich müsse jetzt meine Angst beiseite legen und ihm entgegentreten, um mit ihm die Bedingungen einer Besuchsregelung auszuhandeln, das sei wirkliche Stärke. Dass ich überhaupt keinen Kontakt will, darauf wird gar nicht eingegangen, auch nicht auf das, was mir solche Angst macht: dass meine Kinder erneut in Gefahr geraten und dann der Situation hilflos ausgeliefert sind. Denn ich kann mir einfach nicht vorstellen, dass ein Kind es in einer solchen Situation noch wagt, davon zu erzählen, ganz abgesehen davon, dass er dann mit Sicherheit ganz andere Sachen abziehen würde, um sie mundtot zu machen. Ich bin erschlagen, und ich fühle mich geschlagen. Machtlos. Ich kann nicht mehr tun, als ich getan habe. Zum Schluss bitte ich jedoch noch darum, dass sie in ihrem Bericht an das Gericht vermerkt, dass ich generell gegen eine Besuchs-regelung bin.

Ich lebe offensichtlich in der verkehrten Welt. Ich bin so durch-einander. Es gibt keine Gerechtigkeit, hat die Frau gesagt. Es gibt eine Gesetzgebung. Da diese Gesetzgebung anscheinend eine unverrückbare Sache und nicht für Kinder gemacht ist, und nicht für Mütter, die sich für ihre Töchter einsetzen, ver-sucht diese Gesetzgebung nun, mich so hinzubiegen, dass ich ihr auch entspreche. Das Gesetz kann man nicht beugen, aber die Frauen und Mütter. Verzweiflung macht sich breit. Was kann ich dagegen tun? Ich spreche mit meiner Rechtsanwältin. Sie beruhigt mich dahingehend, dass nicht das Jugendamt, son-dern letztendlich die Richterin entscheidet.

Ich will nicht, dass die Kinder ihn sehen

Und dann kommt die entscheidende Vorladung, ein Termin, zu dem ich mit beiden Kindern erscheinen soll. Ich frage nach, ob auch er dabei sein wird. Die Antwort ist: Ja. Ich will nicht, dass die Kinder ihn sehen. Ich will einfach nicht. Ich habe Angst. Wie werden die beiden darauf reagieren? Wie werden sie damit fertig werden? Was werden sie tun? Vor allem er, was wird er erst machen, wenn er die Kinder sieht? Er rastet doch so schon jedes Mal aus, was, wenn er jetzt erst recht ausflippt? Die Tage vergehen, der Termin geht mir nicht eine Minute mehr aus dem Kopf. Ich versuche, ruhig zu bleiben. Ich spre-che mit Heike und Mona und bitte sie, mich zu begleiten. Mir ist das alles zu viel. Warum ist es nicht möglich, dass man uns zu zwei getrennten Terminen vorlädt, warum muss ich mit den Kindern an demselben Tag dahin wie er? Warum kann mir das nicht erspart werden? Ich verstehe es einfach nicht mehr.

Dann ist es soweit. Ich treffe mich mit den Frauen und gemeinsam fahren wir zum Gericht. Den Kindern habe ich erst am Morgen erzählt, dass wir zusammen zum Gericht fahren müssen und dass der Papa wahrscheinlich auch da sein wird. Für die beiden ist es anscheinend okay. Als wir noch auf der Suche nach dem Verhandlungsraum sind, laufen wir ihm in der Eingangshalle quasi in die Arme, und - bevor ich es realisiere – hat er Yasemin, die an meiner Hand läuft, einen Kuss auf die Wange gedrückt. Yasemin will sofort auf meinen Arm. Ich nehme sie in die Arme, sie vergräbt ihr Gesicht an meinem Hals und hält mich ganz fest. Kemal geht an der Hand von Mona. Vor dem Verhandlungsraum kommt uns die Richterin entgegen. Die Frau vom Jugendamt mit einem Mitarbeiter sowie ein mir fremder Mann sind ebenfalls bereits dort. Yasemin will nicht mit der Richterin gehen, sie möchte, dass ich mitgehe, doch das geht nicht, die Richterin will die beiden doch ohne mich sprechen. Ich frage die Richterin, ob eine von den Frauen Yasemin begleiten darf, damit jemand dabei ist, die Yasemin kennt. Jetzt ist Yasemin bereit, mit der Richterin in einem anderen Raum zu sprechen. Ich setze mich mit meiner Rechtsanwältin und Mona auf eine Bank. Er kommt herein und stellt sich mit einem ironischen Blick und einem Grinsen genau mir gegenüber. Auf Türkisch sagt er zu einem mir fremden Mann, den er offensichtlich mitgebracht hat: Ich stelle mich jetzt hier hin, ihr gegenüber. Der Mann stellt sich mir als ein Freund meines Vaters vor und möchte mit mir sprechen. Ich blocke ab, und er ist beleidigt. Auch er wird sauer, was man auch seinem Gesichtsausdruck entnehmen kann, und fängt an, mich auf Türkisch zu beschimpfen und dann auch zu bedrohen. Nach dem Motto, irgendjemand müsse schließlich die Rechnung für das hier bezahlen. Er wird sehr laut. Die Richterin kommt heraus und mahnt ihn zur Ruhe, weil die Kinder drinnen sonst alles mitbekommen würden. Ich halte sein Gefasel nicht mehr aus und sage das meiner Rechtsanwältin. Dann wird es sehr laut, am Ende muss er in den Flur. Die Kinder kommen wieder heraus. Die ganze Zeit über sind die beiden sehr distanziert. Sie machen keinerlei Anstalten, ihrem Vater in irgendeiner Weise nahe zu kommen, aber sie beobachten ihn - aus der Ferne und teilnahmslos, so scheint mir.

Dann gehen wir hinein. Er hat schon wieder den Rechtsanwalt gewechselt. Ich glaube, es ist der fünfte. Aber dieser ist noch schlimmer als alle zuvor, denn er gleicht ihm unglaublich. Er könnte sein Bruder sein. Dasselbe Denken, dieselbe krankhafte Argumentation. Die Richterin berichtet zunächst, wie das Gespräch mit den Kindern gelaufen ist. Die Kinder seien prächtig entwickelt, seelisch und geistig sichtbar gefördert. Es gebe überhaupt keinen Anlass, über eine Übertragung des Sorgerechts an das Jugendamt zu sprechen, so wie er das beantragt hat. Dann spricht sein Anwalt und dann er, endlos und ohne Sinn und Verstand. Er bringt wie immer einen Haufen Müll zusammen. Es könnte schlimmer nicht sein, aber das ist ja nur gut für mich. Zum Schluss werde ich gefragt. Und ich sage, dass ich grundsätzlich ein Problem mit einem Besuchsrecht habe. Dass nach meinem Rechtsempfinden dieser Mann im Gefängnis sitzen müsse, dass es mir schwer fällt zu verstehen, warum er frei herum laufen kann, und dass ich noch weniger damit umgehen kann, dass er nun auch noch die Kinder sehen dürfen soll. Ich führe auch das Argument an, dass unter anderen Umständen ich diejenige wäre, die ihm hinterherlaufen würde, damit die Kinder den Kontakt zum Vater nicht verlieren.

Dann ist es überstanden, auch diesen Termin habe ich geschafft. Jetzt kann ich nichts anderes machen als abwarten. Ein paar Tage nach dem Gerichtstermin sagt Kemal zu mir: Mami, Papa hat sich aber sehr geändert. Er ist nicht mehr wie früher, er ist böse geworden, ich will ihn überhaupt nicht mehr sehen. Ich gehe nicht weiter darauf ein. Wir haben bald schon wieder Sommerferien, die beiden wollen unbedingt wegfahren, doch wohin wegfahren, wir können uns das nicht erlauben. Nach den Sommerferien sollen beide in schulische Einrichtungen in unseren jetzigen Bezirk wechseln, ich wollte Kemal nicht mitten im Schuljahr aus seiner alten Schule nehmen, deshalb fahre ich ihn seither mit dem Auto hin und her.

Inzwischen habe ich mich entschlossen, in der Strafsache die dritte und letzte Instanz anzugehen. Meine Rechtsanwältin beantragt ein Klageerzwingungsverfahren. Das ist die letzte Chance, die ich noch habe, um ihn hinter Gitter zu bringen.

Nach den Erfahrungen der letzten zweieinhalb Jahre habe ich nicht viel Hoffnung, um genau zu sein, gar keine, aber ich tue es trotzdem. Ich will es versucht haben. Ich will mir später nichts vorwerfen müssen. Meine Hoffnung ist auch deshalb versiegt, weil sogar meine Anzeige wegen Bedrohung und Nötigung zu nichts geführt hat. Ich werde das Gefühl nicht los, dass die Gesetze dafür da sind, ihn auch noch zu schützen.

Die Tage vergehen, und dann ist endlich ein Schreiben von meiner Rechtsanwältin in der Post. Es ist ein dicker Brief, offensichtlich der Gerichtsbeschluss. Sehr aufgeregt öffne ich den Umschlag. Und ich kann es wieder einmal nicht glauben. Er darf die Kinder nicht sehen! Er hat tatsächlich kein Besuchsrecht bekommen. Ich bin so froh, so erleichtert. Ich habe es geschafft. Ich habe es wirklich geschafft, auch wenn meine Anwältin meint, dass er mit Sicherheit in die Berufung gehen wird. Trotzdem habe ich erst einmal diesen Beschluss. An morgen will ich jetzt nicht denken. Es hätte auch anders ausgehen können. Für den Fall, dass er Besuchsrecht bekommen sollte, hatte ich mir schon überlegt, die Stadt, wenn nicht sogar das Land zu verlassen. Denn eins steht fest: So lange es mich gibt, wird er Yasemin nicht noch einmal anfassen können. Doch nun steht es da, schwarz auf weiß, er darf sie nicht sehen. Es dauert nicht lange, bis sein Einspruch eintrifft. Er hat Berufung beantragt, mit üblen und primitiven Begründungen, bei denen sich mir der Magen umdreht. Jeder zweite Satz ist ein Versuch, mich zu diskreditieren. Auch wenn es mich trifft, und ich mich sehr aufrege, weiß ich im Innersten, es wird ihm nicht gelingen.

Zwischen all diesen Terminen stehen jene Tage, die man Alltag nennt. Ich weiß nicht, ob ich unseren Tagen diese Bezeichnung geben kann, ich weiß nur, dass sie mir inzwischen genau so schwer fallen wie die Gerichtstermine.

Mit jeder Bewerbung auf eine Arbeitsstelle, die zurückkommt, schwindet meine Hoffnung, und mit jeder Idee, die nicht zündet, bricht ein Stück meines Selbstvertrauens ab, und irgendwann, so fürchte ich, kenne ich mich nicht mehr wieder.

Es gibt Momente, wo ich denke, an dieser Katastrophe bin ich nicht kaputt gegangen, aber ich werde vielleicht an den Folgen zerbrechen. Besonders macht mir die finanzielle Misere, in der ich stecke, zu schaffen. Die Kinder bekommen es relativ wenig mit, denn ich versuche, in erster Linie ihre Wünsche zu erfüllen, doch was ich mir auch einfallen lasse, es bleiben so viele Dinge außer Reichweite.

Aus Tagen werden Wochen, sogar Monate. Mir scheint, ich bin atemlos, ruhelos, ich schwimme in einem sehr unruhigen Meer, aber ich schwimme. Manchmal wütet das Meer, manchmal schläft es auch, bei Nacht überflutet mich manchmal der Anblick der funkelnden Sterne auf dem Meer, allein das Meer verliert sich niemals.

Ende 1995 erfahre ich von einer Nachbarin, dass ihr Mann für sein Geschäft eine Hilfe sucht. Ich beginne Handys zu verkaufen, erst einmal ohne Papiere, denn mein neuer Chef weiß nicht, wie das Geschäft anlaufen wird und ob er sich eine Festanstellung leisten kann. Ich habe Angst, ob ich es schaffen werde, Arbeit und Kinder zusammen auf die Reihe zu bekommen, doch ich schaffe es und beginne wieder zu atmen.

Zum ersten Mal, seit ich ihn verlassen habe, kann ich an so etwas wie Urlaub denken und auch konkret planen. Ich fühle mich pudelwohl, der Mann der Nachbarin ist sehr nett, sehr höflich. Ich hatte zunächst Angst davor, so eng mit einem Mann den ganzen Tag in einem Raum zu verbringen, doch meine Angst ist unbegründet. Dieser Mann ist sehr verständnisvoll und sehr korrekt und hat einen Blick, an den ich beginne zu denken, auch wenn ich nicht arbeite.

Ohne es so richtig zu merken, verliebe ich mich in ihn, den Mann der Nachbarin. Auf der einen Seite bin ich glücklich wie selten zuvor, denn ich habe meine Gefühle wieder gefunden, ich kann wieder fühlen für einen Mann, ich habe Sehnsucht und Begehren und kann dies empfinden. Ich bin unsagbar glücklich darüber, denn in meinem Kopf hatte sich schon der Gedanke festgebissen, dass ich für den Rest meines Lebens allein würde leben müssen, weil ich nicht mehr in der Lage bin, einem Mann zu vertrauen, geschweige denn, mich jemals wieder von einem Mann anfassen zu lassen. Doch in seiner Nähe scheinen solche Gedanken wie weggeblasen zu sein. Es gibt viel Leerlauf im Geschäft, und wir unterhalten uns, eine ungewohnte, ganz seltsame Vertrautheit entsteht zwischen uns. Ich bekomme langsam das Gefühl, dass es ihm ähnlich geht wie mir, doch er ist nicht nur verheiratet und hat drei Kinder, sondern fühlt sich an die Regeln der Gesellschaft, in welcher er sehr verwurzelt ist, gebunden, er würde seine Frau niemals verlassen können. Wir sprechen natürlich nicht über diese Dinge, doch ich weiß es. Natürlich sprechen wir auch nicht über die immer stärker werdenden Gefühle zwischen uns, bis ich es nicht mehr aushalten kann. Einen Tag bevor er in Urlaub fährt, sage ich ihm, was für Gefühle ich ihm gegenüber habe. Gleichzeitig mache ich ganz klar, dass ich nichts von ihm will, denn ich weiß ja, dass er verheiratet ist, aber ich möchte ihm wenigstens davon erzählen. Ich glaube, er ist schockiert. Sicher ist es die erste Liebeserklärung, die er von einer Frau bekommen hat, sicher kennt er es nur umgekehrt.

Ich bin sehr stolz auf mich, auch wenn mein Herz mir vor Aufregung sonst wohin gerutscht ist. Ich habe es gewagt, und ich habe es geschafft, die Rollenverteilung umzudrehen, ungeachtet der Gefahr, damit zu den bösen und nicht guten Frauen gezählt zu werden. Der Druck der letzten Wochen ist weg, ich fühle mich unendlich erleichtert, auch wenn ich weiß, dass ich niemals etwas anfangen werde mit diesem Mann, denn trotz allem habe ich meine Grenzen. Ich kenne seine Frau, ich habe sie gern, und ich würde nichts tun können, was ihr weh tut, auch nicht wenn ich mir selbst dafür weh tun muss.

Dieser Job und meine Gefühle, zu denen ich mit seiner Hilfe zurückfand, haben mich wieder stark gemacht. Ich habe wieder Mut, ich habe wieder mehr Selbstbewusstsein. Ich werde übermütig und bewerbe mich bei einer großen Telekommunikationsgesellschaft. Ich könnte Berge versetzen, Bäume ausreißen, die Welt aus den Angeln heben. Zum ersten Mal seit sehr langer Zeit habe ich das Gefühl, zu leben, mich selber und vor allen Dingen mein Herz zu spüren. Immer, wenn ich allein bin, höre ich auf diese leise Stimme in meinem Herzen, ich versuche, jede Regung zu spüren, ob es Freude ist oder die Trauer, dass ich den Job aufgegeben habe, ohne diesen Mann auch nur einmal umarmt zu haben. Wichtig ist allein, dass ich zu diesen

Gefühlen fähig bin, dass ich sie spüren kann.

Ich bekomme eine Einladung zum Vorstellungsgespräch, und mein Gefühl sagt mir, es wird klappen, weil es nur klappen kann. So gebe ich mich selbstbewusst und zielstrebig, was mir nicht schwer fällt, denn zum ersten Mal sitze ich bei einem Bewerbungsgespräch einer Frau gegenüber, die mir auch noch sympathisch ist. Sie suchen Fachverkäufer und Filialleiter. Ich mache deutlich, dass mich die Position der Filialleiterin interessiert. Und ich bekomme den Job. Das ist die Chance, in meinem neuen Leben auch beruflich neu zu starten. Eine Woche später soll es losgehen. Innerhalb von wenigen Tagen muss ich eine Betreuung für die Kinder finden, wer bringt Yasemin vom Kinderladen nach Hause, wie kommt sie morgens hin? Wer passt nach dem Kinderladen auf sie auf? Die Arbeitszeiten sind sehr lang, besonders jetzt, wo sich der Handel zu neuen Ladenschlusszeiten durchgerungen hat.

Die Welt hat sich geändert, alles hat seinen Preis im Leben. Allein erziehend, in Vollzeitbeschäftigung und mit Verantwortung für weitere Mitarbeiter bin ich auf dem besten Wege, mir selbst verloren zu gehen. Etwas in mir treibt mich trotzdem an. Etwas in mir ist so stark und zwingt mich, allen Schwierigkeiten und der Gemeinheit zum Trotz, die mir von so manchem Kollegen entgegenschlägt, diese Hetzerei durchzuhalten. Ich will es beweisen, ich muss es mir beweisen, dass ich mein Leben auch allein meistern kann - auf allen Ebenen: die erste türkische Filialleiterin in dieser Firma, die allein erziehende Mutter, deren Kinder trotzdem nicht missraten sind, die Frau in dieser Gesellschaft, die alles will und der in unserer Zeit angeblich alle Türen offen stehen. Der Mensch jedoch geht langsam verloren, die Seele, die leidet, schickt mir eine Botschaft nach der anderen, die ich tapfer überhöre. Bin ich vielleicht doch nicht so stark, wie ich dachte? Und meine finanzielle Misere – ich verschulde mich langsam, denn mein Gehalt reicht nicht aus, um davon zwei Kinder bis in die späten Abendstunden gut aufgehoben zu wissen. Es reicht hinten und vorne nicht, doch ich mache weiter. Ich vermisse die Momente der Besinnung, ich habe keine einzige Minute, um einmal aus dem Fenster in den Himmel zu schauen, ich habe keine Luft mehr zum atmen, doch ich mache weiter. Ich muss es schaffen, hier ist die

Gesellschaft der Macher, und ich gehöre doch jetzt dazu, wie kann ich das aufgeben, ich bin doch nicht verrückt, es gibt mindestens ein halbes Dutzend anderer, die meinen Job haben wollen und die vielleicht nur darauf warten, dass ich aufgebe. Mir einzugestehen, dass ich es nicht schaffe, von sechs Uhr morgens bis spät abends umherzurennen, zwei Kinder mit ihren Ansprüchen zu befriedigen, Mitarbeitern zuzuhören, den Job zu meistern und meine Vorgesetzten nicht zu enttäuschen, das alles gestehe ich mir nicht zu. Ich muss es also schaffen.

Nach einem Jahr Rastlosigkeit komme ich doch noch zur Besinnung, Gott sei Dank. Ich lasse mich in eine andere Abteilung versetzen, arbeite fortan nur noch 30 Stunden pro Woche. Lasse mir die Haare ganz kurz schneiden und beginne, mir einen Mann auszusuchen. Ich muss mich nicht selber fertig machen, das habe ich doch bereits begriffen, dafür gab und gibt es doch meinen ehemaligen Ehemann. Immer noch. Ich werde also versuchen, mein Leben so angenehm und praktikabel wie möglich zu organisieren. Zu leben und nie wieder auf die stillen Momente, die ich so bitter nötig habe, zu verzichten.

Der Mann meiner Wahl ist ein Kunde, der seit Monaten immer wieder in den Laden kommt. Seine zurückhaltende und ruhige Art war es, die mir auffiel, noch mehr aber sein Lächeln und seine leuchtend schwarzen Augen. Der Mann meiner Wahl ist kurdischer Abstammung, ein Sohn der steinigen nackten Erde Anatoliens, ein Mann mit aufrechtem Gang, er heißt Botan. Und er erobert mein Herz, Stück für Stück, nach fünf langen Jahren der Enthaltsamkeit lasse ich mich in seine Arme fallen, und ich denke, ich hätte keinen besseren dafür finden können. Seine feine, sensible Art gibt mir das Gefühl von Vertrautheit, das ich brauche, ich fühle mich so unendlich geborgen in seiner Umarmung. Seine verständige Art ist es, die meiner Seele zu heilen hilft, ich spüre es, und ich liebe ihn umso mehr dafür. Vielleicht bin ich ihm so nah, weil er weiß, wovon ich spreche, wenn ich ihm von meinem Leid erzähle, er weiß, was dieses Wort bedeutet, er weiß, was Unterdrückung und fremdbestimmtes Leben bedeuten, er weiß als Kurde, was es heißt, in Angst und Schrecken zu leben. Ich spüre den Schmerz, den er und sein Volk seit Jahrhunderten mit sich herumtragen. Mit ihm fühle ich mich wieder als Frau, ich liebe es, mich in der Nacht an ihn anzukuscheln, mich von ihm umarmen und küssen zu lassen und mich ihm hinzugeben, ihm bis ins Letzte vertrauend. Ich sehe in ihn wie in einen Spiegel, ich sehe die Widersprüche, die er in sich trägt, ich kämpfe ein wenig mit dem Patriarchen, zu dem er erzogen wurde und den seine Familie und Gesellschaft so sehr prägten. Mit Wohlbehagen sehe ich, wie sehr er versucht, an sich zu arbeiten und wie viel er bereits geschafft hat, beispielsweise, wenn er mit mir in der Küche steht und kocht, um mir einen Gefallen zu tun, und gleichzeitig weiß ich, dass seine Familie ihn dafür wohl an den Pranger stellen würde. Ich sehe natürlich auch, dass ich selbst so manche feministische Haltung, die ich mir teuer erkämpfen musste, bereits über Bord geworfen habe, und ich komme teilweise schon ins Zweifeln, das muss ich gestehen. Ich weiß nicht genau, woran ich diese Dinge festmachen soll und was mir wirklich wichtig ist. Ich lebe nicht mit ihm zusammen, wir sehen uns zum Wochenende und manchmal einen Tag in der Woche. Ich merke zum ersten Mal, wie schwierig es ist, eine Partnerschaft zu führen, und mir wird immer klarer, wie wenig mein Zusammensein mit meinem ehemaligen Mann eine Partnerschaft gewesen ist. Mit Botan kann ich über alles reden, und ich bekomme eine Antwort. Er schweigt sich über nichts aus, im Gegenteil.

Doch bei aller Liebe und allem Vertrauen bleibt ein Teil von mir auf der Hut. Etwas in mir wird immer die Aufpasserin spielen, muss es tun, denn ich weiß, dass ich eine solche Katastrophe seelisch ein zweites Mal nicht überleben würde. Mit Botan fühle ich mich nicht mehr so verloren, ich habe Mut, und ich weiß, dass - ganz gleich, was noch kommen mag - ich auch die Kraft haben werde, es zu meistern, egal was und wie die Besuchsregelung aussehen wird, ich werde es schaffen, damit umzugehen, und ich werde es verhindern, solange ich es verhindern kann.

Ich habe Achtung vor mir

Es gab Tage, an denen ich mich gefragt habe, warum ich, warum du, mein Kind. Warum musste es gerade uns geschehen? Dann gab es Tage, an denen ich mir eingeredet habe, nur wenn der Mensch solch schwierige Zeiten durchlebt, kann er auch wirklich wachsen und mit Sicherheit wird er stärker aus einer Krise hervorgehen als er hineingegangen ist. Religiös gesprochen: Nur den Menschen, den Gott wirklich liebt, prüft er so hart, wie ich gerade geprüft werde. Und an Tagen sehr großer Zweifel habe ich geweint und mich selbst bemitleidet und gedacht, solche Gedanken rede ich mir doch nur selber ein, damit ich überhaupt mit dieser Katastrophe fertig werden kann.

Heute, nach fast fünf Jahren und noch nicht am Ende, auch wenn vieles schon ausgestanden ist, weiß ich, warum gerade ich. Obwohl ich heute noch immer vor der nächsten Gerichtsverhandlung zittere, bin ich in der Lage, den Unterschied zu sehen. Ich bin nicht mehr die Frau, die ich war, als ich meine Kinder nahm und fortging. Heute weiß ich, diese Krise hat mich davor bewahrt, mein Leben im ewigen Tod zu verbringen, denn mein Leben war ein schrittweises Sterben vor meiner Zeit. Nichts anderes. Gezwungenermaßen angepasst und mit höchst fragwürdigen Bildern im Kopf war ich leergebrannt, habe mich verbraucht für nichts und wieder nichts. Heute bin ich mutiger. Es ist eine innere Freiheit in mir, die ich ganz deutlich spüren kann, ich habe keinen Respekt und keine Furcht mehr vor Institutionen, die geschaffen sind, um uns zu kontrollieren und in Schach zu halten. Ich habe Achtung vor mir. Ich glaube, jede Krise schafft eine Basis für eine Neuorientierung, für die der Mensch ohne eine solche Krise nicht bereit wäre. Ich bin überzeugt, dass Lebenskrisen unsere Rettung sind, damit wir nicht vor unserer Zeit sterben. Krisen sind eine Chance für einen Neubeginn anderer Art. Krisen können dafür sorgen, dass wir uns wieder auf uns selber besinnen, unsere Tage neu beleuchten und den möglicherweise falschen Kurs, auf dem wir uns befanden, zu ändern. Sie können ein Weg sein, festgefahrene, unlebendige Verhaltensformen aufzugeben, sich von der Selbstzerstörung abzuwenden. Wir können wieder lernen, mehr im Augenblick zu leben.

Ich bin offener und ehrlicher mit mir und mit den Menschen um mich herum geworden. Sogar so sehr, dass sich einige offensichtlich irritiert fühlen, was mich dann wiederum schockiert. Aber ich kann es inzwischen auch ein Stück gelassener sehen. Ich bin ehrlicher mit mir, das ist das Wichtigste. Ich brauche mir nichts mehr vorzumachen. Ich muss mir zum Beispiel nicht mehr einreden, das und das sei eben meine Rolle als Frau; oder an Tagen, wo meine Zweifel besonders groß sind, muss ich mir nicht mehr sagen, Millionen andere machen es doch auch so. Das alles ist für mich kein Kriterium mehr. Ich brauche mich nicht mehr als Marionette zu fühlen, denn ich bin keine mehr. Ich lasse mich nicht mehr fremdbestimmen, sondern ich bestimme mich selbst. Ich definiere mich und lasse mich nicht mehr definieren. Ich stelle einen Wert für mich in die Welt und lasse dies nicht mehr andere für mich tun. In letzterem lag die größte Gefahr für mich, definiert durch und über meinen ehemaligen Ehemann war ich buchstäblich jede Sekunde in Gefahr, von dem, was ich angeblich darstellte, entthront zu werden, wenn er dies nur wollte. Das ist vorbei. Es ist so, als hätte alles, was bisher gültig war, seinen Sinn und seinen Wert verloren, die Kruste abgeworfen, damit der Kern sich endlich zeigen und ein Stück mehr sich selbst leben kann. Ich bin nicht mehr bereit, faule Kompromisse einzugehen.

Ich weiß heute sehr genau, was ich will und noch mehr, was ich nicht will. Ich freue mich, denn heute lebe ich ein großes Stück mehr als früher, und ich weiß, ich bin auf dem besten Weg in eine offene, ehrliche, erfahrungsreiche und vielversprechende Zukunft. Ich freue mich, denn meine Kinder haben heute eine reale Chance, als lebendige und gesunde Menschen aufzuwachsen. Ich jedenfalls werde alles dafür tun, was ich nur kann, und das Beste ist wohl, ihnen dieses Leben vorzuleben. Auch darin findet die Krise ihren tieferen Sinn. Ich habe meine Kinder beschützt, sie vor sehr viel Leid, Erniedrigung und sogar Zerstörung bewahrt. Ohne übertreiben zu wollen, denke ich, dass ich meiner Tochter das Leben gerettet habe, und nach einem solchen Gedanken erübrigt sich die Frage nach dem Sinn der Krise in meinem Leben ohnehin.

Ich bin ein Tropfen im Meer, ohne diesen Tropfen würde dem Meer etwas fehlen. Ich bin ein Teil von allem, und alles ist in mir, und ich danke meinem Schöpfer aus tiefstem Herzen für alles, was mir bis heute widerfahren ist. Ich vermag es noch nicht dauerhaft zu spüren, doch tief in mir weiß ich es: Das Leben bedeutet nicht nur Sonnenschein. Wie könnte ich Sonnenschein definieren, wenn ich den Regen nicht kennte? Leben ist ein Ganzes, das aus Hell und Dunkel besteht, die sich jeweils ablösen, doch beide sind gleichwertig und ergänzen einander. Im Kreis von Hell und Dunkel, da stehe ich, das bin ich. Heute.

Epilog

Wenn ich heute an diese Dinge zurückdenke, dann tut alles immer noch sehr weh, auch und besonders die Tatsache, dass ich in meiner typisch weiblichen Vorstellung, die Familie zusammenzubringen und zusammenzuhalten und für Harmonie zu sorgen, Ibrahim meine Tochter oft regelrecht in den Arm gelegt, ja sie ihm zugespielt habe. Die Tatsache, dass er dieses Kind eigentlich nicht hatte haben wollen, seine Abneigung gegen mich während der Schwangerschaft und danach und sein Desinteresse an ihr als Säugling brachten mich unausgesprochen dazu, zwischen Tochter und Vater zu vermitteln. Mein Traum hieß »glückliche Familie«, und wenn ich es schaffte, mir dieses Gefühl zu holen, wenn auch nur für wenige Minuten, dann war ich zufrieden. Deshalb fand ich öfters irgendeinen Vorwand, ihm Yasemin auf den Schoß zu setzen, vielleicht auch deshalb, weil sie dies freiwillig und von sich aus so gut wie nie gemacht hat.

Was mir am schwersten fällt, in Worte zu fassen und aufzuschreiben, sind die vielen Anzeichen, die ich im Nachhinein so überdeutlich sehen und deuten kann.

Es ist wirklich so, als seien mir irgendwann Schuppen von den Augen gefallen, und plötzlich liegt sie da, die Wahrheit, vor den Füßen ausgebreitet, unmissverständlich und nicht zu überspringen. So schrecklich deutlich erscheint sie, dass die bloße

Erinnerung daran mir weh tut, auch deshalb, weil sie mir schwere und schwerste Schuldgefühle macht.

Wie ist es möglich, dass ich diese Dinge nicht richtig deuten konnte? Konnte ich es wirklich nicht, oder wollte ich es vielleicht im Unterbewusstsein auch nicht? Ich denke, beides stimmt.

Wie kaputt meine Ehe auch gewesen sein mag, Missbrauch ist mir nie in den Sinn gekommen. Missbrauch war und ist einfach unvorstellbar, weil kein normaler Mensch auf dieser Welt mit einer solchen Gemeinheit rechnet.

Ich glaube heute, dass Ibrahim mein Kind etwa im Alter von zwei Jahren – wenn nicht noch früher – angefangen hat zu missbrauchen. Jedenfalls habe ich ab diesem Zeitraum Auffälligkeiten an meiner Tochter beobachtet. Das erste Mal, als mir etwas auffiel, war an jenem Tag, als Yasemin gerade zwei Jahre alt war oder kurz davor, genau kann ich es nicht sagen. Ich weiß nur, dass sie noch nicht in vollen Sätzen sprechen konnte. Ich war wie üblich morgens aufgestanden und hatte Kemal in den Kindergarten gebracht. Ibrahim blieb immer noch so lange zu Hause, bis ich zurückkam, um auf die Tochter aufzupassen. Meistens lag er dann noch im Bett. An diesem Morgen also kam ich nach Hause zurück, Ibrahim war aber schon fertig und ging. Unser Kind stand im Schlafzimmer. Als ich zu ihr ging, streckte sie mir ihre Zunge entgegen und sagte: Mami, küss mich! Mich fiel ein seltsames Gefühl an. Mir wurde irgendwie flau im Magen. Ich habe zwar ganz genau gespürt, dass da etwas nicht in Ordnung ist, aber richtig einordnen konnte ich es nicht, sie war ja auch noch so klein damals.

Ein anderes Mal, ebenfalls an einem solchen Morgen, sagt sie zu mir: Papi Hand in Hose. Ich dachte, er hätte ihr ihren Pyjama angezogen oder ausgezogen oder was weiß ich, doch nichts weiter. Des öfteren ist mir morgens aufgefallen, dass ihre Windel total schief und neben ihrem Körper hing. Heute weiß ich es besser: Weil sie geöffnet und wieder verschlossen worden war, und er das einfach nicht richtig konnte.

Im letzten gemeinsamen Sommer in der Türkei hatte sie sogar einmal einen Tropfen Blut in der Windel. Ich habe geglaubt, dass es damit zusammenhing, dass sie damals so extrem unter Verstopfung litt. Aber sie hatte keinen Stuhl in der Windel, sondern »nur« einen Tropfen Blut.

Ein anderes Mal war die Windel total verfärbt. Ich habe ihm sogar die letzten beiden Auffälligkeiten berichtet, in dem Tenor: Irgendetwas stimmt nicht mit ihr, was meinst du, was kann das bloß sein? Er hat nicht geantwortet.

Ein paar Monate, bevor wir fortgingen, wachte sie in der Nacht auf. Weil sie weinte, ging ich in ihr Zimmer. Er stand an ihrem Bett. Als er mich sah, meinte er zu mir: Tu etwas, ich kann sie nicht beruhigen. Sie war nicht zu beruhigen. Sie schrie wie am Spieß. Während sie so weinte, versuchte sie, ihre Beine von mir fernzuhalten, es war förmlich so, als wollte sie mit ihren Beinen die Zimmerwand hoch laufen. Ich habe erst lange mit ihr reden müssen, bevor ich sie überhaupt anfassen durfte. Dann konnte ich sie auf den Arm nehmen. Ich ging mit ihr ins Wohnzimmer und hielt sie und wiegte sie. Ich war richtig verängstigt. Es war zwei oder drei Uhr früh. Ich habe sogar einen Moment überlegt, ob ich einen Arzt rufen sollte. Ich fragte, was sie hat, ob ihr etwas weh tut. Nach einer Weile sagte sie: Ja, mein Po, und: Der Papi hat weh getan. Ich fragte, wie, und sie sagte, mit der Hand. Ich habe damals tatsächlich gedacht, er hat ihr wohl am Ende einen Klaps auf den Po gegeben, weil er sie nicht beruhigen konnte. Als sie sich beruhigt hatte, brachte ich sie wieder ins Bett. Als ich selbst ins Bett ging, schlief Ibrahim noch nicht und fragte mich, was mit ihr war. Heute weiß ich, er hat aus Angst gefragt, ob ich etwa etwas mitbekommen habe und nicht, weil ihn das Kind interessierte.

Ich denke an Yasemin. Was muss sie empfunden haben? Sie sagt mir, der Papi hat weh getan, und ich tue nichts, einfach nichts. Sie muss doch gedacht haben, es geschieht mit meinem Einverständnis. O Gott, wie ich ihn dafür hasse. Erst Monate später habe ich realisiert, dass ich nicht einmal meiner Rechtsanwältin alles von dieser Nacht berichten konnte. Ich habe, als ich ihr berichtete, einfach die Stelle, Papi hat weh getan mit der Hand, vergessen. Einfach vergessen. Ich habe es offensichtlich nicht ertragen können. Meine Schuldgefühle lasten so auf mir, dass ich diesen doch so deutlichen Teil einfach aus meinem Kopf eliminiert habe. Erst Monate später, als ich diese schrecklichen Geschehnisse immer wieder durch meinen Kopf passieren ließ, als ich nach Antworten suchte, fiel es mir wieder ein. Überhaupt ist es mir in jenem Jahr sehr oft passiert, dass ich Dinge für eine Weile nicht mehr erinnern konnte. Die Psychologin meinte, dies sei völlig normal und so etwas wie ein natürlicher Selbstschutz. In dem Moment, wo es zu viel, wo es unerträglich wird, wo ein Zusammenbruch bevorsteht, werden manche Dinge vom Bewusstsein ferngehalten und somit die Last zumindest für eine Weile verringert.

Ein anderes Mal ging ich mit Yasemin zum Arzt, weil sie so weinerlich war, nichts aß, manchmal nur so dasaß, wie abgeschaltet, und sie ließ sich auch nicht ohne weiteres auf den Arm nehmen. Ich machte mir Sorgen und fürchtete mich insgeheim schon vor einer bösen Krankheit, die sie vielleicht hätte und die der Arzt nicht feststellen kann. Er entließ mich mehrmals mit Sätzen, wie, sie ist gesund, die meisten Kinder essen schlecht, und die Entzündungen im Genitalbereich sind nicht unnormal bei kleinen Mädchen, das kommt öfter vor. Weil sie so oft klagte, ihr Popo würde weh tun, habe ich sie einmal nur aus diesem Grund zum Arzt gebracht, weil ich dachte, da muss noch etwas anderes sein als Verstopfung. Auch das ist ein Moment, den ich mir nicht verzeihen kann. Der Arzt hat sie mit einem Finger untersucht. Sie hat so sehr geschrien, dass ich sie nicht allein festhalten konnte. Diese ihre Reaktion muss doch für einen Arzt deutlich gewesen sein? Mein armes Baby, ich bringe sie zum Arzt, und der steckt ihr in meinem Beisein auch noch den Finger in ihren Po, was muss sie nur gefühlt haben? Ihre Ohnmacht spüre ich regelrecht. Als ob alle um sie herum ihr nur weh tun wollten. Zu dieser Zeit habe auch ich – unbewusst – ihr weh getan in meiner grenzenlosen Dummheit und Naivität. Ich weiß nicht, ob ich mir das jemals werde verzeihen können.

Ich hoffe, dass sie es mir eines Tages wird verzeihen können.

Und dann sind da noch diese ganz subtilen Zeichen. Sie scheinen mir wie durchsichtiges Material zu sein. Sie mochte ungern auf seinem Schoß sitzen. Er hat ihr oft etwas ins Ohr geflüstert, ich durfte es nicht hören, und sie hat dann immer geschimpft. Wenn sie morgens zu uns ins Schlafzimmer kam, legte sie sich nicht zwischen mich und meinen Mann, sondern immer zu mir, ich lag dann zwischen ihr und ihm. Ich habe mich zwar manchmal gewundert, dann aber gedacht, sie ist eben eigensinnig, sie hat ihren eigenen Kopf. Wenn sie abends bei mir im Bett schlafen wollte, war er immer ganz streng dagegen, ich solle ihr so etwas erst gar nicht angewöhnen. Dieses verfluchte Monster, natürlich nicht, dann hätte er ja keinen Zugang mehr zu ihr gehabt. Ekel überkommt mich bei diesen Erinnerungen und Wut über mich und meine Unfähigkeit, und dann folgen diese Schuldgefühle.

Ich denke an jenen Morgen. Yasemin ging seit ein paar Tagen in den Kindergarten. Am Abend zuvor hatte ich ihr erzählt – ebenso wie meinem Sohn – dass sie kein Kind da unten anzufassen hat, dass sie niemand in der Toilette beobachten soll, dass sie niemand auf den Mund küssen darf, und wenn so etwas passiert, dann solle sie es mir erzählen. Am nächsten Morgen habe ich es noch einmal wiederholt. Ibrahim stand neben mir, er wollte die Kinder zum Kindergarten bringen. Da fragte Yasemin: Papi auch nicht? Ich habe einen Moment gestutzt und dann gedacht, es ist ja blöd, wenn ich jetzt Ausnahmen mache, also sagte ich ihr: Nein, Papi auch nicht, und ich auch nicht, wenn du es nicht erlaubst. Ibrahim stand daneben, er sagte kein Wort. Es kam mir seltsam vor, ich hatte erwartet, dass er mich mit irgendeinem Wort unterstützen würde.

Heute denke ich, das war der Grundstein, dass mein Kind mir so deutlich vom Missbrauch erzählen konnte, denn ungefähr drei Wochen später hat sie es mir dann schließlich gesagt.

Heute – im Juli 2002

Unsere Geschichte in diesem Buch endet 1997. Natürlich ist sie weder 1997 noch heute beendet.

Ich war zu diesem Zeitpunkt jedoch der Meinung, dass ich mit meiner neuen Liebe ein neues Leben beginnen und ein altes Kapitel abschließen kann. Dennoch hat sich sehr viel ereignet seitdem, und einige Ereignisse will ich hier kurz streifen.

Der Kampf mit den Gerichten hat bis heute kein Ende. Doch es ist bei weitem nicht mehr so aufreibend. Um es ganz deutlich zu sagen: Es berührt mich heute nicht mehr. Ich habe eine neue Sicherheit gewonnen. Das hat natürlich auch damit zu tun, dass es meinem Exmann bis heute nicht gelungen ist, ein Besuchsrecht zu erwirken.

In drei Monaten steht der nächste Unterhaltstermin an. Was soll's. Was kann mir schon passieren? Ganz gleich, was noch in meinem Leben auf mich zukommen wird, ich habe heute die Kraft, damit fertig zu werden, und dieses Bewusstsein meiner Kraft gibt mir Sicherheit. Sicherheit gibt mir auch, dass Yasemin und Kemal mit jedem Tag älter und reifer werden und dem Tag näher kommen, an dem sie sich ganz allein - also auch ohne meine Hilfe – im Leben zurechtfinden. Natürlich gibt mir das ein gutes Gefühl, auch wenn ich jetzt schon Angst davor habe, sie gehen zu sehen.

Weil damals das Gericht, das Jugendamt und alle anderen Beteiligten mich nicht dazu bewegen konnten, einer Besuchsregelung freiwillig zuzustimmen, bestellte der zuständige Richter ein Gutachten. Er war der Meinung, er müsse meine Erziehungsfähigkeiten prüfen lassen. Man höre und staune. Es wurde nicht etwa ein Gutachten für meinen Exmann verlangt, sondern für mich, für die Mutter, die zu kämpfen wagt, für die Frau, die sich nicht klein kriegen lässt. Nach dem Motto, mit dieser Frau kann doch etwas nicht stimmen, sollte jetzt also wiederum ein Mann feststellen, ob ich überhaupt normal genug sei, um meine Kinder allein erziehen zu dürfen. Darüber hinaus sollte dieses Gutachten die Modalitäten einer eventuellen Besuchsregelung prüfen.

Der Gutachter eröffnete mir nach einigen Tagen, er werde dem nicht nachkommen, denn er sehe keinerlei Anlass für eine derartige Überprüfung. Eine große Last fiel von mir ab, und ich konnte nun gelassen und ohne Angst mit diesem Gutachter zusammenarbeiten. Ich musste mehrmals mit den Kindern zu ihm kommen, und mehrmals haben die Kinder ihren Vater dort getroffen. Ich selbst habe mich geweigert, ein Gespräch zu dritt, das heißt mit ihm und mit meinem Exmann zu führen. Ebenso habe ich abgelehnt, an dem sogenannten begleiteten Umgang meiner Kinder mit ihrem Vater teilzunehmen. Ich habe mich geweigert, weil ich mir das nicht selber antun konnte und wollte.

Nach etwa neun Monaten lag ein Gutachten vor, welches dem Vater vierzehntäglich einen begleiteten Umgang von jeweils zwei Stunden zugestand.

In diesen Monaten ist mir ein Umstand sehr deutlich geworden, etwas, das mir bis zu dieser Zeit einfach unvorstellbar gewesen war. Ich habe begriffen, dass meine Kinder trotz allem eine Sehnsucht nach ihrem Vater hatten. Beide erinnern sich nicht an das Geschehen, das heißt an den Missbrauch, sie sind der Meinung, ich hätte mich vom Vater getrennt, weil wir uns nicht verstanden. Und mein Problem war es dann, einen Weg zu finden, meinen Kindern entgegenzukommen, es ihnen zu ermöglichen, sich so viel wie irgend möglich von ihrem Vater zu holen, ohne sie in Gefahr zu wissen. Allein aus diesem Grund stimmte ich dem begleiteten Umgang zu. Dass es hieß, wir machen jetzt probeweise sechs Monate begleiteten Umgang und wenn es gut geht, wird es vielleicht auch unbegleiteten Umgang geben, hat mir doch sehr zu schaffen gemacht. Meine Kinder allein mit meinem ehemaligen Mann irgendwohin gehen zu lassen, war und ist für mich nicht denkbar. Jetzt leben wir seit zirka neun Monaten in völliger Ruhe, was eine Besuchsregelung angeht. Und wir haben es inzwischen mit einer weiblichen Richterin zu tun, die offensichtlich weiß, worum es geht, wofür ich ihr sehr dankbar bin. Den letzten Antrag meines Exmanns hat sie mit dem Argument vom Tisch gefegt, er könne nicht einfach einen Antrag stellen, dann aber gar nicht erscheinen beziehungsweise nicht erreichbar sein.

Ich bin glücklich.

Dies alles hat dazu geführt, dass ich ein bisschen lockerer geworden bin. Seit der Zeit des Gutachtens, als die Kinder den Vater nach vielen Jahren zum ersten Mal wiedergesehen haben, hat mein Sohn telefonischen Kontakt mit seinem Vater, sie unterhalten sich und schicken sich SMS. Und ich habe jetzt die Ruhe, dies zuzulassen, darüber freue ich mich sehr. Zu Anfang hatte ich große Angst: Was passiert, wenn er Kemal einfach nur Lügen erzählt, was ist, wenn er versuchen sollte, ihn wegzulocken, oder mich schlecht zu machen? Viele Sorgen sind überflüssig. Kemal geht für seine 15 Jahre unglaublich souverän mit der Situation um. Er hat die Gabe, sich abzugrenzen. Wenn ich einmal meine Neugier nicht unterdrücken kann und ihn nach dem Inhalt des letzten Telefonats frage, kann er mir sagen, Mama, darüber möchte ich nicht mit dir reden. Auch wenn es nicht in erster Linie das war, was ich hören wollte, bin ich in meinem Innern doch stolz auf meinen Sohn, dass er, so jung wie er ist, die Fähigkeit hat, sich abzugrenzen und auch mir Grenzen zu setzen, denn letztendlich geht es mich wirklich nichts an. Und ich weiß, wenn es wirklich etwas Wichtiges gibt, wo er meine Hilfe braucht, dann wird er mit mir darüber sprechen.

Mit Yasemin lief es etwas anders ab. Nach dieser Zeit mit dem Gutachten begann sie, diffuse Ängste zu entwickeln. Sie hatte plötzlich Angst, mit dem Auto zu fahren, weil sie befürchtete, ihr würde übel und sie müsste spucken. Sie hatte Angst, alleine vor die Tür zu gehen und einiges mehr. Ich suchte wieder eine Therapeutin für Yasemin, es klappte glücklicherweise relativ schnell. Und dann übte ich mit ihr: Wir fuhren ganz kurze Strecken im Auto, und sie lief nur um die nächste Ecke zu ihrer Freundin. Und irgendwann sagte sie, ich will die Angst überwinden und auch endlich aufhören, so viel zu weinen. Das alles war natürlich nicht ohne Folgen für ihre schulischen Leistungen geblieben; doch ab jenem Tag, an welchem sie sich gegen ihre Übelkeit und gegen ihre Angst entschied, wurde es besser. Innerhalb kürzester Zeit waren die Symptome weg. Sie geht seit langem wieder gerne in die Schule, sie fürchtet sich nicht vor draußen, sie hat keine Angst mehr, im Dunkeln zu schlafen. Sie ist ein selbstbewusstes und mutiges, starkes Mädchen geworden. Wenn sie ein Problem sieht, sucht sie mit ihren zwölf Jahren bereits nach Lösungen und wartet nicht, bis die Situation ihr Angst macht.

Yasemin hat irgendwann für sich entschieden, nicht mehr zu der Therapeutin zu wollen, und wir sind nicht mehr hingegangen; doch wir haben uns eine kleine Tür offengelassen, wann immer Yasemin den Wunsch verspürt, ihre Therapeutin zu sprechen, kann sie sie aufsuchen. Yasemin liebt Pferde, also haben wir Reiten zu ihrem Hobby gemacht. Im Grunde kann ich mir so ein teures Hobby für sie nicht leisten, aber ich tue es, weil ich sehe, wie gut es ihr tut. Wie glücklich sie ist.

Obendrein haben beide Kinder ein Meerschweinchen, das passt mit meinen Reinlichkeitsvorstellungen überhaupt nicht zusammen. Meine Mutter hatte mich bereits für komplett verrückt erklärt, als sie die »Maus« entdeckte, die mein Sohn im Käfig hielt. Aber ich lasse sie. Ich lasse sie, weil ich weiß, es ist gut für meine Kinder. Ich habe meiner Mutter versucht zu erklären, dies sei keine normale, sondern eine adlige Maus, aber sie hat mich nicht verstanden.

Inzwischen taucht mein Exmann sporadisch, das heißt, alle paar Monate, bei uns vor der Tür auf. Die Kinder gehen hinunter, sehen ihn vielleicht fünf Minuten, er gibt ihnen Taschengeld oder Geschenke und fährt dann wieder weg. Ich müsste es nicht zulassen, denn er hat nach wie vor kein Besuchsrecht, und noch weniger darf er unangemeldet vor der Tür erscheinen, doch ich merke, die Kinder wollen es auch. Kemal mehr als Yasemin. Also lasse ich sie gehen. Ich kann damit leben.

Heute kann ich auch meinen Eltern wieder begegnen. Sie leben inzwischen in der Türkei und kommen einmal im Jahr für vier Wochen nach Deutschland. Meinen Vater habe ich vergangenes Jahr zum ersten Mal wiedergesehen. Wenn sie zu Besuch sind, bleiben meine Eltern heute mehr oder weniger die ganze Zeit bei mir. Die Kinder sind sehr glücklich darüber, und ich freue mich auch. Ich habe nicht mehr das Gefühl, meiner Mutter all das Leid an den Kopf werfen zu müssen, das ich ihretwegen aushalten musste. Ich habe dieses Bedürfnis nicht mehr, und das ist ein Segen, weil es sehr befreiend ist. Meine Mutter kocht für uns, tut und macht, sie und mein Vater bemühen sich sehr, etwas Gutes für uns zu tun. Ich sehe das und kann es akzeptieren.

Mein Vater hat im Alter angefangen, sich mit Pflanzen zu beschäftigen. Wenn er uns besuchen kommt, kaufe ich massenweise Blumen für den Balkon, und er pflanzt sie ein und gibt mir Anweisungen, wie ich sie pflege. Dass er eine Blume auch nur berührt, wäre früher undenkbar gewesen. Und ich sehe die Abhängigkeit meiner Eltern voneinander. Ich sehe, wie sehr sie sich brauchen, ich sehe es zum ersten Mal. Meine Mutter, deren Hauptbeschäftigung es gewesen ist, sich über meinen Vater zu beklagen, kann ohne ihn nicht existieren. Und mein Vater noch viel weniger ohne sie. Sie machen sich jetzt Gedanken darüber, wer von ihnen wohl als Erster sterben wird und was dann mit dem anderen passiert.

Ich habe endlich gelernt, dass meine Eltern ihr eigenes Leben haben, auch wenn es nicht meinen Vorstellungen entspricht, aber sie haben sich dafür entschieden. Und ich kann es nur akzeptieren und muss meine Mutter nicht mehr retten, wie ich früher immer geglaubt habe. Vor allen Dingen muss ich nicht mehr leiden, denn ich sehe, es ist ihre freie Wahl, selbst wenn sie vielleicht nicht glücklich sind.

Ich habe endlich die nötige Distanz zu meinen Eltern gefunden, dafür bin ich sehr dankbar. Ich kann die Zeit mit ihnen genießen, auch wenn es trotz allem nicht einfach ist. Meine Mutter verändert meine Wohnung bei jedem Besuch von A bis

Z, weil sie der Meinung ist, dass es so doch viel besser aussieht. Ich lasse sie gewähren, denn es scheint ihr gut zu tun, und es ist mir heute viel zu unwichtig, als dass ich mit ihr streite. Ich stelle eben alles wieder um, sobald sie wieder in der Türkei ist. Meine Eltern sind alt und schon deswegen haben sie ein Recht auf ihre Eigenheiten. Genauso wie meine beiden Kinder, die jetzt in der Pubertät sind, auch ein Recht haben, diese Phase mit allen Gefühlsschwankungen auszuleben.

Tice und Heidi sind nach wie vor immer für mich da. Wann immer ich sie brauche, rufe ich sie in der Gewissheit an, dass sie mir zuhören werden.

Tice, die mit ihrer Firma die größten Kaufhäuser in Deutschland beliefert, hat es über all die Jahre geschafft, dass wir uns wenigstens zweimal im Jahr sehen; da ich nur selten ausreichend Geld für einen Flug in die Türkei hatte, ist sie immer wieder hergekommen, um mich aufzubauen, sie hört mir zu und teilt ihre Gedanken mit mir. Ich liebe sie und danke ihr aus tiefstem Herzen für alles. Tice, für die es selbstverständlich war, alle meine Anwalts- und Gerichtskosten in der Türkei zu übernehmen. Ich weiß überhaupt nicht, was ich ohne ihre Hilfe getan hätte.

Und Heidrun, meine liebe Heidi, ich weiß ja inzwischen, dass es keine Zufälle gibt, und ich habe sehr oft darüber nachdenken müssen, dass Heidi gerade an jenem Tag bei uns zu Besuch war. Und wenn ich ganz ehrlich mit mir bin, wage ich mir gar nicht auszumalen, wie ich vielleicht gehandelt hätte, wenn die beiden Frauen damals nicht Zeuginnen gewesen wären, vielleicht wäre ich dann doch zu feige oder furchtsam gewesen, um zu gehen?

Ich weiß es nicht. Ich weiß aber, dass schon allein ihr Mitwissen mich bestärkt hat in meinem Entschluss. Vielleicht waren es Engel, die mir geschickt wurden in einer der schlimmsten Stunden meines Lebens. Und ich möchte Heidi für alles danken, auch für die Sommerferien, in denen wir so oft zu ihr fahren konnten, in ihr schönes Heim mit Garten, wie andere in ein Sommerhaus, weil ich mir Urlaub nicht leisten konnte.

Danken möchte ich Heidi auch dafür, dass sie bereits zwei Monate nach jenem schrecklichen Tag wieder vor unserer Tür gestanden hat, um das Wochenende mit uns zu verbringen. Ich liebe euch beide, Heidi und Tice, und wünsche euch alles nur denkbar Gute für euer Leben.

Als wir das Gröbste hinter uns hatten und ich endlich hätte aufatmen können, bahnte sich etwas ganz anderes an. Ich wurde von Tag zu Tag deprimierter. Ich geriet in Gefahr unterzugehen. Es gab keinen wirklich konkreten Grund. Ich hatte doch alles geschafft und alles unter Kontrolle: Kinder, Wohnung, Arbeit, sogar nebenbei einen Job bei einer Versicherung. Ich war ständig auf Achse, doch es ging mir von Tag für Tag schlechter. Burnout-Syndrom, sagte meine Ärztin, ich war ausgelaugt. Meine Tage verbrachte ich in meiner Vergangenheit, und meine Ärztin wollte mich in eine Klinik einweisen. Ich konnte nicht mehr arbeiten, doch ich nahm auch nicht die Tabletten, die sie mir verschrieb, aus Angst, ich könnte abhängig werden. Und meine Therapeutin nahm ich nicht wirklich ernst. Mir einreden zu wollen, ich sei krank. Ich? Einfach unmöglich. Ich brauchte sechs Monate, um zu akzeptieren, dass mein depressiver Zustand eine Krankheit war. Dann wurde es so schlimm, dass ich nicht mehr aus dem Bett kam, der Weg von der Couch zur Küche mir wie Schwerstarbeit vorkam.

Ich begann meiner Therapeutin zu vertrauen und die Antidepressiva zu nehmen. Ich erzählte ihr vieles, aber bis heute gibt es Geschehnisse in der Vergangenheit, die ich niemandem anvertrauen konnte. Ich überlebte jene Hölle, in der es kein Gefühl mehr gibt, weil sämtliche Gefühle eingefroren sind, ich überlebte die Unfähigkeit, weder Freude noch Trauer noch sonst eine gefühlsmäßige Regung empfinden zu können. Ich blieb ein ganzes Jahr zu Hause, in meiner Wohnung, verbrachte meine Tage mehr oder minder schlafend. Es war eine sehr schwierige Zeit für mich, mindestens ebenso schwierig aber für Kemal und Yasemin.

Nach einem Jahr, als mich der Vertrauensarzt nicht weiter krank schreiben wollte, wofür ich ihm heute dankbar bin, weil ich sonst aus dieser Spirale, die stetig nach unten führte, gar nicht mehr rausgekommen wäre, bat ich meinen Chef um ein Gespräch. Ich dachte an eine einvernehmliche Kündigung. Ich konnte mir nicht vorstellen, dass ich einen einzigen Arbeitstag durchstehe.

Doch es sollte ganz anders kommen. Mein damaliger Chef, der einzige in der Firma, der meine Geschichte kannte, weil ich dort eines Tages weinend zusammengebrochen war, wollte, dass ich wieder an meinen alten Arbeitsplatz gehe. Er half mir, indem er mich zunächst von vielen Dingen abschirmte, und ich begann, mich ganz langsam zu bewegen.

Mit jedem Tag wuchs mein Selbstvertrauen, dass ich es schaffen könnte, wieder ganz normal zu arbeiten und meine Kinder selber zu versorgen.

Dieses Jahr des absoluten Rückzugs war mein Versuch, etwas von meiner Last und meiner Verantwortung abzugeben, weil es mir nicht mehr möglich schien, all das noch länger zu tragen. Ein Versuch, den unbeschreiblichen Schmerzen zu entkommen, indem ich mich irgendwie tot stellte. Wenn ich schlief, litt ich nicht unter Schmerzen oder Erinnerungen.

In diesem Jahr stand unser Leben mehrmals am Rande eines Abgrunds. Ich hatte die Wahl, in meiner Vergangenheit zu ertrinken oder mich für das Leben, für das Jetzt zu entscheiden. Ich habe mich entschieden.

Nach einem sehr langen Prozess fand ich für mich einen Weg: Dankbarkeit und Verzeihen lernen. Allen Menschen zu verzeihen, die mir irgendwann im Leben weh getan hatten.

Ich begann mit meiner Mutter, die mich als Sechsjährige mit der so schweren und unsagbaren Trauer und den Schuldgefühlen nach dem Tod meiner kleinen Schwester allein ließ. Auch meinem Vater, von dem ich mich im Stich gelassen fühlte, habe ich verziehen.

Ich bin überzeugt davon, dass eine höhere Gerechtigkeit existiert. Alles im Leben hat seinen Sinn, und ich habe gelernt, dass das Böse schließlich doch wieder denjenigen trifft, von dem es ausgeht. Meine negativen Gedanken und Gefühle verletzen am Ende nur mich selbst, auch wenn ich glaubte, sie seien auf meinen ehemaligen Ehemann gerichtet.

Heute kann ich es aussprechen: In all den schlimmen Jahren hat es Momente gegeben, in denen ich ihm, meinem ehemaligen Mann, Gutes wünschte. Ich wünschte ihm, dass er einen Weg fände aus der Gewaltspirale, die ihn festhielt. Ich wünschte ihm Frieden für seine Seele und das aus der ganz tiefen Überzeugung heraus, dass Menschen, denen ich gute Gedanken sende, mir nichts Böses tun können, weil meine guten Gedanken sie davon abhalten.

Ich glaube an die Macht unserer Gedanken über unser Leben. Und ich bin überzeugt, dass wir hier auf der Erde sind, um zu lernen, um Erfahrungen zu machen, um als Menschen zu wachsen und zu reifen und unsere Seelen ein Stück weiterzubringen. Und letztendlich ist es eigentlich fast egal, was uns im Leben geschieht, wenn wir verstanden haben, dass es einen tieferen Sinn hinter dem Geschehen gibt, den wir für uns erkennen müssen. Heute weiß ich, es gibt in der Welt nicht gut und böse, es sind wir, die diese Wertungen vornehmen.

Ich bin einfach da, wo ich hingehöre, und alles ist gut, so wie es ist. Es ist nicht das sogenannte Schicksal, das uns umwirft, sondern wir selbst, die Art und Weise, wie wir damit umgehen.

Ich habe eine sehr große Aufgabe, vielleicht die Aufgabe meines Lebens, gut gelöst, und darauf bin ich sehr stolz. Und ich lerne täglich mehr. Heute habe ich eine gänzlich andere Sichtweise auf unser Leben und spüre mich immer mehr ein Ganzes werden, ich spüre förmlich, wie ich heile. Manchmal schaffe ich es, ganz bei mir zu bleiben, dann fühle ich mich so groß und stark wie ein Fels, und ich weiß, dass mir nichts und niemand etwas anhaben kann. In diesen Momenten bin ich völlig losgelöst von allem und absolut angstfrei. Dies ist ein so schönes Gefühl, dass ich es jedem Menschen wünsche, allen Seelen dieser Welt.

Das Schwierigste ist wohl, uns selbst zu verzeihen. Mir jedenfalls fiel dies am schwersten: Mir selbst meine Schuld zu verzeihen. Wenn ich könnte, würde ich dieses Wort Schuld für immer aus unserem Wortschatz verbannen, denn es gibt sie nicht. Es gibt nur Wege, und jedes Individuum ist auf einem Weg, dem einen ist es bewusst, dem anderen nicht, allein die Ebenen, auf denen wir uns bewegen, sind unterschiedlich – so unterschiedlich wie von meinem ehemaligen Mann und mir, und doch sind wir gleichwertig zu sehen. Vielleicht macht er es in seinem nächsten Leben besser, ich wünsche es ihm.

Meine Kraft ist meine Liebe. Wenn ich meine Kinder in den Arm nehme, dann ist die Welle der Liebe, die ich in Gang setze, noch auf der anderen Seite des Globus und weit darüber hinaus zu spüren.

OFFENE HÄNDE

Wenn ich glaubte,
ich schaffe es nicht,
meine Ängste zu überwinden,
habe ich geirrt.

Wenn ich glaubte,
ich sei verloren
in dieser Welt,
habe ich geirrt.

Wenn ich glaubte,
nun müsse ich sterben,
ohne angekommen zu sein,
so habe ich geirrt.

Heute weiß ich,
wie tief ich auch
fallen mag.
Immer
falle ich
in offene Hände.

Meine Eltern in ihrer Verlobungszeit, 1957

Kurz vor
der Abreise
nach
Deutsch-
land:
Abschieds-
foto mit
Onkel Ali,
1966

Meine Eltern in der
Lübeck-Schlutuper
Bucht in den
70er Jahren

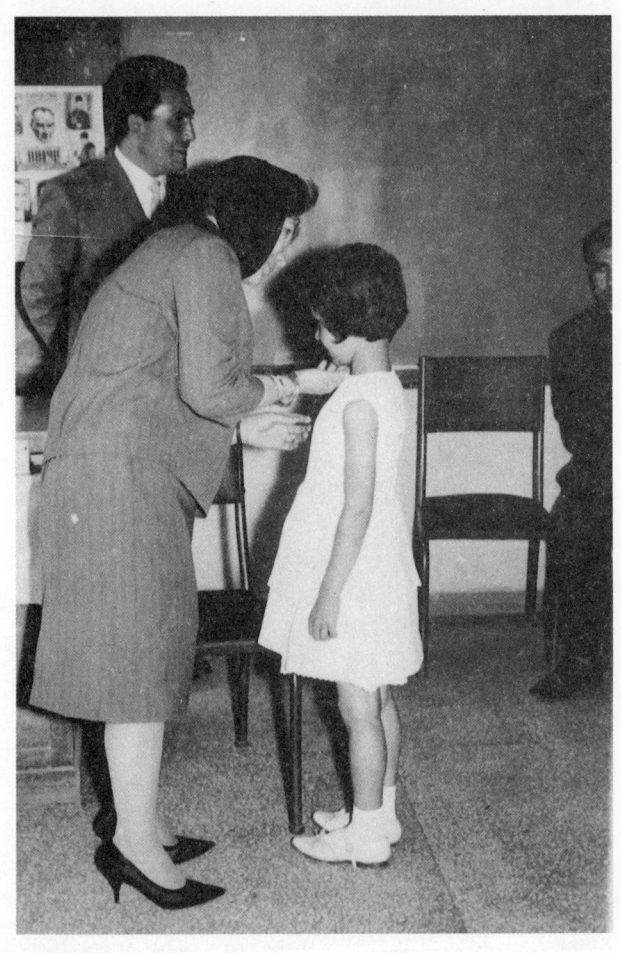

Istanbul 1966: Ich bekomme eine Auszeichnung
für gute Leistungen in der Schule

Vor meiner Hochzeit

Ein Jahr vor meiner Trennung

Yasemin (1) und Kemal (3)

Tice und ihre
Nichten

Heidi

Kleine Auswahl von Anlaufstellen, die weiterhelfen

Internet-Notruf Deutschland e. V.
www.internet-notruf.de

Kinder- und Jugendschutzdienst »Haut-Nah«
Kinder und Jugendliche in Not e.V. Thüringen
Ammertalweg 29, 99086 Erfurt
Tel.: 03 61-7 36 01 24; Fax: 03 61-7 36 01 25
E-Mail: hautnah@kjnt.de

Nottelefon gegen sexuelle Gewalt
Beratungsstelle für Frauen
Postfach 8760, 8036 Zürich
Tel.: 01-2 91 46 46

PAPATYA – Kriseneinrichtung für türkische Mädchen
Tschaikowskistr. 13, 13156 Berlin
Tel.: 0 30-48 16 28 -110

Plattform gegen Gewalt in der Familie
www.plattform.at

Wildwasser
Arbeitsgemeinschaft gegen sexuellen Mißbrauch
Mehringdamm 50, 10961 Berlin
Tel.: 0 30-7 86 50 17; Fax: 0 30-7 86 39 79
Dircksenstr. 47, 10178 Berlin
Tel.:0 30-2 82 44 27
E-Mail: wildwasser.ev@berlin.snafu.de
www.aufrecht.net/WildB.htm
Bietet u.a. Beratung für Mütter an. Weitere Beratungsstellen
im Bundesgebiet können erfragt werden.

Zartbitter e.V. Köln
Kontakt- und Informationsstelle gegen sexuellen Mißbrauch
an Mädchen und Jungen
Sachsenring 2-4, 50677 Köln
Tel.: 02 21-31 20 55; Fax: 02 21-9 32 03 97
www.zartbitter.de
Bietet u.a. eine Elternberatung an.

*Eine umfangreiche Adressliste gibt es bei

Donna Vita
Kaiserstr. 139-141, 53113 Bonn
Tel.: 02 28-2 89 12 00
E-Mail: mail@donnavita.de